CW01648915

7,90

10
18

12, AVENUE D'ITALIE. PARIS XIIIe

## *Sur l'auteur*

Emily Perkins est née en 1970 en Nouvelle-Zélande. Elle est l'auteur d'un recueil de nouvelles qui a remporté le Geoffrey Faber Memorial Prize, et de trois romans. Emily Perkins vit aujourd'hui à Londres.

EMILY PERKINS

# LA NOUVELLE AMIE

Traduit de l'anglais
par Anouk NEUHOFF

10
18

*« Domaine étranger »*
*dirigé par Jean-Claude Zylberstein*

PLON

Titre original :
*The New Girl*
(Publié par Viking, Londres)


ISBN 978-2-264-03892-0

*A ma mère, Pip, pour tout le reste.*

*Pour le soutien qu'ils m'ont apporté lors de l'écriture de ce livre,*
*toute ma gratitude à Ursula Doyle, Alexandra Pringle,*
*Suzy Lucas, Georgia Garrett et, surtout,*
*Karl Maughan.*

# 1
## *A la maison*

Trois adolescentes, longeant une route ensoleillée.

La route est large et ouverte à la lumière. De petites plantes rabougries la bordent de chaque côté. Tout là-bas derrière ces broussailles, le long des horizons s'étendant à l'est et à l'ouest, flottent des rubans nuageux. Un avion scintille comme une paillette dans le ciel bleu et lisse, trop loin pour qu'on l'entende.

C'est une route qu'elles ont longée toute leur vie.

*

*J'ai dix-sept ans,* écrivit Julia. *J'ai vécu une existence qui n'a connu ni malheur ni accident, ni la mort d'un être aimé. Mes parents sont encore mariés. Peut-être même sont-ils heureux ensemble. Je suis trop maigre. J'ai les genoux cagneux. Mes meilleures amies sont Chicky et Rachel, et, si elles n'avaient pas été là, le surnom de Mlle Xylophone me serait resté. A en croire ma mère, j'ai les cheveux auburn mais en fait ils sont roux. La seule chose intéressante qui me soit arrivée c'est la mort de mes grands-parents dans un accident de voiture, et encore, ça a eu lieu avant ma naissance. Je ne ressemble à personne de célèbre. Je n'ai jamais quitté la ville dans laquelle j'habite. Je n'ai jamais été amoureuse. J'ai cru l'être mais maintenant je sais que ce n'était pas sérieux. J'ai fini le lycée, et ma vie est sur le point de commencer.*

Elle referma son journal, puis le rouvrit à la même page. Son œil remarqua les longs « Je » penchés et le nombre de fois où ils apparaissaient. Elle ramassa son stylo, prête à les raturer, mais le vent changea de sens, et la double porte donnant sur l'extérieur claqua, puis sa mère l'appela, interrompant son geste.

C'était le début de l'été et l'herbe des pelouses devant les maisons n'était pas encore sèche. Dans les pavillons de banlieue les radios-réveils se mirent en marche. Mais les dormeurs ne poussèrent pas de grognement en cherchant à tâtons le bouton d'arrêt ; ils ne ramenèrent pas leurs genoux contre leur poitrine en resserrant leurs couvertures sous leur menton, avant de se replonger dans les ombres de leurs rêves. Par ce clair matin d'été, les injonctions de la radio furent respectées. Les draps furent rabattus et les pieds des individus fraîchement réveillés effleurèrent à peine le sol tandis qu'ils rejoignaient à la hâte la fenêtre de leur chambre. Tirant les stores et se rapprochant sur la pointe des pieds, ils avaient jeté un coup d'œil dehors et, oui, il était là, le soleil printanier, doux et tendre comme un vœu, réchauffant les toits, les jardins et les allées de gravier de leur ville. Tout reprenait vie sous sa lumière. Les chiens s'étiraient sur leurs pattes avant en signe de salut. Les journaux du matin mijotaient sur les perrons ou dans les boîtes aux lettres. Le café glougloutait sur les cuisinières ; l'eau se déversait sur les corps enduits de savon. Dans le parc le vieil homme finissait son tai-chi, visage tourné vers le soleil, fermant les yeux sous la chaleur croissante de ses rayons. Par un temps comme celui-là, tout un chacun pouvait croire que la vie était belle, que cette ville était l'endroit idéal où couler une existence heureuse, en paix avec ses voisins, des gens aussi braves que normaux. Ce temps était celui des brochures touristiques, de l'orgueil civique, du rêve devenu réalité. C'était un temps propre à vous faire oublier que des choses néfastes pouvaient arriver.

Mary sourit à la bobine toute pâle de Julia lorsqu'elle entra dans la cuisine. « Salut, cria-t-elle dans l'oreille gauche de sa fille.

— Maman. Pitié. »

La veille au soir, les mômes avaient fêté la fin des examens. La dernière épreuve était l'anglais. Tous les élèves de terminale s'étaient trouvés réunis pour la première fois au lycée depuis le commencement des révisions. La plupart des garçons avaient apporté des bières. Après trois heures d'un silence bercé par les raclements de plume, les élèves s'étaient bousculés pour sortir de salles de classe carrées dotées de plafonds bas. Ils avaient remonté en masse des couloirs éclairés au néon, balançant trousses d'écolier, papier de brouillon et antisèches dans des poubelles. Il y en avait qui se tapaient dans les mains et qui se donnaient des claques sur les bras. Deux filles fondirent en larmes. Un des sportifs du lycée hissa un ghettoblaster sur son épaule. De la guitare rock s'échappait à fond des haut-parleurs tandis que les élèves dévalaient un escalier recouvert d'un lino décoloré, sortaient dans le plein jour, traversaient la cour goudronnée et contournaient le bâtiment B, accélérant encore la manœuvre sur les derniers mètres de pente gazonnée menant au champ du bas.

Là, la meute se divisa en groupes épars, certains marchant, d'autres continuant à courir dans l'herbe en direction du grillage antiouragan avec ses énormes trous irréguliers. L'urgence précédente s'était évanouie ; ils avançaient à présent d'un pas paisible, désinvolte. Julia avait eu conscience de ses bras et de ses jambes qui se mouvaient dans l'air, de la chaleur du sang dans ses veines. Chicky et Rachel l'encadraient. Deux garçons tournoyaient autour d'elles comme des satellites. Les sportifs, devant, se retournèrent en criant : « Pont en vue ! Pont en vue ! Pont en vue ! » Leurs petites amies, qui formaient un groupe distinct, se dévissèrent la tête comme des cygnes et échangèrent quelques gloussements. Derrière elles les pauvres mecs traînassaient, ne sachant trop si pour une fois le pont deviendrait terrain neutre, si la fin du lycée annonçait l'avènement d'un régime égalitaire, ou si, en suivant tout le monde là-bas, ils en prendraient plein la figure. L'habitude l'emporta. Ils restèrent dans leur coin assigné du champ du bas pendant que les beaux gosses, les jolies filles, les braves types, la bande de théâtreux, les animateurs de la revue lycéenne, les pitres de la classe et Julia, Rachel et Chicky se faufilaient par le grillage, dérapaient sur les galets du talus puis traversaient les voies ferrées désaffectées pour rejoindre le pont en béton fissuré barbouillé de graffitis. Les débiles et les nuls, dans le champ où ils étaient cantonnés, percevaient les accords de rock qui continuaient à monter vers eux, portés par la brise de l'après-midi. Ils entendaient des éclats de rire et des cris aigus, et ils furent un ou deux à discerner, non sans envie, des effluves de cannabis et de cigarette, mais aussi de sueur, de sexe et de bière. Pourtant il y avait autre chose que les exclus – les garçons obèses, les bûcheurs rachitiques – auraient pu reconnaître dans la brise, mais que, défaillance des sens, ils ne décelèrent pas : il s'agissait de l'odeur qu'exhalaient par vagues les jeunes gens sous le pont, une odeur d'angoisse naissante, d'inquiétude lentement grandissante.

« J'espère que ta gueule de bois sera dissipée d'ici ce soir, dit Mary à Julia, plaçant la cafetière ainsi qu'une tasse vide sur la table devant sa fille.

— Je n'ai pas la gueule de bois.

— Si tu le dis. Tu entends ça, Martin ? » Le père de Julia était apparu du jardin de derrière. Il avait à la main quelque chose qui ressemblait à un talkie-walkie. « Julia n'a pas la gueule de bois. »

Martin regarda dans leur direction. « Est-ce qu'on a des piles AA ? » demanda-t-il en gagnant la porte d'entrée.

« Alors, dit Mary. Tu es sûre que tu ne veux pas aller chez le coiffeur cet après-midi ?

— Non. » Toutes les autres filles allaient forcément se faire faire des coiffures ravageuses pour le bal des partants ce soir-là. « Ils n'auront pas de place.

— D'accord. »

Julia leva un instant les yeux tandis que Mary appliquait son rouge à lèvres dans le reflet en inox de la cuisinière. « Maman ?

— Hm ?

— On partira de chez Chicky, tu sais. Alors je ne te reverrai peut-être pas. »

Mary rangea le tube dans sa poche avant de presser l'épaule de sa fille. « Oh, que si, dit-elle, je te reverrai. »

Elles étaient assises par terre dans l'appartement de Chicky, une buanderie réaménagée située deux mètres derrière la maison de ses parents. Chicky ayant prévu de porter des sandales à talons, elle s'était coincé du coton entre les orteils et se peignait les ongles couleur de sang frais. Julia et Rachel utilisaient tour à tour le miroir à main, le mascara, l'eye-liner, sans oublier un pot de fard à joues pas très net. Une bouteille de rosé pétillant circulait de bouche en bouche. Elles se mirent du rouge à lèvres et Chicky roula un joint.

« Est-ce que Johnno sera là ? » Ce fut Rachel qui posa finalement la question.

Chicky haussa les épaules. « J'en sais rien.

— C'est vrai qu'il a pleuré ?

— Ouais. Pour la simple raison que j'étais la première nana à le larguer. Il se croit tellement irrésistible.

— Ça c'est sûr.

— Ça va être l'horreur si je me plante. Pas question que je redouble. Que je me retape un an avec ces demeurés. Le père de Johnno ne le laissera pas partir tant qu'il n'aura pas eu son diplôme, et je vous parie qu'il s'est planté. Il aura vingt ans bien sonnés quand il se tirera d'ici. »

Le foyer du lycée était décoré de lumières rouges et jaunes mais aussi de guirlandes en aluminium rouge comme les capsules de lait, pendant le long des murs du plafond jusqu'au sol. Sur des panneaux de toile de jute installés juste après les deux doubles portes consécutives, des photos des terminales – équipes sportives, couples à l'honneur, types faisant les andouilles dans la cour – étaient accrochées au milieu des caricatures de profs et des messages de fin d'année. M. Andrews, vous allez nous manquer. *Brandi tu es fait pour moi signé ? ? ? Lewis se fait enfi…*, maladroitement gribouillé au crayon H2. Quelqu'un avait tenté de relever le niveau, d'une écriture cursive : *Venez, chers enfants, allons-nous-en ; De nous retirer, il est temps. Terminale pour toujours.* Et sous une photo du seul homosexuel reconnu du lycée, voire de la ville – Bryce Ellmann, qui avait passé les trois dernières années à essuyer sarcasmes et actes de violence –, était griffonnée l'équation *Gay + Gay = SIDA*.

« Bon Dieu, s'écria Julia en arrachant les punaises et en fourrant la photo de Bryce dans son sac. Emmenez-moi loin d'ici. »

Les filles pénétrèrent dans le préau au moment où l'orchestre effectuait sa première pause. Entraînant ses amies dans un coin, Chicky plongea la main dans sa grande poche de veste et en sortit une bouteille d'eau remplie de rhum blanc. Elles se la passèrent. Avec cet alcool au goût fumé et le joint qu'elles avaient partagé, Julia avait la bouche pâteuse. Elle éprouvait une sensation de mollesse dans la mâchoire et dans les genoux. Elle éclata de rire. Les deux autres l'imitèrent. Autour d'elles se tenaient leurs camarades de classe : des filles en robes courtes, leurs mains aux ongles rongés tirant sur leurs jupes ras des fesses ; Zoé Walker, avec sa figure pustuleuse, attrapant ses bretelles spaghetti pour rehausser son décolleté ; des garçons mal à l'aise dans leurs pantalons de toile et leurs chemises à carreaux. Lewis Karr portait comme d'habitude son bonnet, son blouson en denim déchiré et son jean délavé. Et puis il y avait Johnno : enserrant de son bras le cou de Tarin Verschoor, il se penchait pour lui donner un long baiser goulu tout en se rapprochant le plus possible de Chicky.

« Je croyais que Tarin sortait avec Lewis, commenta Rachel tandis que Chicky les ignorait.

— Tarin sort avec tout le monde », répliqua Julia.

Là-dessus, les musiciens regagnèrent paresseusement la scène, longs impers gris sur jeans cigarettes. Trois d'entre eux étaient d'anciens élèves qui habitaient désormais la grande ville et faisaient de temps en temps des tournées dans les bleds éloignés, remplissant garages, clubs d'ouvriers ou préaux comme ici de leurs regards sévères, de leurs paroles hargneuses et de leurs innombrables solos de guitare. Ils enchaînaient mécaniquement les morceaux, et les jeunes dansaient. Il ne restait plus trace du soulagement ni de l'euphorie de la veille, seulement une langueur limite agressive. Les élèves sortaient les uns après les autres pour aller dégobiller dans le jardin de rocaille devant le bureau du proviseur. On fumait ouvertement des cigarettes illicites ; on faisait la queue aux toilettes des filles pour se procurer des anorexigènes et du hasch. A un moment donné le préau se vida – une rumeur concernant une bagarre au couteau dans le parking –, mais peu à peu les gens réapparurent, déçus.

Tandis qu'elle dansait, Julia observait le bassiste. Elle se souvenait qu'il était en terminale quand elle-même était arrivée au lycée. Sa bouille juvénile n'avait pas beaucoup changé. Elle repensa à la première fois où Rachel et elle avaient osé se rendre sous le pont. Il s'y trouvait avec ses amis et, alors qu'elles étaient allongées sur le gravier rugueux, leurs genoux dénudés pliés vers le soleil, elles les avaient entendus qui discutaient. Il était rigolo, le bassiste, il racontait des blagues sur la lèpre et l'herpès – Comment appelle-t-on vingt lépreux dans une piscine ? De la soupe –, et Rachel et elle avaient été obligées de détourner le visage tellement elles riaient, sans faire de bruit, elles riaient tellement qu'elles en avaient le nez rouge et les yeux pleins de larmes. Le garçon était intarissable, il faisait très chaud ce jour-là, et les gravillons s'enfonçaient dans les coudes de Julia. Derrière elle, le pont en béton se dressait, gris et barbouillé de messages codés, des déclarations d'amour et de haine, pendant que le garçon, sur l'air de « Yesterday », chantait : *Leprosy – I'm not half the man I used to be – bits are falling off all over me**... et que de son côté elle faisait tout pour ne pas s'esclaffer, pour ne pas se trahir. A partir de ce jour-là elle avait eu

* Pastiche de la célèbre chanson des Beatles, signifiant à peu près : « Ô lèpre – je ne suis plus du tout l'homme que j'étais – des petits morceaux de moi dégringolent dans tous les sens » (*NdT*).

le béguin pour lui, jusqu'à ce qu'il s'en aille à la fin de l'année, pour se perdre dans la grande ville.

Il n'y eut pas de rappels. Tandis que l'orchestre remballait, la plupart des lycéens rentrèrent chez eux, certains subissant encore l'humiliation d'avoir leurs parents qui les attendaient dans la voiture. Les professeurs chargés de la surveillance s'aventurèrent à pas comptés dans le préau pour vérifier s'il y avait des dégâts. Dehors, Chicky se disputait avec Tarin Verschoor pendant que Johnno, assis sur le siège conducteur de sa Coccinelle customisée, vomissait sur le bitume sous sa portière ouverte. Rachel et Julia rejoignirent les deux belligérantes au moment précis où Chicky, du plat de la main, administrait un coup violent sur l'épaule bronzée de Tarin. C'était un geste familier : elles savaient à quoi il allait mener.

« Allez, viens, Chick, dit Rachel.

— Et puis il m'a dit que ta chatte était trop grande, lança Tarin, juste avant que le revers de la main de Chicky n'entre en collision avec sa mâchoire.

— Cette queue minuscule serait au large même dans un trou de ver de terre », hurla Chicky courbée en deux, car Tarin lui avait attrapé une poignée de cheveux.

Julia se passa les mains sur les yeux, se rappelant trop tard qu'elle portait du mascara. Là-bas dans la voiture, Johnno poussa un grognement et recommença à vomir.

« Allez, viens, Chick », insista Rachel, à deux doigts de s'en mêler. Les deux filles se livraient à une danse barbare consistant à se piétiner mutuellement les orteils. Tarin, avec ses semelles compensées en caoutchouc, avait l'avantage. Tout à coup, les portes automatiques en verre blindé du foyer s'ouvrirent. Les musiciens apparurent : une bouteille de whisky dépassait d'une poche d'imper, une main trimballait un étui à instrument, le batteur avait une cigarette derrière l'oreille, un autre portait un pied de micro sous le bras. En voyant Chicky et Tarin en train de se battre, ils s'arrêtèrent.

« Hé, les filles, dit le chanteur, qu'est-ce qui se passe ? »

Chicky n'était pas en mesure de répondre. Elle avait la

bouche pleine de l'avant-bras de Tarin et lui écrasait la figure avec sa main. Le bras libre de Tarin faisait des moulinets, martelant le dos de Chicky. Elle s'égosillait pour que Johnno intervienne. Johnno cracha par terre.

« Enfin, putain, faites quelque chose, lança Rachel aux types de l'orchestre. Aidez-moi à les séparer. »

Julia leva les yeux du sol peu ragoûtant et son regard plongea tout droit dans celui du bassiste.

Plus tard, ils se trouvaient tous dans une ancienne remise au fond d'un champ à l'abandon. Le long des murs il y avait des bouteilles vides et des morceaux de papier alu froissés. Il faisait sombre : par terre au milieu de la pièce, une bougie orange comme de la lave incandescente diffusait une lumière marronnâtre. Le seul et unique meuble était un lit de camp à sommier métallique garni d'un matelas en mousse. Toutes les étagères qui auraient pu être chargées de boîtes et autres bidons de désherbant étaient vides. Sur un des murs figuraient les silhouettes au pochoir de divers outils – marteau, scie à métaux, couteau –, mais les emplacements étaient inoccupés. Dehors, adossés à la façade en planches pourrissantes de la cabane, Chicky et le batteur s'embrassaient. Chacun à un bout du lit de camp, Rachel et le chanteur se tenaient assis les épaules en avant, la tête dodelinant de sommeil. Le guitariste se tenait affalé dans l'angle à côté de la porte, contemplant la lune, les longues herbes noires et blanches, ou encore Chicky et le garçon. Au centre de la pièce, près de la bougie, Julia était assise en tailleur en face du bassiste : celui-ci avait un genou ramené contre sa poitrine et une jambe étendue devant lui qui touchait presque la cuisse de Julia, mais pas tout à fait.

Ils étaient venus dans l'auto du chanteur, une voiture large et basse dotée d'une banquette à l'avant. Devant le lycée, le chanteur avait forcé Chicky à lâcher la joue de Tarin et l'avait attrapée par le poignet pour l'entraîner à l'écart. Les autres musiciens, avec Rachel et Julia, avaient suivi le mouvement. Le chanteur n'avait ordonné à Chicky de la fermer que quand elle s'était presque démis le cou pour la troisième fois en hurlant : « Espèce de salope j'espère que tu pourriras en enfer » à l'adresse de Tarin. Après, on ne l'avait plus entendue. On n'avait plus entendu personne durant la quasi-totalité du trajet : le silence n'avait été rompu que par le petit rire du batteur lorsque le chanteur avait fait déraper la voiture sur le bas-côté ou que, une fois en dehors de la ville, il s'était amusé à rouler en zigzag sur la route rectiligne. Projetés les uns contre les autres à l'arrière, les filles et le guitariste n'avaient pas ri.

A présent, dans la pénombre au parfum de renfermé de la cabane, le bassiste demandait à Julia : « Alors, tu vas te tirer d'ici direct ?

— Je ne sais pas, répondit-elle en se trifouillant l'ongle du pouce. J'ai un boulot d'été, dans cette espèce de boutique, et puis il faut que j'attende les résultats. Que je me renseigne pour la fac et tout ça.

— Mais enfin, tu es gourde ou quoi ? »

Elle pouffa.

« Réfléchis bien avant de répondre.

— Non. Je ne suis pas gourde. Je ne crois pas. »

Il déboucha une autre bière qu'il lui donna. « Tout un été dans ce putain de bled. Qu'est-ce que tu vas faire ? »

Elle haussa les épaules. « Et vous, qu'est-ce que vous faites ?

— On s'arrache demain. Direction la côte. A peu près une semaine pour y aller, encore un ou deux concerts. Et puis on zonera sur la plage avec tous les autres branleurs. »

Si seulement, se dit Julia, avalant une gorgée de bière tiède, il lui proposait de l'accompagner. Et si seulement elle était le genre de fille à avoir le courage d'accepter. Elle pourrait être libre, habiter dans une voiture avec son petit ami aux joues rondes, passer son temps à se baigner, à vendre des pastèques et à l'écouter jouer de la guitare. Mais à ce moment-là – il était maintenant appuyé sur ses coudes, et il lui paraissait plus près que la dernière fois qu'elle avait levé les yeux –, elle imagina des filles plus âgées rôdant dans les parages, redoutables et décontractées, et puis comment feraient-ils pour acheter à manger, et puis s'ils se faisaient arrêter, et puis s'ils dormaient dans la voiture, qu'est-ce qu'ils auraient comme salle de bains ? Le bassiste se redressa, se planta sur ses genoux, inclina son visage d'enfant de chœur vers le sien et l'embrassa. Julia prit une décision. Elle l'accompagnerait.

Après environ une heure de baisers et de mains en balade sous leurs vêtements respectifs, il ne lui avait toujours pas proposé. Rachel et le chanteur avaient basculé l'un vers l'autre, si bien que leurs épaules les soutenaient mutuellement. Chicky fit irruption dans la remise, sans le batteur.

« On y va », lança-t-elle, s'asseyant lourdement à côté de Rachel. Le lit de camp s'infléchit. Ployant la taille, Rachel se renversa pour prendre appui sur Chicky, qui lui passa un bras autour du corps et lui caressa les cheveux. « Hé, toi, dit-elle au bassiste. Tu nous ramènes. »

Durant le long trajet de retour, il ne lui proposa pas. C'était compréhensible : il se concentrait pour rester au milieu de la route et, à plusieurs reprises, un oiseau s'envola des buissons obscurs et traversa le demi-jour devant lui, l'obligeant à chercher les freins puis à réaccélérer tant bien que mal, alors que la voiture, pendant ce temps, se dirigeait toute seule. « Je n'arrive pas à contrôler à la fois mes pieds et mes mains », expliqua-t-il en riant, et Julia, installée à la place du mort, regarda par la fenêtre et se demanda si c'était bien la peine qu'elle s'inquiète de ce qui allait lui arriver dans l'avenir. Le ciel pâlissait, devenant d'un bleu vaporeux qui décolorait les étoiles et noircissait les arbres environnants. Au moment où ils franchirent une vieille grille antibétail, Chicky émit un grognement. Julia se retourna pour constater que ses amies dormaient la bouche toute molle, le corps avachi sur la banquette arrière comme si on leur avait tiré dessus. Les cuisses épaisses de Chicky étaient écartées et, dans le coin opposé, les cheveux de Rachel dégringolaient gracieusement sur son visage. L'enfant de chœur, soûl comme une grive, gardait les yeux fixés sur la route.

Elle lui dit de se garer au coin de sa rue. Il coupa le

moteur et ils restèrent là un moment, bercés par la respiration régulière des filles derrière eux.

« Alors, à quelle heure vous partez ? demanda Julia, à voix basse.

— Je retourne charger les potes dans la bagnole, puis je pense qu'on partira tout de suite.

— Ah, très bien. » Elle posa la main sur la poignée de la portière. Il étendit le bras pour lui toucher la nuque et l'attira à lui pour l'embrasser. Au bout de quelques minutes ils entendirent la voix de Chicky qui disait : « Pardon, les tourtereaux. On vous dérange pas ? » Julia se retourna vers son amie, les narines dilatées et la mâchoire saillante de fureur. Chicky lui rendit un regard tout aussi implacable, écarquillant à son tour les yeux et haussant les épaules. Le guitariste avait repivoté face au pare-brise, les mains sur les genoux.

« Bon. » Julia ouvrit sa portière. « A un de ces jours, lui dit-elle.

— A un de ces jours, répondit-il.

— Tu nous ramènes chez nous ? » demanda Chicky.

Rachel bâilla et s'étira. « Hum ? » fit-elle en émergeant.

« Non, dit le guitariste. Là, il faut que je reparte.

— Okay. » Chicky descendit d'un bond et tira Rachel avec elle sur le trottoir. « On vient prendre le petit déjeuner chez toi », dit-elle à Julia.

La voiture s'ébranla. Julia se baissa vers la fenêtre passager. « Salut.

— Salut », répondit-il, sans la regarder, tout en appuyant sur l'accélérateur. La voiture fit un saut en avant et Julia recula, surprise. Elle leva une main en signe d'adieu. Il était parti.

« Allez, viens, dit Chicky. Je meurs de faim. »

Rachel bâilla encore une fois.

Elles eurent beau essayer de ne pas faire de bruit, il leur fut impossible de ne pas réveiller Mary. Elle avait dormi dans le salon sur le canapé.

« Hé, entendirent-elles une seconde après avoir refermé la porte d'entrée. Par ici. »

Elles apparurent toutes les trois dans l'encadrement de la porte. Mary se redressa, le visage bouffi. « Bien amusées ?

— Ouais », dirent les filles.

Elle appuya ses paumes sur ses yeux, puis sur ses joues et sur sa bouche. « Faim ? »

La cuisine était emplie d'une lumière gris pâle. Un chant d'oiseau leur parvenait de la cour de derrière. Elles préparèrent des céréales, des œufs brouillés, des toasts et du café. Mary alla chercher son appareil photo dans le salon.

« Il me faut une photo, expliqua-t-elle en souriant. Vous avez une allure épouvantable, les filles.

— Maman.

— Allez. »

Elles se serrèrent derrière le comptoir de la cuisine : Chicky, les joues roses, les épaules entaillées par les fines bretelles de sa robe, une marque rouge dans le cou menaçant de virer à l'ecchymose ; Rachel toute maigrichonne au milieu, les cheveux ébouriffés, avec son doux sourire légèrement étonné sur les lèvres ; et puis Julia avec ses sourcils bien droits, heureuse de sentir le bras de Rachel autour de sa taille. Elle fixait l'objectif sans ciller, mais ses pensées étaient ailleurs.

L'obturateur produisit son déclic. Elles se détendirent toutes, revenant à leurs assiettes.

« Vous étiez où ?

— Quelque part. Les musiciens du groupe.

— Les musiciens du groupe. Vous avez été prudentes, j'espère.

— Maman.

— J'espère, c'est tout.

— C'étaient des connards », dit Chicky, la bouche pleine d'œufs brouillés. Elle avala. « Le batteur m'a proposé de partir avec eux. Passer l'été sur la plage, dans une voiture. » Elle pouffa. « Et puis quoi encore ! »

*

Ça commence toujours par une image de la route, se dit Miranda, le gris granuleux du bitume qui se dévide sous les roues, les flèches étêtées des lignes blanches qui vous indiquent le chemin. Le coude à la fenêtre, l'héroïne a le visage obscurci par les reflets du pare-brise tandis qu'elle avance vers la ville. Sa destination ; sa destinée. Miranda s'imaginait toujours qu'elle donnait l'impulsion aux histoires. Enfant, elle croyait que les gens qui se trouvaient dans une pièce ne prenaient vie qu'à l'instant où elle y entrait. Même lorsqu'elle contracta l'habitude de raser les murs pour aller écouter aux portes, elle avait la conviction que c'était uniquement le fait qu'elle soit là qui permettait à la conversation espionnée d'avoir lieu.

Dans le coffre sombre aux relents d'essence de sa voiture reposaient tous les biens terrestres de Miranda : un ordinateur portable ; une valise de vêtements et un sac en nylon rempli de chaussures ; un sac poubelle en plastique contenant des draps en lin blanc, deux serviettes de toilette et une couverture ; un autre sac en plastique renfermant une couette en plume ; deux petits cartons de livres, ceux qu'elle n'avait pas vendus à la foire aux livres de la fin de l'année. Et puis, emballé dans une serviette, le vase en cristal de sa mère. Son seul objet vraiment personnel ; le seul objet dont elle ait besoin. Elle était fière d'être arrivée à caser tout son barda, ravie de s'être débrouillée sans un homme pour faire « tss » avec sa langue et critiquer son manque de sens pratique, avant de ressortir ses affaires et de les redisposer de manière rationnelle. « Tout ce que je possède entre dans le coffre de ma voiture. » Elle adorait cette idée-là.

Des panneaux annonçant la ville commencèrent à apparaître le long de l'autoroute. Attrapant sur le siège passager le morceau de papier censé contenir les indications, Miranda tenta de déchiffrer le plan mal dessiné qui y figurait. Impossible, décréta-t-elle, obliquant vers une station-service. Elle allait devoir demander à quelqu'un. Le jeune pompiste rouge de coups de soleil lui expliqua ;

devenant plus rouge encore, il marmonna, vérifia lentement l'huile et nettoya lentement le pare-brise, puis resta planté sur le devant de la station à la regarder tandis qu'elle repartait. Et alors, comme si une ficelle était accrochée dans son dos, comme si un cordon était raccordé au plus profond d'elle-même, elle sentit la traction. Elle était dans sa voiture qui avançait, mais elle se sentait tirée en arrière, elle repassait devant la station d'essence, elle réenfilait ces heures et ces kilomètres d'autoroute, elle retraversait ces innombrables bourgades anonymes pour revenir à son point de départ, la grande ville. Ses bras et ses jambes de poupée étaient complètement tendus sous la force de la traction, étirés jusqu'à ces immeubles de pierre, cette dernière soirée, cette pièce ; cette odeur de vin et de cendres ; ces échos bien précis de paroles bien précises. Miranda agrippa le volant et secoua la tête. Pas question, pas question, ça ne voulait rien dire. Pas question qu'elle rebrousse chemin. Elle allait droit devant. Il n'empêche qu'ici, maintenant, dans la voiture étouffante, elle sentait cette douleur tendre et moelleuse dans son ventre ; cette chaleur derrière ses yeux ; ces pierres dans sa gorge. Sa bouche tel un fer à cheval porte-malheur, les coins pointés vers le bas. Elle aurait voulu remonter plus loin encore dans le temps, avant cette soirée, avant les fleurs mortes, les blablas et le vide qu'elle avait lu dans ses yeux. Elle se frotta les joues et laissa un souffle s'échapper lentement de sa poitrine oppressée. Elle avait envie de rebrousser chemin. La voiture continuait à rouler.

Et puis, sur ces étendues d'herbe verte qui avaient encore des allures de campagne mais qui constituaient en fait les faubourgs de la ville, elle aperçut deux jeunes filles. Elles pouvaient avoir une quinzaine d'années, sinon une vingtaine, mais ce n'étaient pas des jeunes femmes, c'étaient des jeunes filles. Par la vitre ouverte de la voiture, alors qu'elle attendait que le feu passe au vert, Miranda les entendit qui poussaient des cris et imitaient des aboiements de chien. L'une était à quatre pattes pendant que l'autre se roulait sur le sol – elles aboyaient toutes les deux, elles riaient comme des folles toutes les deux. Adolescente, Miranda rêvait du genre d'existence évoquée dans les revues intellos : une existence élégante et raffinée où des expressions magiques comme tenue de soirée exigée ou été au bord du lac, et des mots magiques comme Bulgari, Beluga ou Capri vous donnaient accès à des mondes magiques. Elle rêvait d'un père qui aurait été grand, spirituel et flegmatique ; d'une mère qui n'aurait été qu'effluves parfumés et froufrous de soie. Dans cette existence-là il y aurait eu des voyages, des musées et des bals. Il n'y aurait rien eu de médiocre, rien eu de vulgaire. Et elle en serait sortie grande, pleine de grâce et d'assurance, avec ce vernis supplémentaire que peut vous apporter la fréquentation des clubs d'équitation et des stations de ski, alliée à une très bonne éducation acquise dans un collège de filles. Or sa vie, jusqu'à présent, s'était révélée beaucoup moins flamboyante. Et voilà maintenant qu'elle allait s'installer dans un bled paumé. « L'été chez les pedzouilles » avait une sonorité nettement moins chic, et Miranda se demanda, une fois encore, comment elle avait pu en arriver là. Puis le feu passa au vert.

*

Gretchen Mills gagna le solarium pour attaquer sa gym. Il y avait un joli carré de lumière dans lequel s'allonger. Ses genoux craquèrent bruyamment lorsqu'elle s'étendit sur le sol. Son fils avait dix-huit ans et sa fille, son bébé, venait d'avoir ses premières règles. Elle vieillissait. Gretchen ramena ses genoux contre sa poitrine et respira profondément. Elle avait été transportée de joie en apprenant que Caroline avait commencé à devenir une femme. « Chérie, s'était-elle écriée quand, l'après-midi précédent, sa fille avait enfin émergé de la salle de bains, le visage écarlate, et lui avait annoncé la nouvelle. Bienvenue chez les filles d'Eve ! » Caroline lui avait lancé un terrible regard de dégoût, avant de claquer la porte de sa chambre. Gretchen expira, puis elle tendit ses bras et ses jambes au maximum. Ces derniers temps, Caroline ne pouvait pas franchir une porte sans la claquer. Jason était loin de s'être montré aussi difficile.

Il était sorti avec une bande de copains et Caroline – qui avait réussi à répondre un vague « tch » à travers la cloison quand sa mère lui avait demandé si elle voulait un petit déjeuner – était toujours au lit au moment où Gretchen quitta la maison pour se rendre à la salle communale. C'était une matinée idéale, les cieux répandant joyeusement leur chaleur, les moineaux pépiant sur les fils téléphoniques. Il n'y aurait pas grand-chose à faire. En temps normal elle se serait abstenue d'y aller, sauf qu'aujourd'hui la nana de la grande ville débarquait. Au passage pour piétons, Gretchen croisa Noeline Thompson et elles échangèrent des salutations, des commentaires anodins sur la splendeur du mimosa à côté d'elles et sur les vacances d'été. Il se trouvait qu'elles ne partaient ni l'une ni l'autre. Les gens partaient rarement, par ici.

Le centre communal était à cinq minutes. Gretchen s'arrêta pour acheter des biscuits à l'épicerie du coin de la rue. Elle voulait en faire elle-même, mais Caroline avait utilisé toute la farine pour fabriquer du papier mâché. Elle était encore une enfant par certains côtés, et Gretchen trouvait cela réconfortant. Le foyer avait une odeur de vestiaire ; la petite cuisine adjacente sentait le gâteau rassis et le désodorisant. Elle était venue ici jeune fille prendre des cours de danse folklorique, et plus tard pour les mettre en pratique. Ce n'était plus du tout le truc des gamins aujourd'hui. En attendant que l'eau bouille, elle déplaça sur le panneau les affiches de format A5 annonçant une conférence sur le feng-shui, de telle manière qu'elles y composent un joli motif en damier. Puis, munie de son infusion Red Zinger, elle prit un siège pour relire la lettre et le CV de Miranda, et attendre son arrivée.

*

Ce furent Chicky et Rachel qui décidèrent en premier de s'inscrire. Julia ne fut avertie qu'après. Quand Chicky et Rachel avaient vu l'annonce et qu'elles avaient inscrit leurs noms elles avaient inscrit également celui de Julia, sans imaginer un instant que leur amie puisse vouloir occuper son été de façon différente. Il avait toujours suffi que deux d'entre elles veuillent quelque chose pour que la troisième soit d'accord. Avec elles, deux égalait trois ; une pour toutes, toutes pour une, à jamais. C'était du moins ce qu'elles se plaisaient à affirmer. Il en avait toujours été ainsi.

Rachel allait rendre les livres de son père à la bibliothèque. Chicky l'accompagnait. C'était une mission banale, mais toutes deux avaient passé la matinée dans la chambre de Rachel à s'habiller pour l'occasion, tandis que, posés sur sa coiffeuse peinte en rose, les bouquins de Hunter sur Byzance et les Grands Lacs se rapprochaient dangereusement de leur date d'échéance.

« Qu'est-ce que ça veut dire ? demanda Chicky en dessinant une moustache et des lunettes sur la photo de la femme entre deux âges qui avait écrit *Mosaïques de Ravenne : Guide complet.* Ton père a l'intention de faire un voyage ? »

Rachel gloussa. « Ça m'étonnerait. Il ne va jamais nulle part. Encore une de ses idioties de bouquins spécialisés.

— Franchement, il faudrait qu'il se dégote une petite amie. C'est vrai, il ressemble à une de ces vieilles vedettes de western. Jusqu'à son nom. Il est tout ridé, je sais, mais en même temps il se défend pas mal pour son âge. » Il y eut un silence. Rachel ne dit rien mais Chicky insista. Renonçant à vandaliser les bouquins, elle se mit à fourrager dans l'armoire de Rachel. « Pourquoi pas la mère de Jason Mills ? Elle est seule. Ou la bonne femme du salon de coiffure ? Ou une nana plus jeune, même. » Elle prit la voix d'une héroïne de vieux mélo : « Oh ! Hunter, Hunter, sauvez-moi. » Rachel faisait la sourde oreille. Cette conversation ne lui plaisait pas.

« Oh mon Dieu ! s'écria Chicky, comme si une idée scandaleuse venait de l'effleurer.

— Quoi ?

— D'après toi, comment il fait, pour le sexe ?

— La ferme.

— Je peux t'emprunter ça ? » Chicky brandissait un haut vert plutôt moulant. Les yeux de Rachel se plissèrent dans la glace. Chicky allait forcément le détendre avec sa grosse poitrine et ses bras potelés. N'empêche, elles étaient meilleures amies. Et puis l'année scolaire était terminée ! « Bien sûr », répondit-elle avec un sourire. Le sourire se transforma en gloussement et les deux filles firent volte-face : s'agrippant les poignets, fléchissant les genoux et sautillant soudain en l'air, elles poussèrent un couinement strident. L'été était là. La vie s'ouvrait à elles. Elles étaient libres !

Il y avait un quartier commerçant, au milieu de la ville, où elles savaient qu'elles verraient Julia. Elle serait peut-être assise sur un banc près de la fontaine à sec, avec sa sculpture en cuivre à la forme ondoyante mais non identifiable qui surgissait, obscène, du bassin peu profond. Elle serait peut-être en train de flâner dans le magasin de jeans, ou de farfouiller dans le bac à un dollar devant la boutique de vêtements d'occasion. Aucun des deux bars près du centre commercial ne les aurait laissées entrer : les videurs connaissaient exactement leur âge et ils étaient habitués aux visites opérées le vendredi soir par la police du comté. Du reste, Julia ne serait jamais allée attendre toute seule dans un pub. Il pouvait arriver n'importe quoi. Il y avait bien jadis cette sandwicherie tenue par cette vieille Hollandaise, mais suite à un incendie survenu pendant l'hiver, l'établissement avait dû fermer. Les vitrines, qui présentaient autrefois des étagères de strudels et d'animaux en pâte d'amande poussiéreux, étaient désormais obstruées par des plaques d'aggloméré. Sur un de ces rectangles, un graffiti disait : *Pour la personne qui a fait ça, s'adresser à côté,* avec une flèche au marqueur indiquant le bar qui employait des filles plus âgées et leur faisait porter des T-shirts au-dessus du nombril.

C'est devant le mur en ciment crasseux du bar en question que Chicky et Rachel retrouvèrent Julia. Elle était en train de remonter ses collants fantaisie, fronçant les sourcils derrière ses cheveux avec cette mine sérieuse qu'elle avait. Toutefois, en apercevant ses amies, elle sourit.

« Ohé, firent-elles. Ohé, salut. »

Chicky et Rachel s'arrêtèrent devant le mur de Julia. Du bout de l'orteil, Rachel dessina un motif invisible sur le trottoir.

« Qu'est-ce que tu veux faire ?

— J'ai pas d'argent.

— On pourrait aller au parc.

— On risque de tomber sur Johnno.

— Ça m'est égal.

— T'as assez d'argent pour des clopes ?

— Ouais, je crois.

— Okay. »

Tandis qu'elles descendaient la rue en direction du parc, Rachel confia leur projet à Julia.

« Ça se passe au foyer communal, juste deux ou trois fois par semaine ou quelque chose comme ça, c'est cette nana de la grande ville qui s'en occupe, c'est gratuit.

— Mais c'est censé être quoi exactement ?

— Des cours de théâtre et d'affirmation de la personnalité, enfin des machins de ce genre.

— Non, intervint Chicky, j'avais compris qu'il s'agissait plus de regarder des films et tout ça... »

Elles passèrent devant le chantier où devait se construire un nouveau multiplexe. Le vieux cinéma, à côté du terrain vague, était fermé. L'affiche lumineuse du film d'animation pour enfants qui se donnait depuis six semaines était éteinte.

« Enfin, merde, dit Chicky, ils pourraient pas se magner de le construire, ce cinoche ?

— Alors, vous disiez, des cours de théâtre et des films ?

— Ouais, acquiesça Rachel, les mains dans les poches de son jean. Du style, connaissance de soi, des conneries comme ça.

— Et si c'est barbant ?

— On se tire.

— Okay.

— Ecoutez, dit Chicky tandis qu'elles s'arrêtaient

devant un magasin au carrefour. On n'a pas de fric. Ça fera toujours une occupation. » Elle poussa la porte. « Attendez-moi une seconde. Je vais chercher des clopes. »

« Qu'est-ce que tu en penses, demanda Rachel à Julia. Tu trouves ça nul ?

— Non, répondit Julia. Elle a raison. Qu'est-ce qu'on pourrait faire d'autre ? »

Le parc. Dans le demi-jour vaporeux, il paraissait beaucoup plus grand qu'il n'était réellement, avec des allées s'enfonçant sous les arbres et des recoins ombragés qui cachaient peut-être un autre jardin, insoupçonné. Quand elle était plus petite, Julia s'imaginait toujours qu'il existait un autre parc, immense, ne demandant qu'à être découvert, qu'il suffirait qu'elle touche au bon moment le bon morceau d'écorce pour que s'ouvre devant elle, chatoyant, un monde merveilleux tout en ciels verts et fontaines de cristal. Elle avait essayé : elle avait tapoté les arbres, elle avait adressé des regards entendus à un certain rocher, elle s'était gardée de cueillir les fleurs des trèfles. Mais ce monde merveilleux était demeuré caché, impénétrable. Et dès l'instant où le parc était devenu un endroit où zoner le soir après les cours, dès l'instant où elle avait vu sniffer de la colle pour la première fois, eu sa première gueule de bois et entendu l'expression « fourrer un doigt », le parc imaginaire avait disparu de son esprit sans même une ultime explosion d'étincelles magiques.

Le portail de l'autre côté était sûrement ouvert, mais les filles se hissèrent par-dessus la grille pour entrer dans le parc. Elles longèrent l'étang artificiel en contrebas : son fond en ciment était dépourvu de feuilles mortes, deux sacs en plastique étaient allés s'échouer contre un bord, un paquet de cigarettes vide gisait là, écrasé, mais il n'y avait pas d'eau. Il n'y avait jamais eu d'eau dans ce bassin, aussi loin que Julia se souvienne. Après le bassin, il y avait une petite dune herbue, artificielle elle aussi. Chicky, Julia et Rachel s'écroulèrent sur l'herbe sèche, puis Chicky sortit le paquet de cigarettes de la poche de son blouson en jean. Elle l'ouvrit, y prit une cigarette qu'elle replaça à l'envers en guise de porte-bonheur, en prit une autre et l'alluma. Rachel, qui avait roulé sur le ventre, arrachait négligemment des brins d'herbe.

« En tout cas, commença Julia au bout d'un moment, à cette époque l'année prochaine, moi... j'habiterai la grande ville.

— Tu auras un appartement, poursuivit Rachel en souriant. Avec un balcon. Ou un escalier d'incendie : tu n'es sans doute pas assez riche pour un balcon. Avec des plantes en pot dessus.

— Je serai pauvre, précisa Julia. Je suis étudiante, souviens-toi.

— Tu trimballes tes bouquins aux cours.

— Le maître de conf' a un penchant pour toi.

— Chicky.

— C'est vrai. Il t'invite à sortir. Il te dit que tu es *brillantissime.*

— Une étudiante exceptionnelle.

— Allez, ça va, les filles.

— Il organise des dîners.

— Ah, l'angoisse !

— Tu sidères tout le monde par ton intelligence et ta beauté.

— Taisez-vous.

— Et alors, et moi ? » Chicky posa le bout allumé de sa cigarette contre un brin d'herbe. « Je suis serveuse. Je suis employée de banque. Je vis avec mes vieux croûtons de parents. Je suis pompiste. Je travaille dans ce bar topless...

— Non. Tu rencontres un homme, un inconnu qui est de passage en ville, il te demande de l'épouser, il t'achète une maison.

— Il est beau ?

— Bien sûr. Ne sois pas idiote.

— Il t'emmène en France.

— Je ne veux pas aller en France.

— Moi si.

— Très bien, alors toi tu vas en France. »

Un sourire se dessina sur le visage de Rachel. « Je vais en France. Je prends des cours de comédie. Ou de danse.

— Tu habites sous les combles.
— Avec un chat.
— Beurk.
— Tu rentres du marché avec des tomates et du fromage et une bouteille de vin dans ton cartable.
— Un homme se précipite vers toi et il te dit avec un accent français à couper au couteau : Ma chérouie, vous êtes la femme la plou belle que j'aie jamais vou, vous devez jouer dans mon filime...
— Ton quoi ?
— Tu m'as appelée Sherry ?
— Hé, Julia, tu ne trouves pas que Rachel devrait jouer dans des filimes français ? »

Mais Julia n'écoutait plus.

Plus tard, Bryce Ellmann arriva de son pas nonchalant. « Salut les filles, lança-t-il, inclinant la tête d'abord à gauche, puis à droite. Ça vous embête si je m'assois ?
— Ne te gêne pas, dit Julia.
— Je peux vous taxer une cigarette ? »

Chicky lui tendit le paquet. « Prends pas celle qui porte bonheur.
— Six semaines avant les résultats, soupira-t-il.
— M'en parle pas.
— Dites... Il y a une rumeur qui circule comme quoi, à toutes les trois, vous auriez violé ces musiciens du groupe.
— Même moi ? s'étonna Rachel. Je croyais que j'étais censée être frigide.
— Plus maintenant.
— Qui t'a raconté ça ? » demanda Chicky.

Bryce roula des yeux et leva sa main en l'air, paume vers le haut. « Devine.
— Tarin Verschoor », répondirent en chœur Rachel et Chicky.

Il pouffa. « Eh oui.
— C'est une salope. »

A voix basse Julia dit quelque chose, mais les autres n'entendirent pas : en effet, un groupe d'une demi-douzaine de gamins – des garçons, dans les quatorze ans – passait à côté en jouant avec un ballon de basket.

« Et voilà le petit merdeux de frère de la salope. »

La bande de gamins s'arrêta en ordre dispersé, faisant face au quatuor sur le talus. L'un d'eux exécuta soudain quelques mouvements, genre karaté. « Ohé, Bryce ! entonna-t-il d'une voix efféminée. Ohé, Bry-yce... espèce de gros homo... espèce d'homo sapiens ! » Il tortillait des hanches et quelques gamins se mirent à rire bêtement.

« Tirez-vous », leur cria Chicky.

« Au fait... demanda Bryce, s'adressant à Julia. Tu travailles à la brocante cet été ? »

« Ho-mo ! Ho-mo ! Ho-mo ! »

« Tirez-vous, bande de petits merdeux. »

Bryce leur envoya un baiser.

« Tu me fais gerber, espèce de sale pédé ! »

« Allons-nous-en », dit Rachel. Les autres ne bougèrent pas.

« Allez, suce ça, pauvre fiotte ! » Un des mômes indiquait son bas-ventre avec ses deux mains.

« Je croyais qu'ils s'étaient calmés, avec ces conneries, dit Julia à Bryce.

— Moi aussi.

— Qu'est-ce qu'on fait ? On les ignore ?

— Bon, vous savez que j'ai du respect pour vous, les filles, et qu'on a la Chick de notre côté, mais franchement, si ça en vient aux mains, je ne donne pas cher de nous. »

Elle secoua la tête. « Je ne sais pas comment tu fais. »

« Tan-touze ! Tan-touze ! » Les mômes commençaient à se lasser. Se penchant en avant, Bryce agita sa langue de manière lubrique. Les filles éclatèrent de rire. Chicky était assise là, un doigt brandi vers eux, le coude reposant sur son genou. Toujours à plat ventre, Rachel se tordit le cou vers les gamins pour leur faire la grimace. « Ellmann se fait enfiler, doo-dah, doo-dah », chantonnèrent deux des gamins sur l'air de « Camptown Races* ». Avec un soupir, Bryce se mit debout. « Hé, Petey ! » Il s'adressait

* Chanson folklorique américaine très célèbre composée en 1850 par Stephen C. Foster (*NdT*).

au plus grand. « Va donc demander à ton frère Jason où il était après le bal l'autre soir. »

Le gamin le fixa du regard, une expression ahurie sur son visage imberbe plein de taches de rousseur.

« Du-uh ! fit Bryce, à la Simpson, roulant des yeux encore une fois. Réfléchis-y.

— Tu n'es qu'un putain de pervers ! hurla le frère de Jason. Un putain de menteur de pervers !

— Il a un joli cul.

— Va te faire foutre ! » Basculant sur un pied, le gamin se porta une seconde en avant – Rachel prit une brusque inspiration –, puis en arrière, le cou tendu et les mâchoires saillantes. Sans regarder les autres mômes, il fit volte-face et s'éloigna d'un pas résolu. Après un instant de perplexité, ses compagnons le suivirent. Le quatuor des grands vit le petit frère de Tarin se pencher pour dire quelque chose au petit frère de Jason, et se récolter un coup dans l'épaule.

« Tu l'as vraiment fait ? demanda Julia.

— Me taper Jason ? » Bryce s'esclaffa. « Pas même avec des pincettes. Ou alors peut-être avec de très longues pincettes.

— Mais tu ne crains pas...

— Pete n'osera jamais lui demander. Quoi, tu plaisantes ? Il aurait trop peur qu'il réponde oui. »

Il y eut un silence. Julia se souvint que Chicky avait couché avec Jason, qu'elle avait peut-être perdu sa virginité avec lui. Elle lui jeta un regard à la dérobée, mais les yeux durs de son amie ne trahissaient rien. Le jour avait baissé depuis leur arrivée dans le parc, et toute la chaleur émanait désormais de la terre, et non du ciel. Un taon bourdonnait autour de sa cheville. « Je ne comprends pas comment tu arrives à supporter ça, dit-elle à Bryce.

— Plus qu'un été, déclara-t-il avec un large sourire. Ensuite je serai libre, ma belle, je me tirerai de ce trou et je serai libre.

— Est-ce que tu vas t'inscrire à ce stage d'été bizarroïde ?

— Quel stage ? »

Chicky se leva et s'épousseta les fesses. « Dites, vous voulez pas venir chez moi vous défoncer un peu ? »

*

Malgré les efforts qu'elle déployait toujours pour se raisonner, Gretchen eut un serrement de cœur en rejoignant sa maison ce soir-là, un sac de provisions sous le bras. Jason dormait chez un ami et Caroline était à une soirée vidéo. C'était à ces occasions-là que Ted lui manquait le plus. Elle franchit la porte d'entrée, rangea les provisions et prépara du thé, avant de s'armer de courage pour appeler sa mère et affronter les potins du club de bridge de son village de retraités. La conversation ne lui remonta pas le moral, se terminant comme chaque fois avec sa mère par : « Alors, tu as eu des nouvelles de Ted ? Il a dit quand il revenait ? » Cette semaine, Gretchen n'avait pas la force de badiner.

« Enfin, maman, s'écria-t-elle, je ne sais même pas s'il va revenir. »

S'ensuivirent cinq minutes où elle dut rassurer sa mère en lui affirmant que, bien sûr, il allait revenir, elle avait dit n'importe quoi, sa mission prenait plus longtemps qu'ils n'avaient cru, mais c'était bien pour l'argent, non il ne fallait pas qu'elle s'inquiète, elle ne savait pas ce qui lui avait fait dire ça, elle était fatiguée. C'était tout.

Elle raccrocha le téléphone et appliqua ses doigts contre ses tempes. Elle inspira : deux trois quatre, puis expira : deux trois quatre cinq. Elle inspira – au moins ils s'étaient arrangés pour mettre au point la visite des mômes dans quinze jours – puis expira. Elle inspira – non qu'ils auraient envie d'y aller, il fallait s'attendre à une fichue engueulade et Caroline pouvait se montrer affreusement cinglante ces temps-ci –, elle expira – tant pis, ils seraient bien obligés d'encaisser, un mois ce n'était pas long et ça lui donnerait – elle inspira – l'occasion de bosser un peu dans la maison –, puis elle expira. Il n'y avait pas grand-chose ici pour distraire les enfants. Pas grand-chose non plus pour distraire les adultes. Ce soir, elle allait regarder une vidéo, un des rares films avec Sam Sheppard qu'elle n'ait pas encore vus. Elle trouvait qu'il ressemblait à Hunter. Elle avait regardé onze fois *L'Etoffe des héros*.

Gretchen mit de l'eau à chauffer pour le riz et entreprit de couper des légumes. Cette jeune femme – Miranda – avait beau paraître beaucoup plus jeune qu'elle ne l'avait imaginé, elle était néanmoins très sûre d'elle. On aurait pu dire autoritaire, presque. La façon dont elle était restée assise là, impassible malgré la canicule, à siroter son thé avec lenteur. Gretchen s'était sentie gênée de lui avoir donné le grand mug à l'effigie du chat Garfield, tout taché à l'intérieur. Manifestement, Miranda était du genre à utiliser de la porcelaine, une vraie tasse avec une soucoupe. Elle aurait dû en apporter une de la boutique d'antiquités. Gretchen fixait des yeux la casserole remplie d'eau posée sur la cuisinière, les bulles minuscules qui éclataient en surface, le long des bords, sans bouillir.

« Il y a une pièce au-dessus de l'ancienne boutique de mon amie Sally, si vous cherchez un endroit où loger, avait-elle dit à Miranda cet après-midi-là pendant qu'elles buvaient leur thé. C'est un studio, en fait, elle y habitait du temps où elle tenait la boutique, mais depuis qu'elle a fermé l'appartement est vide.

— Où est passée votre amie ?

— Elle possède un petit verger aux abords de la ville, vers le sud. Ravissant. Mais elle ne peut pas vendre le bâtiment et je sais qu'elle adorerait que quelqu'un l'occupe.

— C'est loin d'ici ?

— Juste à deux minutes à pied. » Gretchen n'en revenait pas que la jeune femme ait tant de questions à poser. « C'est près de tout, en fait.

— Elle vendait quoi, votre amie, dans sa boutique ?

— Ce qu'elle vendait ? » C'était l'assurance de la jeune femme qui la déroutait, en plus de cette jolie robe. Normalement, ce n'était pas le genre de robe que Gretchen approuvait, mais sur Miranda il était vrai que la chose avait du charme. « Oh ! elle ne vendait pas des objets à proprement parler. Mais des voyages. Elle tenait une agence de voyages. Quant à moi, je vends des antiquités : si un de ces jours ça vous dit de venir, n'hésitez pas.

— Parfait. Cet appartement m'a l'air idéal. » Se levant de sa chaise, Miranda alla poser son mug Garfield sur la paillasse à côté de l'évier. « On prend ma voiture ? » Ce n'était pas réellement une question.

L'exercice respiratoire de Gretchen avait marché. Elle hacha minutieusement de l'ail avec du gingembre, pour une fois sans se représenter le visage de Ted. Peut-être irait-elle se promener tout à l'heure. Elle pourrait faire un saut chez Hunter, lui rapporter, pourquoi pas, ce livre qu'il lui avait prêté, mais enfin bon ça ferait un prétexte en moins pour repasser le voir. Allons, se sermonna-t-elle, il n'y avait absolument pas lieu de se sentir intimidée par cette fille de la ville. Gretchen se mit à fredonner. L'eau dans la casserole commença à bouillir.

⋆

Miranda déballa ses quelques affaires dans l'appartement de l'ex-agent de voyages. Les murs étaient d'un beige terne, et les rayures marron du fauteuil suscitèrent chez elle un instant de panique. Qu'est-ce que c'était que cet endroit, pourquoi était-elle venue, où étaient le réconfort de ses amis de la fac, et sa vie trépidante ? Elle ouvrit une fenêtre pour faire entrer un peu d'air dans la pièce mais cela ne changea rien. Tous ses biens, même le vase de sa mère, avaient un air minable dans ce décor minable. Oliver lui manquait. Il lui manquait. Miranda serra les dents pour contenir le sentiment de solitude qui lui gonflait la poitrine, ne demandant qu'à s'échapper. Elle savait que si elle se laissait aller à se rappeler, à se rappeler que pas plus tard que la semaine dernière elle avait vu Oliver, que pas plus tard qu'hier matin elle se trouvait dans son appartement de la grande ville, ce serait trop douloureux. Elle était seule, dans une chambre inconnue d'une ville inconnue, avec seulement des doutes derrière elle ; il fallait qu'elle soit forte.

Miranda ouvrit son portefeuille et en sortit la photo d'Oliver, Margot et elle, où tous trois se tenaient en triangle à l'occasion d'un cocktail ou un autre ; peut-être était-ce McKechnie qui avait pris ce cliché. Elle se garda de l'examiner, comme elle l'avait fait si souvent, histoire de vérifier si les liens qui les unissaient étaient flagrants. Non, ce ne serait pas une bonne idée de regarder Oliver, de revoir ces yeux sombres qui brillaient derrière ses lunettes et son sourire canaille. Tandis qu'elle tenait à la main la photo de ses anciens amis, Miranda se sentit subitement submergée par une horrible sensation de mauvaise conscience et de honte.

Sa venue ici était censée représenter un nouveau départ. Elle n'avait dit à personne où elle allait, ni même qu'elle abandonnait son ancienne existence. Miranda espérait dur comme fer que l'été serait salutaire, qu'elle pourrait expier un tant soit peu, être un tant soit peu utile, penser à d'autres gens qu'à sa petite personne, et réapprendre à dormir. Elle se dit que, si elle se concentrait sur les gamins, ces bouffées de panique qui l'envahissaient si souvent à l'heure actuelle s'apaiseraient. Elle sortit un mince Zippo en argent de son étui à cigarettes et, attrapant par un coin la photo du cocktail, elle en approcha la flamme pour faire flamber tout ce petit monde. Elle sentit la chaleur sur ses doigts et lâcha le cliché carbonisé dans le cendrier en terre qui se trouvait sur l'appui de la fenêtre. Tout de suite elle regretta ce qu'elle avait fait : affolée, elle se mit à frotter le papier calciné encore chaud comme si elle allait pouvoir récupérer le visage d'Oliver, mais c'était trop tard. Oliver avait disparu. « Idiote, idiote ! » s'écria-t-elle tout haut, puis, tombant accroupie sur le parquet poussiéreux, elle se mordit le doigt, essuyant ses larmes avec rage.

*

Après avoir fermé le magasin de brocante où elle travaillait à mi-temps, Julia traversa la ville à vélo jusqu'au cabinet du médecin où sa mère passait ses après-midi comme réceptionniste. Elle frappa doucement sur l'écran en verre coulissant au-dessus du bureau de Mary, puis s'écroula sur une banquette en skaï marron installée dans la salle d'attente. Elles étaient censées aller faire du shopping ensemble. Julia avait besoin d'un nouveau jean. Deux femmes d'âge moyen – des vieilles, pensa Julia – attendaient leurs rendez-vous. Elle essaya de ne pas regarder leurs corps, leurs pieds, jaunes et calleux autour, s'étalant largement dans leurs bas et leurs sandales confortables. L'une d'elles commençait à se voûter. Elles avaient toutes les deux des coiffures de vieilles dames. Derrière son article de magazine traitant de cinq zones érogènes absolument méconnues, Julia réprimait son malaise.

« Salut mon chou. » La coiffure de sa mère faisait-elle ringard ? se demanda Julia, levant les yeux sur cette femme tellement familière que c'était à peine si elle la voyait encore. Elle se dit que oui, un petit peu, mais si sa mère avait adopté un style plus jeune, si elle avait tenté de suivre la mode, elle aurait trouvé ça gênant. Grosso modo, elle ne rougissait pas de sa mère. Julia était consciente de la chance qu'elle avait. Mary était plus jeune que la plupart des mères de ses copains et copines, et elle lui fichait la paix.

Dans le grand magasin, elle aperçut la mère de Chicky qui remontait la travée du rayon sports chargée de deux sacs en plastique pleins à craquer. Chicky était sans doute plusieurs mètres derrière elle – elle refusait de déambuler dans les boutiques avec sa mère, sauf pour faire les quelques pas séparant les cabines d'essayage de la caisse.

« Bonjour Julia, dit la mère de Chicky. Bonjour Mary.

— Bonjour Noeline », répondirent les intéressées, puis Mary bavarda avec elle tandis que Julia partait à la recherche de Chicky. Elle la dénicha près du rayon chambres à coucher et salles de bains. « T'as trouvé des trucs bien ?

— Non. Un sweat-shirt à la noix. Une paire de pompes. » Chicky taquina les fanfreluches d'un tour de lit avec son orteil. « Ah ! si j'avais de l'argent à moi... » Elle s'affala sur un grand lit, contemplant le plafond d'un œil torve.

Julia s'assit à côté d'elle, puis s'allongea. « Tu pourrais trouver un boulot.

— Ouais ouais. On verra. Après les résultats.

— Pourquoi attendre ?

— Oh ! je sais pas. J'arriverai peut-être à dégoter quelque chose de mieux, va savoir, si mes notes sont bonnes.

— Tu veux dire un vrai travail, dit doucement Julia. Ouaou. »

Elles restèrent étendues là pendant une minute, sans bouger, à écouter la musique d'ambiance et les murmures des quelques clients du magasin. Puis Chicky se mit à rebondir sur le lit, soulevant et descendant ses hanches, jetant son torse d'un côté puis de l'autre. Julia commença à rebondir elle aussi : elle n'y pouvait rien, les sauts de Chicky sur le lit à ressorts la projetaient dans les airs avant de la faire retomber sur le matelas. Elle se débrouilla alors pour qu'elles rebondissent tour à tour, Chicky, elle, Chicky, elle. Le lit faisait un gros bruit sourd, et elles riaient tellement que Julia en attrapa le hoquet. Chicky entonna une petite chanson – *Coupe-toi les cheveux – et trouve un vrai boulot – Coupe-toi les cheveux – et trouve un vrai boulot* – boum Chicky, boum Julia, *Je m'ennuie tellement que je siffle de l'eau de javel*, continua Chicky, mi-chantant, mi-hurlant, avant d'attaquer un autre morceau *Tue – ta – mère !* Le hoquet de Julia finit par couvrir le bruit du lit et, alors que deux, non, trois vendeurs apparaissaient soudain au-dessus d'elles, elles se levèrent en vitesse et s'éclipsèrent dans l'allée, leur fou rire entrecoupé de quintes de toux. Chicky s'étranglait et les larmes coulaient d'un seul de ses yeux.

« J'ai cru que j'allais me pisser dessus, dit-elle. Et tremper tout le lit. »

Hoquetant toujours, Julia entraîna Chicky par la main vers l'endroit où se tenaient Noeline et Mary, sans plus grand-chose à se dire. Julia enlaça la taille de sa mère, frottant sa tête contre son épaule.

« Allez-vous-en, dit Mary, j'ai honte de vous.

— Voyons, maman, tu sais bien que c'est pas vrai. »

Pendant ce temps, le nez dans les sacs, Chicky passait en revue ses vêtements neufs.

« Mais si, insista Mary en tentant de se débarrasser de Julia. Je ne veux pas que les gens croient que tu es ma fille. A se comporter comme une môme de huit ans... »

Julia sourit puis tira la langue. Mary fit la même chose.

« On s'amusait, maman. S'amuser, tu comprends ? Ce que les gens font avant d'être vieux et ennuyeux ? Pas comme certains qu'on connaît...

— Non, dit Mary. Ni comme toi, d'ailleurs. Dieu merci, il n'y en a pas deux comme toi. »

Chez Julia, les trois filles étaient installées sur la véranda de derrière. Mary et Martin étaient allés jouer aux cartes chez les Turner. Elles buvaient des rhum-Coca sous les rayons du soleil couchant.

« Vous vous souvenez, dit Chicky, de la fois où, dans le meuble de mon père, on avait piqué un peu d'alcool dans toutes les bouteilles, qu'on avait mélangé ça dans une Thermos et qu'on avait appelé ce cocktail du Propergol ?

— Et qu'on était montées en haut de Tree Hill pour le siffler.

— Et que tu avais vomi, précisa Chicky en poussant la chaise de Rachel avec le pied.

— Toi aussi.

— Pas sur mes tennis. »

Julia sourit et broya un glaçon entre ses dents. « N'empêche, tu avais la trouille quand il avait fallu redescendre dans le noir.

— Je venais de vomir sur mes chaussures. Qu'est-ce que tu crois ? » répliqua Rachel, s'adossant contre le plastique à fleurs d'une chaise de jardin qui se trouvait déjà sur cette véranda avant qu'elle ne connaisse Julia, peut-être même avant que Julia ne vienne au monde. Elle contempla le jardin désormais obscurci, et la palissade en contreplaqué gondolé qui courait entre elles et la maison des Robinson. Tim Robinson qui était parti dans un pensionnat pour petits surdoués et qui ne revenait même plus l'été... « J'ai l'impression que c'était il y a une éternité, murmura-t-elle.

— Quatre ans, renchérit Julia. On avait presque quatorze ans. »

Rachel pouffa. « On se croyait tellement vieilles.

— Tu crois qu'on est plus adultes aujourd'hui ?

— Ouais, répondit Chicky. Bien sûr. On est adultes aujourd'hui. Mais on n'est pas vieilles pour autant. » Elle plissa le nez. « Beurk ! J'ai avalé une bestiole. » Avec un grognement dégoûté, elle recracha l'insecte sur le plancher peint en blanc de la véranda.

Lors de sa première journée complète dans la ville, avant d'attaquer son nouveau boulot le lendemain, Miranda – déconcertée par la pression de l'eau, le vacarme d'un camion de nettoyage, l'immobilité de l'air à l'intérieur de l'appartement, enfin tous ces détails qui lui rappelaient qu'elle était nouvelle, qu'elle venait d'ailleurs... – sortit faire un tour dans les rues avoisinantes pour essayer de se familiariser avec les lieux. Elle ne mit pas longtemps à s'apercevoir qu'on la dévisageait. Tout d'abord elle se demanda si elle avait quelque chose de vraiment bizarre, si sa jupe était coincée derrière dans sa culotte ou si son maquillage avait coulé sur sa figure, lui donnant l'air d'une folle. Toutefois, après avoir vérifié rapidement son reflet dans une vitrine, elle comprit qu'il n'y avait rien d'anormal chez elle. C'est seulement qu'elle était différente.

Aux yeux de Miranda, tous ces inconnus, ces gens de la ville qui déambulaient dans ces rues ensoleillées, étaient ternes, falots, anodins. Ils portaient du denim bleu pâle et du coton pastel. Les femmes avaient des chevilles épaisses ; les hommes des coiffures passe-partout. Tout paraissait bien propre. Miranda passa devant un snack avec un tableau noir à l'extérieur : pommes de terre au four, trois garnitures au choix. Capou Chino. Derrière une grande vitre étaient exposés des téléviseurs et des lecteurs de cassettes portables. Sur les écrans de télé, deux infirmières se disputaient au-dessus du lit d'un patient terrorisé. A côté, il y avait un magasin de sport avec dans la vitrine des mannequins habillés en joueurs de basket et en pêcheurs. Venait ensuite une parcelle inoccupée, avec encore plus de ciel que partout ailleurs, un ciel bleu et pâle et d'une uniformité implacable.

Miranda traversa le quartier commerçant réservé aux piétons. Une vieille dame marmonnait dans sa barbe à côté de la fontaine. Sur un perron menant à une porte fermée étaient assis trois adolescents vêtus de shorts et de T-shirts aux manches coupées. En voyant Miranda, ils cessèrent d'observer la vieille dame pour la regarder elle. Elle les interpella, remarquant que leurs corps se tendaient à son approche.

« Je cherche la bibliothèque. Vous savez où c'est ? »

Deux des garçons posèrent sur elle un regard mort. « Par là-bas », indiqua le troisième, ses joues satinées s'empourprant légèrement. Un de ses acolytes lui donna un coup de coude et il fixa ses pieds.

« Par là-bas ?

— Après les plats à emporter. » Voilà, terminé, il n'en dirait pas plus.

« Merci », dit-elle avec un sourire, ses yeux caressant chacun d'eux tour à tour. Comme elle s'éloignait, elle entendit derrière elle un sifflet admiratif, à la fois timide et moqueur.

« Tu sais ce que c'est, vendredi prochain ? » demanda Martin pendant une coupure publicitaire, après avoir baissé le son de sa télé géante.

Mary s'étira. « Le jour où la jardinerie reçoit sa livraison de désherbant.

— Et ?

— Le jour où Candice Turner se fait enlever ses varices.

— Et ?

— Le quatorzième jour de mon régime, qui m'a valu de prendre deux cent cinquante grammes.

— Et ?

— Ooh, chh, l'émission recommence. »

Ils se farcirent la deuxième partie d'un documentaire sur les animaux sauvages dans les villes – il y avait les ratons laveurs et les renards, mais aussi les rats et les chiens –, en évitant surtout de se regarder et de se toucher, et en braquant les yeux toujours droit devant eux. Ce ne fut qu'aux publicités suivantes qu'elle lui sauta dessus en s'écriant : « Notre anniversaire de mariage !

— Ce que vous pouvez être vulgaires », commenta Julia depuis la porte, alors que sa mère chatouillait son père et qu'ils s'esclaffaient tous les deux. A la suite de quoi Martin empoigna Mary et, la plaquant sur les coussins du canapé, il la regarda dans les yeux pendant une longue seconde avant de l'embrasser en plein sur la bouche. Mary murmura quelque chose. Julia quitta la pièce.

★

Le jour de la première séance une légère brise soufflait, qui retournait les coins des vêtements sur les cordes à linge et agitait les feuilles bruissantes des acacias. Elle atténuait la chaleur de la matinée et, diffusant la lumière entre les branches des arbres, elle l'introduisait dans les maisons par leurs fenêtres et leurs portes ouvertes. Pour Julia, traînant les pieds dans ses sandales en allant chercher Chicky, ce temps-là évoquait des voiliers miniatures sur un lac. Sauf qu'il n'y avait pas de lac ici, pas de rivière non plus, ni même de pièce d'eau... Par conséquent, malgré la clémence du soleil et la douceur de la brise, elle n'arrivait pas à oublier la sécheresse, la dévorante aridité de la ville. Bon Dieu, suppliait-elle tandis que la poussière venait tacher le dessous de ses orteils, faites que ces cours soient intéressants. Par pitié, mon Dieu, donnez-nous quelque chose d'un peu bien à faire.

Seule Miranda n'était pas affectée par le climat. Elle n'avait pas encore vu les bas-côtés roussir puis se fissurer, ces perpétuelles brumes de chaleur miroitant sur la route, ces pauvres reflets mornes dans le regard et le pelage des chats tandis qu'ils gisaient haletants sur les pelouses cramées devant les habitations. Miranda avait grandi à côté de l'océan, dans une petite maison à l'extrémité d'une baie abritée bordée de demeures opulentes et de parcs privés formant de grandes nappes vertes. Adolescente, elle adorait rester là à contempler cette étendue liquide, respirant cet air un peu salé, des images de passagers clandestins et des histoires d'aventures plein la tête. Elle avait beau n'en voir qu'un morceau en fer à cheval, l'immensité de l'océan lui causait une profonde excitation, un frisson quasiment identique à celui qu'elle éprouvait quand elle veillait assez tard le soir pour se faufiler dans le jardin avant l'aube. Alors elle restait là à observer la lune, s'imaginant dans son sillage aux commandes d'un char argenté, pas ici au pays des enfants nantis et des country-clubs mais là-haut dans l'espace, traversant les cieux dans un grand rugissement. Une brume blanche se levait juste avant le soleil et tous les ornements prétentiards du logis de ses parents se trouvaient dévoilés tels des spectres, symboles de respectabilité.

Aujourd'hui, dix ans plus tard, elle redisposait non pas le fer forgé blanc des meubles de jardin de ses parents, mais les chaises du foyer municipal, en plastique bas de gamme et de couleur orange. Elle s'interrompit pour écouter le bruit du vent dans les arbres avec une curiosité vite évanouie.

On frappa doucement au chambranle. « Il y a quelqu'un ? » C'était Gretchen. Elle entra dans la salle à peu près comme si elle n'avait pas le droit d'être là.

« Bonjour.

— C'est très joli, commenta Gretchen avec un sourire hésitant.

— Merci. Ça me paraît une bonne idée de s'asseoir en cercle.

— Oui, acquiesça Gretchen. J'ai toujours eu un penchant pour les cercles. Parfois je me demande pourquoi nous ne vivons pas tous en cercle, pourquoi les pièces et les maisons ne sont pas construites en cercle, remarquez, les ovales, c'est bien aussi, ils ont quelque chose de plus organique, et puis les villes aussi, on pourrait les construire en cercle, ou en spirale, je ne sais pas qui a eu l'idée de tout construire en lignes droites, les plans quadrillés sont tellement... » Elle laissa sa phrase en suspens. La jeune femme avait l'air distraite.

« Les Grecs, murmura Miranda, les yeux dans le vague. Et après, les Romains ont perfectionné le système.

— Oh ! En tout cas, j'adore les cercles, j'adore vraiment. » Un silence. « Un côté organique », répéta-t-elle.

Miranda mit la dernière chaise en place puis se redressa, les mains sur les hanches, posant sur Gretchen un regard paisible. *Oliver*, pensait-elle. Rien de plus. *Oliver.*

« Euh... Je ne sais pas à combien de personnes il faut s'attendre, les annonces sont affichées depuis une semaine et on a une dizaine de noms. Mon fils doit venir, Jason. Il était censé aller chez ses grands-parents, mais... voilà, j'ai perdu la bataille. Il a un défaut d'élocution, ajouta-t-elle en chuchotant.

— Ce n'est pas un problème.

— Bien. Excellent. Avez-vous besoin de quelque chose ? Tableau blanc, marqueurs ? »

Miranda sourit. « Non. Merci.

— Bon... » Gretchen tripotait les nombreuses bagues en argent et corail qu'elle avait aux doigts. Ses ongles étaient rongés. « Euh... voulez-vous que je reste ?

— Non, dit encore Miranda. Merci. Je crois que nous nous en sortirons. »

Après le départ de Gretchen, Miranda alla se tenir dans un carré de soleil près de la grande fenêtre, le visage tourné vers les arbres là-bas derrière la vitre. Ici, c'était comme si le cours de sa vie s'était arrêté. Il n'y avait plus d'évolution, plus de lien de cause à effet, seulement du temps isolé. Cette nuit elle avait dormi, mais ses rêves avaient été chaotiques, empreints d'un sentiment de désastre latent, avec des figurines d'argile qui tombaient en miettes, un incendie et des ossements. Elle avait encore mal physiquement, une douleur dans la poitrine, la gorge qui se nouait quand elle pensait à lui, soit presque en permanence. Il y avait une certaine liberté dans tout cela, pensait-elle. Ce n'était qu'un été, après tout.

Julia, Chicky et Rachel entrèrent dans la salle. Elles discutaient, leurs mots se chevauchaient, inintelligibles, mais lorsqu'elles la virent qui se tenait là, elles se turent sur-le-champ. Par la suite, Julia se dit que Miranda était un peu comme un personnage irréel, une sorte de coup de théâtre survenant dans leur ville. Sa robe en coton rose pâle et ses sandales rouges faisaient tache parmi les shorts en jean, les T-shirts et les tennis qu'avaient tous les gamins. Elle portait ses cheveux, d'un noir brillant, tirés en queue de cheval ; son visage était lisse et extrêmement poudré, et ses yeux étincelaient comme des émeraudes vert vif. On aurait dit une poupée, mais constituée d'une matière plus résistante que la porcelaine. Il était difficile de lui donner un âge.

« Bonjour, dit-elle en souriant aux filles qui, comme d'habitude, restaient soudées tel un corps unique doté de six bras et six jambes. Je m'appelle Miranda. »

Julia regarda Rachel, puis répondit : « Je m'appelle Julia.

— Salut.

— Rachel.

— Chicky.

— Chicky ? C'est ça ? Julia, Rachel, Chicky, très bien. Vous voulez vous asseoir ? »

Elles s'exécutèrent, s'installant côte à côte dans le cercle. Le pied appuyé sur sa cuisse, Chicky se trifouillait un ongle.

« Euh... Miranda ?

— Julia.

— Je ne pourrai peut-être pas venir à tous les cours, enfin, à toutes les séances : je travaille de temps en temps dans une boutique, ça dépend de quand ils ont besoin de moi.

— Ce n'est pas grave. Je n'ai pas l'intention de faire l'appel. »

Deux autres filles firent leur apparition : Zoé Walker et Carol-Anna McCabe. L'acné de Zoé ne s'était absolument pas arrangé, malgré ce traitement qui lui gerçait les lèvres et lui couvrait les épaules de pellicules chaque fois qu'elle remuait la tête. Elles se présentèrent à Miranda, lorgnant les trois autres d'un air méfiant. Zoé avait été vaincue dans une bagarre avec Chicky quelques mois plus tôt et si ses bleus s'étaient estompés, sa rancœur n'était pas retombée. Julia jeta un coup d'œil à Chicky qui regardait le plafond avec insistance.

« Je parie qu'il ne va y avoir que des filles », chuchota Rachel, mais à ce moment-là les doubles portes s'ouvrirent à nouveau et le gros Danny Nalder entra dans la pièce en se dandinant, suivi des deux Jason. « Je t'emmerde, mec », était en train de dire Jason Mills, et l'autre Jason pouffa. Danny trébucha sur ses arpions immenses tandis qu'il rejoignait le milieu de la pièce. Le Jason ricanant pouffa encore, précisant « Trop picolé » pour ceux que ça pouvait intéresser. Julia se tassa au fond de sa chaise et fit rouler sa tête vers Rachel, qui acquiesça en grognant.

Miranda était elle aussi assise dans le cercle, cependant, d'une façon étrange, on avait l'impression qu'elle se trouvait sur le devant de la salle. « Nous allons commencer », annonça-t-elle. Elle respira profondément, repoussa Oliver à l'arrière-plan de ses pensées et sourit. « Vous vous connaissez tous, je suppose, quant à moi je m'appelle Miranda. Je vais essayer de me souvenir de vos noms, et tout et tout. Prévenez-moi seulement si je me trompe. J'ai autrefois laissé un prof se figurer un trimestre entier que mon nom était Marina, et ça ne m'a pas valu une note plus brillante. » Les garçons avaient tous mis leurs chaises à l'envers et, accoudés au dossier, ils regardaient leurs chaussures. Miranda se leva et entreprit de faire le tour du cercle par-derrière. Il fallait à tout prix qu'elle ait l'air de maîtriser la situation. « Bon. Voilà ce que cette expérience ne va pas être. Ce n'est pas le lycée. Ce n'est pas un atelier pour occuper vos loisirs. Ce n'est pas un truc pour glandouiller non plus. Si vous voulez glandouiller, libre à vous, mais ça n'a pas grand sens ici. Ni ailleurs, si vous voulez mon avis, mais nous y reviendrons. » Elle s'arrêta derrière Zoé. « Je ne vais pas vous bassiner avec des conneries du genre "Cueille le jour". Et je ne vais pas non plus vous dire que vos parents et vos profs ont raison depuis le début. Peut-être que vous savez, ou que vous ne savez pas, ce que vous voulez faire à la fin de l'été – si ça se trouve, vous êtes déjà dedans. Ce qui m'intéresse c'est *qui vous êtes*, faire en sorte que vous le sachiez vous-mêmes le mieux possible à la fin de cette drôle de période de hiatus.

— Hé, dites, c'est quoi un hiatus ? demanda Danny.

— Tu n'as qu'à chercher dans le dictionnaire. Si vous manquez de curiosité à l'heure qu'il est, ça ne me surprend pas. Vous venez de subir treize ans d'abrutissement systématique. Mais on ne peut pas recommencer à zéro, et puis vous n'êtes pas des bébés. » Elle reprit sa marche autour d'eux, dans le sens inverse des aiguilles d'une montre. Elle se rendit ensuite à la fenêtre et là elle s'immobilisa, regardant vers l'intérieur de la pièce. Julia se retourna. Le visage de son aînée était dans l'ombre, elle avait le soleil derrière elle. « Cette expérience est purement volontaire, à ceci près, ajouta-t-elle en riant, que je suis payée pour être ici alors qu'à mon avis vous les garçons – elle jeta un coup d'œil à la partie mâle du cercle –, ce sont vos parents qui vous ont obligés à venir. Pour vous punir d'avoir fait les zouaves au lycée, je me trompe ? »

Un des Jason grommela, et l'autre flanqua un coup de pied dans sa chaise.

« Ce que je veux vous dire, c'est que nous pouvons tous tirer parti de cette situation. Nous pouvons réellement nous amuser. Et si à un moment ou un autre vous ne vous amusez pas, vous me le dites. Ou bien vous partez. » Elle sourit, et Julia se prit à rêver d'un sourire comme ça, de splendides lèvres roses s'écartant lentement pour dévoiler des dents aussi saines que régulières. Elle avait une fossette dans une joue. « Mais je vous parie vingt dollars que tout vaut mieux que de tourner en rond chez vos parents, ou de traînasser près de ce pont. »

Une des rares activités extrascolaires auxquelles ils aient jamais participé était un cours de défense passive, pour le cas où la ville, qui ne se trouvait pas davantage à proximité d'une faille souterraine que d'un volcan ou du littoral, serait victime d'une catastrophe naturelle et devrait déclarer l'état d'urgence. Après avoir souligné l'importance qu'il y avait à conserver les pots de yaourt en plastique, Gretchen Mills s'était étendue sur le sol en s'inondant de colorant rouge vif pendant que le prof de maths s'efforçait de lui bander la tête. Il n'y avait pas eu de volontaires pour le bouche-à-bouche. Le cours avait été abandonné quand une fille avait accusé Jason Mills de lui avoir palpé les seins durant un exercice de massage cardiaque et que son père avait menacé d'intenter un procès.

Quant à l'autre association extrascolaire, elle avait été protégée de scandales de ce genre : c'était un groupe mères-filles du nom de Sucre et Epices dirigé par Noeline, la mère de Chicky, et destiné à « promouvoir le lien féminin » ainsi qu'à « transmettre la sagesse culinaire de nos aïeules ». Noeline et son mari étaient originaires de la grande ville et, s'ils étaient venus dans cette contrée, c'était justement pour renouer avec ce type de traditions authentiques. Au début il y avait eu pas mal de monde, les mères et les filles de la ville ayant espéré établir par là une relation, mais les rangs s'étaient clairsemés après la quatrième leçon de patchwork et puis le ratage, dans une douzaine de cuisines des environs, de la recette pour la confiture de reines-claudes donnée par Noeline.

C'est pourquoi ces cours du foyer communal, ces séances, ces heures qui s'écoulaient entre Miranda et ces jeunes gens tout frais sortis du lycée, ces matinées et ces après-midi si singuliers, étaient quelque chose d'inédit. Lors de ce premier cours, Miranda leur demanda à tous l'effet que ça leur faisait de laisser derrière eux la sécurité mais aussi l'atrophie de leurs années lycéennes. Après un silence gêné, et après que Danny eut réclamé la définition du mot atrophie, ils se lancèrent d'un coup, babillant et beuglant à qui mieux mieux afin d'évaluer les mérites de leur éducation. Il n'y en avait pas un seul qui soit triste de quitter le lycée, même s'ils avaient tous pour l'avenir des projets assez flous. « Mais de toute façon, déclara Chicky à la cantonade, il y en a bien certains qui devront redoubler s'ils se plantent aux examens.

— Bon... réattaqua Miranda. Vous vous connaissez entre vous. Vous avez une idée assez précise des points forts de vos rivaux et des points faibles de vos alliés. Mais pour ce qui est de la connaissance de soi ? Où en êtes-vous de ce côté-là ? Chicky ? Danny ? Jason ? Est-ce que vous êtes sûrs de vous connaître vous-mêmes ? » Un ange passa.

« Maman ? »

Mary se frotta les yeux : le Dr Goodwin refusait de moderniser son ordinateur et elle avait fixé des lettres vert fluo tout l'après-midi. « H'm ?

— Est-ce que tu as l'impression de bien te connaître toi-même ?

— Assez bien, oui, je crois. » Elle regarda à l'autre bout de la cuisine où Julia était en train de lécher du beurre de cacahuète sur un couteau. « Ne fais pas ça. Pourquoi ?

— Je me demandais, c'est tout. Je trouve que la connaissance de soi est quelque chose d'important, pas toi ?

— J'imagine. Jusqu'à un certain point. Je veux dire, il ne faut pas devenir trop égocentrique.

— Non... » D'un coup de langue, Julia fit disparaître une lichette de beurre de cacahuète collée à l'intérieur du couvercle.

« Remarque, si tu es une immonde cochonne dépourvue de savoir-vivre, tu as raison, autant le savoir.

— Désolée, dit Julia en gloussant. C'est tellement facile de te choquer.

— Tu trouves ? Je ne suis pas d'accord. Après tout, je suis mariée à ton père... » Mary adorait les vannes comme ça, faire rigoler sa fille sans penser un mot de ce qu'elle disait. Elle se palpa la gorge pour vérifier ses ganglions. Un patient en retraite pouvait lui refiler la grippe, c'était un risque du métier. Elle pensa à un truc : se moquer de Martin était peut-être sa façon à elle d'amadouer Julia.

L'amadouer, oui, mais pourquoi ? Elle cessa là ses interrogations car Julia, après avoir fait mine de se décrotter le nez, marchait vers elle le doigt tendu.

« Ne t'approche pas ! » cria Mary, et elles se poursuivirent dans la cuisine, riant jusqu'à en avoir un point de côté.

Dans la pièce marron et beige, Miranda maniait le pinceau avec ardeur : elle avait noué un foulard sur ses cheveux et enfilé la chemise à rayures bleues et blanches d'Oliver par-dessus ses vêtements. L'appui de fenêtre et la moitié d'un mur étaient déjà blancs car elle travaillait à toute allure, tenant à s'approprier les lieux, à les rendre bien propres pour elle. *Pas d'un blanc aseptisé pour l'amour du ciel chérie*, disait Margot, *vous allez vous bousiller les yeux. Rajoutez-y un peu de chaleur. Détendez-vous.* C'était la première visite de Margot à son appartement de la grande ville et Miranda n'avait pas arrêté de bafouiller, l'air de s'excuser : *Evidemment, je ne vais pas garder le papier floqué, je veux un décor minimaliste.* Puis Margot, s'asseyant sur le canapé composé de caisses d'oranges et de gros coussins, avait négligemment ôté un de ses escarpins rouges et dit : *Est-ce que vous avez fait ces étagères vous-même ? Des briques de chantier ? C'est vraiment ingénieux.*

Tout ça c'était avant Oliver, et Miranda désirait si fort l'amitié de Margot que sa poitrine la brûlait. Elle mourait d'envie de s'épancher : *j'adore ta jupe, j'adore ta coiffure, j'ai trouvé ton article sur Marianne Moore absolument brillant, aime-moi, aime-moi, aime-moi.* Margot aurait détesté ça : elle avait horreur des démonstrations d'affection. Miranda en était suffisamment consciente pour se refréner et faire la conquête de Margot étape par étape. Elle lui demandait son avis, elle prenait note de ses opinions, elle essayait de l'imiter sans que cela soit trop visible. Si seulement elle pouvait donner la même impression que Margot : posée, pleine d'assurance, invulnérable. Si seulement elle pouvait éviter que jamais on ne devine qu'à l'intérieur elle hurlait *aime-moi.*

Ici dans cette ville, dans l'appartement de l'agent de

voyages, malgré les émanations de peinture, Miranda se souvenait du parfum de Margot – un truc signé Guerlain. Elle s'arrêta et demeura pétrifiée, la peinture blanche de son pinceau gouttant sur le sol recouvert de journaux. Tout était allé de travers.

Après la séance du lendemain, à l'issue de laquelle les adolescents étaient censés réfléchir à leurs cinq films et à leurs cinq livres préférés, mais aussi aux raisons qui les leur faisaient aimer, Miranda demanda à Julia de lui montrer un peu plus la ville. Pourquoi toi ? s'était étonnée Chicky sur le perron du foyer alors que les autres défilaient à côté d'elles. Je ne sais pas, répondit Julia. Tu détestes cette ville, reprit Chicky, elle va avoir droit à une sacrée visite guidée ! Et c'était vrai, Julia n'était pas du genre à déambuler en ville en s'extasiant sur ses différents aspects : elle était plus du style à rester bouquiner tranquillement ou à s'inventer un monde plus beau, plus essentiel. Cependant elle était contente qu'on l'ait sollicitée.

Miranda laissa babiller la jeune fille tandis qu'elles gravissaient le sentier de terre menant au sommet de Tree Hill. Des grosses mouches et des papillons virevoltaient dans les ajoncs de part et d'autre.

« On croyait qu'on pouvait avoir une perception extrasensorielle, disait Julia. Je me souviens que j'adorais ce mot, extrasensoriel : comme extraordinaire, qui en réalité ne voudrait pas dire qui sort de l'ordinaire mais voudrait dire extrêmement ordinaire. Ça me troublait beaucoup autrefois, mais peut-être que j'ai mal compris. »

Elle se tut pour que Miranda lui explique ce qu'il en était. La jeune femme n'en fit rien, continuant simplement à mettre un pied devant l'autre, poursuivant son ascension de la colline. Julia était en nage et essoufflée après son discours. Elle trébucha sur une pierre.

« On avait l'habitude de s'asseoir en triangle, toutes les trois. Bon Dieu, je n'ai jamais raconté ça à personne... » Elle réprima un sentiment de trahison. « On n'avait que neuf ans ou quelque chose comme ça, c'était il y a des années, peut-être qu'on avait huit ans. J'avais piqué l'idée dans ce livre que j'avais lu sur les sorcières. » Elle eut un grognement de dérision. « Je veux dire, on croyait dur comme fer que ça allait marcher, vous savez ? C'était idiot ! On était assises là à essayer de lire mutuellement dans nos têtes. Des trucs pas compliqués pour commencer, des couleurs ou des chiffres. » Elles n'avaient jamais dépassé le stade du pile ou face : il n'y avait eu qu'une fois ou deux sur une trentaine où elles avaient réussi à deviner leurs pensées respectives. Au lieu de l'admettre Julia poursuivit : « Et puis Rachel et moi on est passées aux gens. Et puis à des phrases. » Non, j'invente, fut-elle tentée d'avouer, mais s'en abstenant. « On est tombées juste plusieurs fois. Ça n'intéressait pas Chicky. Ça lui filait mal au crâne. D'après elle, on avait l'air de deux débiles mentales. »

Miranda se taisait, escaladant le dernier tronçon escarpé du sentier. Pourquoi faut-il que tu blablates ? se sermonna Julia. Espèce de crétine, pourquoi ne peux-tu pas simplement la fermer ? Elle frappa du poing son genou couvert de taches de rousseur. Le corps de Miranda était mince, distingué. Julia eut l'envie subite de tourner les talons et de redévaler la colline, pleine de haine pour ses affreux vêtements et ses vilains cheveux roux. Mais Miranda était là : face à elle à présent, le souffle un peu court et la main tendue, elle se proposait de l'aider à franchir le dernier rocher en saillie qui la séparait du sommet.

Tree Hill, la colline aux arbres, n'avait pas d'arbres. Un plateau vaguement carré recouvert d'un épais tapis herbeux, voilà à quoi elles eurent droit quand elles arrivèrent en haut, le tout accompagné, en cet après-midi d'été, d'une chaleur littéralement caniculaire. Elles pouvaient s'allonger sur le dos et reconnaître des objets dans les nuages, si tant est qu'il y eût des nuages. Elles pouvaient s'asseoir et regarder les oiseaux en contrebas tournoyer au-dessus des arbres du parc, les voir tout à coup s'envoler d'un toit vers un poteau télégraphique, suspendus dans les airs telle une poignée de cailloux qu'on viendrait de lancer. Elles pouvaient distinguer le lycée mais aussi ces petites rues bordées de vieilles maisons de cheminots où habitait Chicky. Et puis la vieille voie ferré, tellement rouillée que ses rails ne réfléchissaient pas le soleil. Sans oublier ces murs en ruine derrière le parc, là où quelque pilier de la communauté avait voulu construire un jardin d'hiver. De l'autre côté de Tree Hill s'étendait la forêt morte, et au bout du parc, en repartant vers les terrains de sport du lycée, se trouvait le pont. Là debout, les jambes un peu tremblantes, Julia contemplait toutes ces choses qu'elle n'avait jamais remarquées auparavant, s'en voulant d'avoir honte de l'aspect minable et anarchique de sa ville, mais incapable de s'en empêcher. Elle se demanda si Miranda pouvait lire dans ses pensées.

Trois garçons supplémentaires avaient assisté au deuxième cours. Miranda y avait vu un signe encourageant. Il y avait Johnno, taillé dans la même étoffe que les deux Jason sauf qu'il était plus beau, Lewis, un petit olibrius aux dents écartées et à la tête de fouine, et enfin Bryce. De toute évidence, Bryce caressait des ambitions plus hautes que de rester sa vie entière dans cette ville. Ayant pris place aux côtés de Julia et Rachel, il avait complimenté Miranda sur son allure – « Jolie robe », « Jolies chaussures », « Joli collier » –, tant et si bien qu'elle lui avait demandé s'il lui faisait des avances. Il avait ri ; les autres avaient ri aussi, même les garçons un peu brutes. A ce moment-là elle s'était dit que tout allait se passer sans problème, quand elle avait surpris le fils de Gretchen Mills, le Jason zézayeur, en train de faire le geste de se trancher la gorge en regardant Bryce. « Bon, dit-elle, qu'est-ce qui se passe ?

— Rien.

— On ne me la fait pas. Que veut dire ce geste ? » Elle l'imita.

Jason haussa les épaules. « Ça me plaît pas de côtoyer une tantouze.

— Dans ce cas tu ferais mieux de partir », répliqua-t-elle.

Jason se hérissa. « Vous allez m'y forcer ? »

La pièce se chargea aussitôt d'électricité. Très bien, se

dit Miranda, voyons si je peux gérer la situation... « Si c'est toi ou lui, déclara-t-elle, muscles tendus, c'est lui qui reste. »

Sur le bord de sa chaise, Bryce buvait du petit-lait. L'autre Jason donna un coup sur le bras du Jason agressif. « Il en vaut pas la peine, mec, laisse tomber. »

Le gros Danny grommela : pour approuver ou protester, c'était difficile à dire.

Julia se leva soudain. Les garçons la regardèrent, l'air de dire, mais putain qu'est-ce que tu fous ? « Est-ce qu'on pourrait arrêter ça ? demanda-t-elle. Est-ce qu'on pourrait enfin oublier toutes ces gamineries ? » Elle se rassit illico et regarda ses mains. « C'est tout ce que je voulais dire.

— Ouais, je sais pas, mec, dit Johnno. Peut-être qu'elle a raison. » Il braqua son menton vers Bryce. « Moi tu me gênes pas, mec.

— Eh oui, là où y a de la gêne y a pas de plaisir... ironisa Bryce.

— Qu'est-ce que je disais ! s'exclama Jason, plus zézayant que jamais. Putain, il fait de la provoc ! » Il en appela à Miranda. « Vous voyez bien, il se fout de notre gueule !

— En quoi ça t'embête tellement ? demanda-t-elle. Tu n'es pas assez coriace pour supporter ? »

Il haussa les épaules.

« Voilà ce que je constate, reprit Miranda. La seule personne ici qui a un problème avec le groupe c'est toi. Donc c'est à toi de choisir. »

Le groupe... Le mot leur fit forte impression à tous : il modifia le type de rapports qu'ils avaient, tissant entre eux comme un lien de solidarité. Si petite que soit la ville, les factions qui la composaient n'avaient fait que se fragmenter davantage. Les mecs qui se défonçaient près du pont les longs soirs d'été ; les zonards qui, quand quelqu'un passait, planquaient leurs sacs à sniffer derrière la fontaine ; les filles qui se baladaient nonchalamment dans le parc : ils formaient tous des bandes distinctes, sauf que là Miranda était en train de suggérer qu'ils pouvaient peut-être se rassembler. Ça avait un côté intéressant, estimait Julia. Ça avait un côté radical. « Allez, Jason... » fit Carol-Anna, laquelle ne lui avait jamais adressé la parole avant. « Ouais, acquiesça l'autre Jason, et ce fut sans doute l'argument décisif. Bryce nous gêne pas. Fais-toi une raison, mec. »

Ainsi Miranda n'écoutait-elle que d'une demi-oreille tandis que Julia dissertait sur les pouvoirs télépathiques et sur l'autohypnose sous le soleil écrasant qui régnait sur la colline. Elle rejouait activement la scène dans sa tête, espérant que son épilogue – tous les gamins étaient restés – était prometteur, espérant qu'elle contribuerait à leur ouvrir l'esprit et qu'elle constituerait une force positive dans leur vie. Alors qu'elle était là, respirant laborieusement avec la jeune fille à ses côtés, elle regarda la ville en contrebas et, comme tous les jours, pria brièvement les dieux de lui accorder un nouveau départ. « Dites, demanda Julia, est-ce que c'est vraiment cool d'habiter la grande ville ? » Miranda se tourna vers elle. Il y avait quelque chose chez la jeune fille, avec ses lourds cheveux roux, ses traits bien droits, ses yeux presque sévères. « Ouais, répondit-elle en lui offrant un de ses plus beaux sourires, afin de conforter l'espoir qu'elle lisait sur son visage. C'est vraiment cool. »

Sur le chemin du retour, après avoir déposé Miranda devant l'ancienne agence de voyages, Julia se mit à imaginer la vie dans la grande ville. Sa grande ville était construite sur des images de cinéma et des noms de lieux infiniment évocateurs. Première Avenue, Memorial Drive, Riverside Lane, Grand Square... La simple majesté suggérée par ces mots suffisait à l'écraser. Si seulement elle avait un passeport pour ce monde-là, tout serait différent. Elle ne se retrouverait pas coincée ici dans ce trou perdu, sans rien connaître et sans même réussir à donner l'impression du contraire. Elle irait à des lectures de poésie, dans des galeries d'art et dans des musées, au lieu de fréquenter ce club Sucre et Epices à la noix. Elle rêvait du mouvement, de l'énergie de la grande ville ; les phares de voitures ornés de joyaux, et les soirs anthracite, les chantiers de construction, les sirènes de police, les odeurs de café et de goudron brûlant. Elle en mourait d'envie, le besoin de s'enfuir montait en elle comme de l'adrénaline, et elle se mit à courir. « Est-ce que vous savez ce que vous voulez ? » leur avait demandé Miranda. Oui, se répétait à présent Julia, chaque fois que son pied allait heurter le sol, oui je le sais, je le sais.

Un nuage de poussière apparut au bout de la rue et une Valiant effilée comme une lame passa avec fracas, faisant gicler grains de sable et gravillons. Des garçons, partant « faire péter les soupapes », ou un truc dans le genre, là-bas du côté du pont... Elle aperçut Tarin Verschoor assise à l'arrière. Tarin ne viendrait pas aux cours, avait expliqué Zoé, parce que son temps était trop précieux pour le perdre comme ça. Julia toussa dans le tourbillon de poussière. Cela faisait des jours qu'il n'avait pas plu et les cieux étaient tellement secs qu'on avait l'impression qu'il ne pleuvrait plus jamais. Dans la grande ville, se dit-elle, ils avaient de la pluie. Dans la grande ville les voitures rapides étaient des limousines. Dans la grande ville, dans la grande ville où elle vivrait.

*

Sur la véranda de Gretchen Mills, Mary frappa doucement au mur à côté de la porte et appela : « Il y a quelqu'un ?

— Ah, très bien... Je me demandais si j'avais trop tardé pour organiser ça. » Gretchen portait un caftan en mousseline et de grosses perles d'ambre. Elle se pencha à l'oreille de Mary : « Je me sens comme une baleine, j'ai mes règles.

— Ravie de l'apprendre, dit Mary en lui tendant son plateau d'ailerons de poulet diététiques. Pour accompagner les boissons.

— Oh ! mais vous n'auriez pas dû, comme c'est gentil, oh ! ils sentent délicieusement bon. » Gretchen attira

Mary à l'intérieur de la maison et cria : « Devinez qui est là ?

— Bonjour, Mary. » Noeline Thompson leva son verre de jus d'ananas. « Un friand à la saucisse ?

— Non, merci. »

Barb, la mère de Danny Nalder, était là, bouchant la vue de la moitié de la pièce. Quand elle se décala, vers les sauces apéritif, elle laissa apparaître Pam Walker et Deirdre McCabe. C'étaient toutes des mères de gamins qui avaient été au lycée avec Julia. Mary les connaissait de soirées de parents d'élèves, de compétitions sportives, du conseil municipal et du simple fait qu'elles étaient du coin, mais elle ne se serait jamais prétendue amie avec aucune d'elles. Dieu me préserve de ces espèces de bonnes femmes sèches comme des coups de trique, disait Martin chaque fois qu'il voyait Pam Walker. « Bonjour Mary, lançait à présent celle-ci de sa voix de violon discordant. On se demandait ce que vous deveniez. J'ai appris que votre fille et ses amies avaient eu quelques aventures le soir du bal du lycée.

— Ouais. Elles se sont fait sauter par les musiciens du groupe. Je suppose que Zoé était occupée...

— Punch ? Coca ? Jus de fruit ? proposa Gretchen, une lueur de panique dans les yeux.

— De l'eau, ce sera très bien. Désolée, Pam, je plaisantais. C'est à cause de mon régime, il me fait dire les choses les plus bizarres.

— Vous n'avez vraiment pas besoin de perdre du poids, dit Deirdre.

— Je me sens obèse, expliqua Mary, avant de croiser le regard de Barb Nalder, trop tard. Je veux dire, je ne me sens pas aussi en forme que je pourrais. » Barb avait l'air vexée. « Vous savez, s'enlisa-t-elle, comme quand on n'est pas grosse mais qu'on se sent grosse quand même. » Non, Barb avait toujours la mine d'un éléphant confronté au fusil du chasseur. « Oh ! et puis zut. On ne vit qu'une fois, pas vrai ? » Mary enfourna un champignon farci dans la bouche. « Délicieux, marmonna-t-elle, dégustant la mie de pain imprégnée de beurre et de fromage. Hmm... » Elle leva le pouce pour féliciter Gretchen. « Excellent. »

« Bien... » Gretchen battit des mains. « Nous n'attendons plus que Miranda. » Elle insista sur le prénom comme s'il s'agissait d'un prénom étranger. « C'est vraiment un beau coup, vous pouvez me croire, d'avoir réussi à avoir une prof de l'université pour les vacances. Enfin, cette réunion doit seulement nous permettre de nous présenter, de bavarder un peu, montrer que nous sommes une ville accueillante... »

Son erreur, songea Mary appuyée au mur de manière à pouvoir surveiller la fenêtre tout en regardant ostensiblement Gretchen, avait été de s'imaginer que ces réunions pourraient être un tant soit peu différentes. Mais non, Noeline serait toujours vieille et tremblotante ; Pam aurait toujours la tentation de persifler ; Barb se goinfrerait et Deirdre serait triste. Quant à moi, se disait Mary, je resterai toujours la rêveuse de la classe, à me croire au-dessus de tout ça. Bien à tort. Le petit discours de Gretchen était terminé. Barb offrit son aide pour aller chercher des choses à la cuisine. Pam s'éventa en disant à Deirdre qu'elle ne savait pas ce qui pouvait débloquer à ce point avec l'air conditionné, et Gretchen lui demanda si elle avait des vapeurs et si, par hasard, ce n'était pas déjà la ménopause... Par la fenêtre, Mary vit une belle jeune femme en chapeau de paille et robe d'été qui remontait la rue : elle aurait presque pu tenir une ombrelle. Marchant sur le trottoir d'en face, elle passa devant chez les Markovsky, devant chez les Turner puis devant chez les Nalder. Elle s'arrêta et regarda de l'autre côté de la rue d'un air interrogateur, puis elle fit demi-tour et revint sur ses pas. « Gretchen, annonça Mary, je crains que votre invitée d'honneur ne soit un peu perdue. »

Julia appelait la boutique où elle travaillait la brocante ; Gretchen Mills, la propriétaire, avait fait peindre une enseigne qui disait, en lettres style saloon, Ye Olde Antique Boutique. C'était ce que Julia était censée annoncer quand elle répondait au téléphone, sauf que le téléphone ne sonnait jamais. Chicky et Rachel passaient tous les jours la chercher à l'heure de fermeture, et certaines fois plus tôt, si bien que toutes les trois, elles pouvaient passer leur après-midi à se balancer sur des chaises délabrées tout en discutant.

« Ce truc-là en a vu de toutes les couleurs, constata Rachel en attrapant un coussin Régence en soie tachée.

— En voir de toutes les couleurs, dit Julia. Voilà ce qu'il me faut. »

Chicky s'interrompit en plein ajustage de soutien-gorge et dit : « Bryce va me dégoter du nitrite d'amyle. Ça te tente ?

— Non, répondit Julia en secouant la tête. Qu'est-ce que tu veux que je fasse, que je m'émoustille toute seule ?

— Bon sang, ce que tu peux être chochotte, s'écria Chicky. Il y a des tas de mecs disponibles, nom d'un chien. Tu n'es pas obligée d'avoir de l'affection pour eux. Juste de te servir de leurs corps.

— Ouais, sans doute. Mais tu ne crois pas que le fossé qui existe entre moi et tous les garçons du lycée complique un peu les choses ?

— Et les mecs plus vieux ?

— Quelle horreur. Je ne voudrais pas de quelqu'un qui soit assez vieux pour avoir pu partir de cette ville et qui soit encore ici.

— Moi non plus », reconnut Rachel. Les deux filles la regardèrent et éclatèrent de rire.

« Tu... Sais-tu même ce qu'est un mec ? Je veux dire un vrai, pas un acteur de cinéma sur qui tu fantasmes ? »

Rachel donna une grande tape sur le bras de Chicky. « Oui. Bien sûr que je sais. »

Chicky pouffa à nouveau. « Je veux dire, à part ton père ?

— Au fait, Chicky, intervint Julia, c'est qui, le mec imaginaire qui te fait fantasmer ? »

Chicky cessa de ricaner. « J'aime les mecs quand ils sont réels. En chair et en os, tu comprends ce que je dis ? »

Elle posa la paume de sa main droite au creux de son coude gauche et fléchit l'avant-bras.

« Ouais, acquiesça Rachel. Tu es une salope qui as le feu au cul. »

Les trois amies se tordirent de rire. « Oh ! bon sang, déclara Chicky d'une voix traînante. Je n'arrive vraiment pas à croire que tu aies dit un truc pareil.

— Enfin quoi, répliqua Rachel, peut-être que je cache mon jeu.

— Ouais, c'est ça, reprit Chicky en riant. Y a pas de doute... »

*

« Bon, dit Miranda. Voici venue la fin de la première semaine. Je pense qu'il est temps de se détendre un peu. » Une chaussure à haut talon se balançait au bout de son pied cambré. Son regard était posé sur Jason Mills. « Veux-tu bien aller chercher les trucs qui se trouvent dans le frigo ? » Les autres demeurèrent assis sans rien dire tandis que Jason haussait les épaules et se dirigeait d'un pas lourd vers la kitchenette adjacente. De dessous ses cils, Julia observait la bouche ronde et rouge de Miranda qui dessinait une moue ravissante. La jeune fille promena sa langue derrière sa dentition irrégulière.

« Hou là là ! s'écria Jason. Ça alors ! » Il réapparut en exécutant une breakdance à reculons, les bras chargés d'une douzaine de canettes de bière. Les lèvres parfaites de Miranda se soulevèrent aux commissures. Les garçons poussèrent des cris enthousiastes, les filles de petits gloussements. « Il y a une bouteille de vin et quelques boissons sans alcool pour ceux qui préfèrent », annonça Miranda et, aussi sec, Chicky avait quitté sa chaise et traversé la pièce. Miranda croisa le regard de Julia. La jeune fille resta un instant prisonnière de ces yeux vert émeraude – un halo d'une chaleur fulgurante – puis, détournant la tête, elle se leva d'un bond et se précipita vers la collection de disques. Elle passa en revue les pochettes usées couvertes de toiles d'araignée, tomba sur un vieux Sarah Vaughan, et bientôt « Nice Work if You Can Get It » emplissait la pièce en même temps que le soleil poussiéreux de la fin d'après-midi. « Nul ! » persifla un des Jason, et Chicky lui fit un doigt d'honneur en riant.

« C'est Miles Davis à la trompette, précisa Miranda. Ecoutez. »

Et Julia écouta, et Chicky attrapa Rachel pour danser, tandis que la trompette épousait les mouvements de la mélodie. Julia se demanda comment faisait Miranda pour savoir tant de choses. Le crépuscule s'infiltrait dans la salle depuis l'extérieur. La chanson suivante était « Come Rain or Come Shine » ; les garçons l'ignorèrent bravement ; la voix de Sarah Vaughan enrobait les paroles de son miel, Miranda chantait le refrain toute seule en silence. Et Julia écoutait.

« Je la trouve bizarre.

— Elle est formidable. »

Elles étaient dans l'appartement de Chicky, la porte ouverte sur le soir brûlant, des moustiques sillonnant l'air nocturne. Rachel était étendue sur le canapé, son long cou étiré sur les coussins, pendant que Chicky lui promenait nonchalamment les doigts dans les cheveux. Julia était assise par terre dans l'embrasure de la porte, les bras autour des genoux.

« Formidable, répéta Rachel, fermant lentement les yeux. Ça fait du bien.

— Je crois que ce vin m'a filé mal à la tête. Je ne sais pas, mais il y a quelque chose de bizarre chez elle. » Chicky regarda Julia. « Tu trouves pas ça flippant, tout ce maquillage ?

— C'est seulement un peu de rouge à lèvres et de la poudre, protesta Julia en se gratouillant le genou.

— Moi je trouve ça glamour, murmura Rachel. Ici personne ne fait aucun effort.

— Oh ! mille excuses ! »

Julia ricana. La conversation la mettait mal à l'aise, comme si, en parlant de Miranda, elles brisaient un tabou, elles enfreignaient un code. « Elle est vraiment belle. Ça, on peut dire qu'elle sort du lot.

— Je suis sûre qu'elle est à faire peur, le matin. Avant qu'elle se maquille les yeux. Tu veux que je te fasse des tresses ?

— Oui s'il te plaît.

— On a des clopes ? » demanda Julia.

Chicky lui lança un paquet. Elle appuya sa tête contre le chambranle et, tout en actionnant plusieurs fois son briquet, elle reprit : « Je trouve ça bien qu'elle ne soit pas normale. Je croyais qu'on était contre tout ce qui est normal.

— On n'aime peut-être pas ce qui est normal... dit Chicky, son T-shirt dévoilant une de ses épaules grassouillettes et ses mains tripotant les cheveux châtain clair de Rachel. Mais de là à aimer ce qui est anormal, faut quand même pas charrier. »

*

Mary ouvrit la porte : son visage exprima d'abord l'étonnement, puis il s'éclaira d'un sourire. « Miranda ! Bonjour.

— Bonjour. » Miranda adressa à Mary un immense sourire où se lisaient à la fois le plaisir et l'enthousiasme, mais aussi l'aveu amusé qu'elles se connaissaient à peine. Un tel sourire était forcément désarmant. « Je vous dérange ?

— Pas du tout », répondit Mary qui, reculant dans son vestibule, s'effaça pour laisser entrer Miranda. La jeune femme se retint d'examiner le décor avec une curiosité trop manifeste. Néanmoins, en suivant Mary dans la cuisine puis sur la véranda de derrière, elle remarqua que le salon était dominé par un énorme téléviseur. Il y avait des tableaux sur tous les murs de la maison, de ces affreuses gravures monochromes qui étaient en vogue quinze ou vingt ans plus tôt. Certains amis de Miranda avaient accroché chez eux des gravures du même genre, mais par clin d'œil rétro ou purement ironique.

Passant par la cuisine – pots en terre, filet en macramé pour mettre les têtes d'ail –, elles rejoignirent donc la véranda qui semblait faite tout exprès pour divertir les voisins. Miranda trouvait étrange qu'avec tous ces avantages typiques que constituaient l'espace, l'air libre et la sécurité, les gens des petites villes tiennent quand même à exposer les façades de leurs maisons aux rues environnantes, et leurs cours arrière aux regards des curieux. Un appartement dans un immeuble était plus intime que ça. Mais visiblement cette promiscuité ne gênait pas Mary ; si ça se trouve, qui sait, elle l'avait choisie. Elle parlait à présent de la réunion du conseil municipal dont elle était en train de taper le compte rendu à la machine, expliquant que pour la première fois depuis des mois les personnes excusées n'étaient pas plus nombreuses que les personnes présentes.

« C'est tellement commode d'appeler cette catégorie les “Excusés”, dit-elle en sortant deux chaises de cuisine pour qu'elles puissent s'asseoir, même si aucune des personnes en question n'est le moins du monde désolée de s'être désistée. » Elle sourit. « Un café ? Une boisson fraîche ? Les réunions municipales... cette idée vous fait sans doute bâiller.

— Juste de l'eau, s'il vous plaît. » Miranda s'assit, puis leva les yeux vers Mary. « Je ne voulais pas vous interrompre.

— Ne vous inquiétez pas. J'adore être interrompue. »

Mary leur apporta deux grands verres d'eau avec du citron et de la glace. Elles se turent quelque temps l'une et l'autre, les yeux fixés sur les fenêtres du salon des Robinson. Miranda s'aperçut que le silence était total, aucun bruit d'arroseurs ou de cigales, pas plus que de voitures ou de chiens. C'était un peu angoissant, comme de regarder un film sans le son. Puis Mary, levant son verre à hauteur des yeux, déclara : « Je n'ai vraiment pas envie de finir comme quelqu'un qui a besoin de rajouter là-dedans une rasade de vodka pour tenir jusqu'au déjeuner. » Elle secoua la tête, une fois, puis se tourna vers Miranda avec un petit rire. « Je sais pas pourquoi j'ai dit ça. Pardon. Vous vouliez voir Julia ? Elle est à la boutique.

— Oui, on m'a dit. Non, je voulais seulement passer vous voir. Vous savez, vous avez l'air vraiment jeune pour être sa mère. » Il y eut un bref silence. « Désolée, je ne cherchais pas à vous passer de la pommade.

— C'est que... je l'ai eue jeune. J'ai trente-six ans. La plupart des autres mères sont un peu plus âgées.

— Nous n'avons pas beaucoup eu l'occasion de parler chez Gretchen.

— Hmm. » Mary se passa une main dans les cheveux. La chaleur les rendait tout moites. « Elle est pleine de bonnes intentions. Comme les autres, d'ailleurs.

— En effet.

— Ça doit vous changer de vos habitudes. Punch hawaïen, friands à la saucisse, membre honoraire du club Sucre et Epices.

— C'est plutôt un changement agréable, répondit Miranda en souriant. Ma vie, ce n'était pas limousines et coupes de champagne, vous savez.

— Une limousine parfaite, comme disait Dorothy Parker... Autrefois je pensais que vous autres, citadins, vous étiez tous comme elle.

— Vous aimez ce qu'elle écrit ?

— Je n'ai vu que le film. »

Il y eut un silence. Dans l'air d'été bourdonnant qui les séparait, Mary se rendit compte que quand l'accident avait eu lieu elle était plus jeune que Miranda, à peine plus âgée que Julia, en fait. Après, normalement, elle aurait dû aller dans la grande ville. Mais il y avait eu Martin, et le cours des choses avait été modifié.

Ils étaient couchés dans son lit à elle. Elle était censée partir le lendemain, même s'il ne le savait pas. Elle avait pris son billet de train et elle avait presque terminé ses bagages. Elle allait dans la grande ville pour une période d'essai, histoire de tenter sa chance, de prendre le large avant de se trouver trop enracinée là où elle était. C'était pour ça qu'elle fréquentait Martin, parce que les chances qu'ils fassent leur vie ensemble étaient minces. Ce n'était pas quelqu'un pour elle, à en croire ses amies, c'était un individu à problèmes. Un individu à problèmes, avait-elle songé. Alors, dans ce cas, pas question de le laisser passer. Allongée aux côtés du fameux individu à problèmes la veille de son départ, elle se tortilla dans le lit pour se coller contre son dos.

« Tu as sommeil ? demanda-t-elle, ambiguë.

— Oui j'ai sommeil, répondit-il, le visage dans l'oreiller. Mais tu serais bien capable de me faire jouir quand même. »

Au lieu de quoi, elle avait roulé sur le côté, plaquant l'arrière de ses mollets contre ceux de Martin, à moitié endormie elle aussi et heureuse.

Et puis dans le train, contemplant ce ciel immense et les nuages amoncelés telles des montagnes, écoutant le bruit de maracas que faisaient les wagons sur les rails, elle l'avait entendu le répéter encore et encore. Elle était étonnée de la sensation que lui procuraient les mots de Martin. Il disait des choses, il était le premier homme avec qui elle était qui disait des choses. « C'est vraiment bon de faire l'amour avec toi, avait-il dit. A quoi c'est dû ? » Elle n'avait pas répondu, bien qu'elle connût la réponse. Elle ne l'aimait pas particulièrement mais elle adorait être au lit avec lui. Les forces contradictoires de son ambivalence affective et de son désir physique l'écartelaient littéralement, et son esprit comme son corps étaient tellement tendus qu'elle se sentait vibrer chaque fois qu'il la touchait. Même quand il se tenait près d'elle sans rien faire, elle sentait ses terminaisons nerveuses qui se mettaient à frémir. Il n'était pas très empressé : il aimait que ce soit elle qui fasse tout. Et elle, qui était d'ordinaire si passive, qui était plus du genre à prendre qu'à donner, se plaisait à faire tout pour lui. Assise dans le train sur sa banquette à deux places dans le sens de la marche, elle n'arrêtait pas de se revoir avec lui dans le lit.

Elle comprit à ce moment-là qu'elle ne resterait pas dans la grande ville. Ce voyage qui était censé lui offrir un aperçu de l'avenir devint un inventaire de ce qui aurait pu être. A partir de son hôtel bon marché, elle s'aventurait dans des rues qu'elle aurait fini par connaître ; elle levait les yeux sur des immeubles de bureaux dans lesquels elle aurait pu travailler ; elle flânait dans des magasins proposant des vêtements qu'elle aurait pu un jour arriver à s'offrir. Le soir, elle allait au cinéma ou bien dans des bars où, si elle avait choisi de rester, elle aurait pu rencontrer quelqu'un qui aurait effacé de son corps à la fois Martin et les mots de Martin. Elle avait exploré la ville de manière superficielle et nostalgique, avec l'absolue conviction qu'à la fin de la semaine elle retournerait dans sa petite ville, afin d'y retrouver un homme qu'elle n'aimait pas encore particulièrement mais qui lui était déjà nécessaire.

C'était ce qui s'était passé. Elle avait repris le train et posé les pieds sur le siège d'en face, en se disant que si Martin était là, assis à côté d'elle, ses jambes iraient au moins trente centimètres plus loin que les siennes ; ses longues jambes minces... En revenant dans la ville, elle ne lui avait pas dit ce qu'elle avait décidé ; il avait à peine remarqué qu'elle était partie. Il s'était glissé à nouveau dans son lit et y était resté, lui imposant ce corps qu'elle désirait malgré elle, gémissant. « Je veux jouir en toi », avait-il gémi, et elle l'avait laissé faire. Aussi quinze jours plus tard, lorsque ses règles n'étaient pas venues, elle avait compris que sa vie était déjà établie. Une vie coincée dans ce patelin, une vie avec lui. Mais une vie avec Julia.

Mary ne raconta rien de tout cela à Miranda. A la place elle parla un peu du conseil municipal, de la politique locale et des querelles internes. Elle parla de ces choses à la manière de quelqu'un qui s'en tenait à l'écart depuis longtemps, mais qui commençait à accuser le coup. Elle avait de temps à autre un petit rire comme un aboiement, histoire de souligner un comportement spécialement ridicule, ou de tourner en dérision sa propre sensibilité. Pendant ce temps-là Miranda l'observait, et écoutait.

Cette femme, bien que plus jeune, était très différente de Margot. Là où Margot était inchangée par les expériences de la vie, Mary paraissait marquée. Peut-être était-ce le fait d'avoir eu un enfant, se disait Miranda. Elle avait déjà entendu ce rire grinçant qu'avait Mary. Les femmes d'une cinquantaine d'années riaient comme ça. Persuadées d'être immunisées contre le monde, d'avoir connu la souffrance et d'en avoir fait le tour, elles riaient de cette façon-là pour bien montrer leur force de caractère. Cela effrayait Miranda. Elle ne voulait pas être vieille avant l'heure, elle ne voulait pas accepter son destin. Elle voulait récupérer Oliver.

« Repassez quand vous voulez, dit Mary. C'est toujours agréable de rencontrer quelqu'un de nouveau. Et puis j'ai l'impression que Julia est pas mal fascinée par ces cours que vous donnez. Que faites-vous exactement avec ces gamins ?

— Un peu de tout. » Miranda examina ses ongles. « C'est difficile à dire. C'est un processus organique en fait, ça dépend de ce qu'ils me donnent.

— Mais il y a bien un point de départ ?

— Oui, on part du principe qu'ils doivent tout faire pour mieux se connaître eux-mêmes, pour s'améliorer sur le plan personnel.

— Ah, s'améliorer sur le plan personnel... C'est une activité très en vogue ces temps-ci.

— Vous n'êtes pas convaincue.

— Ecoutez, si vous trouvez quelque chose qui puisse occuper ces gamins pendant l'été, vous méritez une médaille. »

Miranda sourit une fois encore. « Dites bonjour à Julia de ma part. »

*

Margot et elle avaient passé une longue journée à corriger des copies ensemble dans le confortable salon de Margot. Le soleil s'était couché et la pièce était baignée d'un doux éclairage provenant des lampes sur la table à côté du divan. Oliver n'était pas là. Dans chaque cellule de son corps, Miranda avait conscience de cette porte de chambre fermée. Elles avaient travaillé en silence la plus grande partie du temps, mais à un moment donné Margot avait fait du thé et elles s'étaient assises l'une en face de l'autre sur les grands canapés, avec la vapeur qui s'élevait des tasses, et Margot lui avait raconté la chute d'un de ses étudiants. « Un récit édifiant, avait-elle annoncé. Vous rencontrerez sûrement quelque chose d'analogue au cours de votre carrière. Mieux vaut toujours se montrer vigilant. » Sa carrière. Une chaleur envahit la poitrine de Miranda.

Le garçon en question était de niveau moyen, un bûcheur, qui rendait son travail en temps et heure, obtenait des B aux devoirs à la maison et des C- aux devoirs sur table. Apparemment, il n'aimait pas les montées d'adrénaline et la pression ne lui valait rien. Miranda but une gorgée de son lapsang souchong et hocha la tête. « Il était largué », dit Margot.

« Je vois. » Et soudain, reprit Margot, il lui avait remis un essai tout à fait remarquable, renfermant des idées extrêmement perspicaces et rédigé dans une prose lumineuse. « J'ai tout d'abord éprouvé de la jalousie, c'est dire si ce devoir était bien. Mais juste après, j'ai eu comme la certitude qu'il avait copié. » Sans autre preuve que cette intuition, elle était allée le voir. « J'aurais eu des problèmes terribles si je m'étais trompée. Seulement voilà, il a craqué. Il m'a montré le journal dans lequel il avait pompé. Il l'avait bien évidemment trouvé sur Internet, et puis, pris par le temps, il avait paniqué et l'avait retranscrit mot pour mot. » Margot promena ses longs ongles sur l'indienne qui recouvrait le coussin : le bruit faisait penser à un r qu'on roule. « Il n'avait pas été fichu de me donner une explication qui tienne. De toute façon, aucune explication ne pouvait tenir. "Je ne vais pas bien", voilà ce qu'il avait dit. » Elle s'esclaffa, d'un rire léger. « Encore du thé ?

— Vous êtes sûre qu'il n'avait pas simplement été influencé ? » demanda Miranda. La manière insouciante dont Margot racontait l'histoire lui donnait un peu la chair de poule. Elle avait pitié de ce garçon anonyme.

« Oh ! non. C'était un plagiat pur et simple. Assez écœurant, en fait.

— Mais s'il n'allait pas bien... s'il traversait réellement un moment difficile ? »

Margot leva les yeux, plongeant son regard droit dans le sien. « Votre réaction me surprend. On n'a absolument aucune excuse, jamais, quand on vole le travail de quelqu'un d'autre. Vous le savez. Vous ne pouvez que le savoir.

— Mais, bien sûr, bredouilla Miranda. Bien sûr. » Elle tremblait de demander ce qu'il était advenu du garçon, mais elle le fit quand même.

« Je l'ai viré du cours, répondit Margot, et j'ai dit à tout le monde à la fac que c'était un plagiaire. Je me demande où il a atterri. » Dans la pièce assombrie, le téléphone les avait brusquement interrompues. C'était Oliver. Margot lui tendit l'appareil. « Il veut vous parler. »

Etendue sur son lit au-dessus de l'ancienne agence de voyages, Miranda essayait de se rappeler la voix d'Oliver. Comme le chocolat, grumeleuse, toujours amusée. Il avait été fumeur et cela s'entendait, mais il allait arrêter, par vanité disait-il, il ne voulait pas se retrouver avec une bouche entourée de rides. Il mettait des patchs, qu'il gardait plus longtemps qu'il n'était recommandé : il en portait encore la première fois qu'elle lui avait retiré ses vêtements, un sparadrap sur le dos et ces omoplates saillantes et tais-toi, tais-toi s'était-elle ordonné, en se contorsionnant sur le lit. Si elle était ici c'était justement pour oublier ces détails-là, pour se soustraire à ces automatismes, se libérer de cette dépendance tel un fumeur qui décide d'arrêter. Elle avait besoin d'un substitut, cependant. Elle avait besoin d'une sorte de compensation, de pansement, de palliatif.

*

Les parents de Julia étaient partis jouer aux cartes chez les Turner. Une ou deux fois par mois, depuis sa petite enfance, ils prenaient la voiture après dîner et, remontant quelques rues, ils se rendaient dans une maison identique à la leur pour boire et pour s'injurier. M. Turner, qui se prénommait Aaron, était à la fois le collègue de travail de son père et son meilleur ami. Il avait des tatouages sur les phalanges : il avait fait de la prison. M. Turner et le père de Julia aimaient bien picoler et chahuter, même si aujourd'hui ils se malmenaient moins qu'avant. Aaron et Candice, sa femme, n'avaient pas d'enfants, mais ils possédaient tout un tas de jeux de société. Quand ils allaient là-bas et que Julia était plus jeune, elle passait la soirée à jouer dans son coin à Operation*, ou à Ludo*. Après, elle allait se coucher dans leur chambre au drôle de parfum. C'était rageant de devoir aller au lit alors que les adultes pouvaient rester à jouer aux cartes et à manger des chips de maïs. Mais elle adorait ça quand, à la fin de la soirée, son père, sentant la bière, la soulevait du matelas d'eau d'Aaron et Candice pour la porter jusqu'à la voiture. Une fois arrivés, il la prenait dans ses bras pour l'extraire de la banquette arrière. Les yeux clos, Julia sentait la bosse de sa hanche quand il refermait la portière avec le pied, quelques petits cahots tandis qu'il remontait l'allée, traversait les pièces sombres de leur maison, gravissait l'escalier – sa tête bringuebalant sur l'épaule de son père – et entrait dans sa chambre où il la déposait sur le petit lit avant de lui remonter sous le menton la couverture rêche. Le sommeil de Julia survivait rarement à ce voyage, mais elle demeurait quand même toute molle dans les bras de son père, à faire comme si. C'était à peu près la seule fois où il la touchait ; il était étonnamment délicat ; ses mains étaient larges et chaudes. Parfois, quand ils rentraient à la maison, il faisait presque jour.

Depuis qu'elle était assez grande pour rester seule lors de ces soirées cartes, Julia avait su mettre à profit ces heures de tranquillité dans la maison. A onze ans elle avait découvert les romans d'espionnage de son père, excitée par leur langage grossier et les rencontres voluptueuses du héros avec une ribambelle de superbes créatures en uniforme. Elle avait lu ces livres-là tellement souvent,

* Le premier est une sorte de « jeu médical » et l'autre une variante du jeu de l'oie (*NdT*).

assise par terre devant les étagères, le pouce enfoncé dans la bouche, qu'elle était obligée de les renforcer avec des bouquins reliés avant de les reloger à leur emplacement exact. Si par hasard Martin en retirait un des rayons pendant qu'elle était dans la pièce elle retenait son souffle, terrifiée à l'idée que les pages s'ouvrent spontanément sur le passage le plus consulté.

Au bout de quelque temps, les livres n'arrivèrent plus à la subjuguer aussi fort. Elle s'obstina, s'attardant sur quelques scènes choisies – *d'un seul mouvement il avait arraché le pistolet des mains d'Olga, déchirant du même coup la veste militaire que portait la jeune femme* –, mais la magie avait disparu. Julia s'intéressa alors aux choses appartenant à sa mère. Elle aimait bien piquer une cigarette mentholée dans le paquet qui était rangé dans le tiroir du milieu de la cuisine, puis se balader au rez-de-chaussée en faisant semblant d'en tirer des bouffées. Le tabac et le parfum de menthe chimique lui picotaient les lèvres. Chicky fumait déjà, mais Julia avait peur d'essayer pour de bon. *Oui*, disait-elle à son reflet dans le miroir de l'entrée. *Oui*, et elle hochait la tête et portait la cigarette à ses lèvres, plissant les yeux contre la fumée imaginaire. *C'est exactement comme ça.* Ensuite de quoi elle devait aller chercher la vaseline pour l'étaler sur sa bouche en feu. Cette opération la conduisait au premier étage, dans la chambre à coucher de ses parents.

Martin était pour ainsi dire absent : ses vêtements n'occupaient que deux tiroirs et un quart de l'armoire. Il aurait pu être quelqu'un qui était passé là plusieurs années plus tôt, laissant par mégarde dans la chambre ces quelques chemises et autres pantalons, son réveille-matin et son stick de déodorant. Par rapport à la chambre du père de Rachel, encombrée de livres, de cartes géographiques, de photos et de fringues abandonnées, ou à la maison des parents de Chicky, avec ses napperons, ses coussins et ses portraits encadrés de la chère fifille à l'air affligé, son père n'existait pas. Julia préférait donc s'immiscer dans le monde de sa mère : robes soyeuses, crème hydratante, fleurs séchées et bigoudis en plastique... Elle caressait toutes ces choses, les ramassait et les reniflait. Le denim usé des jupes de Mary, les piquants émoussés de ses rouleaux chauffants... Quelquefois elle enfilait par-dessus ses vêtements le mince peignoir en éponge de Mary et se postait à l'entrée de la chambre, les mains sur les hanches.

« Espèce de connard ! » s'écriait-elle, puis elle marquait une pause, le temps que son père imaginaire réagisse.

« Ah ouais ? C'est ça que tu penses ? » Elle se faisait aussi grande qu'elle pouvait, mais l'ourlet du peignoir lui frôlait tout de même les chevilles. « Alors laisse-moi te dire un truc ! Qui est-ce qui fait tout le boulot dans cette baraque ? Hein ? Est-ce que tu lèves le petit doigt ? Jamais ! Est-ce que tu es même au courant que tu as une fille ? Julia a presque quinze ans et tu ne lui as pas prêté une once d'attention depuis ses huit ans ! » Lorsqu'elle jouait le rôle de sa mère, Julia se mettait à parler comme un personnage de télé, ou de bouquin, pas comme elle parlait dans la réalité. Elle imaginait Martin en train de lui envoyer une vacherie depuis le lit. « Ah ! Alors va te faire foutre, ducon ! Tu n'as qu'à embarquer toutes tes merdes et dégager ! Allez, vas-y, barre-toi ! »

Même si c'était la fin qu'elle voulait donner à cette scène, elle se retenait d'ouvrir brutalement la commode et de bazarder sur le sol les quelques vêtements de son père. En effet, ça aurait été trop dur de tout remettre bien à sa place. La pire chose que pouvait imaginer Julia c'était d'être surprise par ses parents, ou que Mary, le lendemain, lui brandisse sous le nez un tube de rouge à lèvres abîmé : Pourrais-tu m'expliquer ça ? Elle attendait ces soirées clandestines avec une sorte d'impatience nauséeuse. Plus d'une fois elle s'était promis de se comporter enfin en jeune fille normale.

A quinze ans elle avait embrassé un garçon qui passait tout son temps à écouter de la musique. Il portait des badges avec des noms de groupes dessus et trimballait un cartable recouvert d'autocollants fendillés à moitié décollés et de graffitis au stylo bille. Julia avait beau ne plus vouloir l'embrasser, il lui enregistrait à la radio cassette après cassette. Cette image la rendait triste : elle se représentait Music Boy assis dans sa chambre – où elle n'était jamais allée –, tendant un micro vers la radio et appuyant son doigt au dernier moment sur la touche Enregistrer. En même temps, c'était rigolo, et il avait l'air tellement fier de ses cassettes qu'elle les acceptait. Il leur fabriquait des jaquettes avec des photos découpées dans des magazines et inscrivait les noms des chansons en lettres majuscules, ses A comme des triangles, ses I une simple barre. Il avait une prédilection pour le son torturé des guitaristes blancs et la pop synthétique. Les paroles comprenaient des mots tels que « café » et « provincial », des formules où il était question de destin, de cruels baisers, et de bijoux.

Et Julia passait effectivement ces bandes, pendant que Mary et Martin jouaient aux cartes. Elles lui offraient un nouveau secret pour peupler la maison. Une fois ses parents partis, Julia tirait tous les rideaux et baissait les lumières. Dans la pénombre elle plaçait une des cassettes de Music Boy dans le magnétophone, avec le voyant vert qui lui disait Vas-y. Parfois, en début de cassette, il y avait un fragment de blabla par un DJ de station amateur ; parfois la chanson démarrait dans les haut-parleurs à la troisième mesure bien sonnée. Ça n'avait pas d'importance. Bientôt Julia marcherait en titubant parmi les formes indistinctes des meubles, les yeux à demi fermés, son souffle la chatouillant au fond de sa gorge, les vibrations de la basse remontant depuis ses pieds jusqu'à sa cage thoracique, envahissant son corps comme des rayons X : la musique de Music Boy se propageant dans toutes les molécules de sa peau, de ses os et de ses organes, jaillissant d'elle de toutes parts comme un torrent de lumière.

Il y avait plus d'un an qu'elle n'avait pas fait ça. Désormais, le plus souvent, lors des soirées cartes de ses parents, elle traînait avec Chicky et Rachel dans le quartier piétonnier ou à l'appartement de Chicky, laissant le téléphone décroché chez elle au cas où ils auraient appelé pour vérifier ce qu'elle fabriquait. Or ce soir-là Chicky était prise par l'anniversaire de son père, et Rachel n'avait pas envie de sortir. Aussi, après avoir débarrassé la vaisselle du dîner, Julia mit une cassette. Elle se sentit aussitôt submergée par sa mélancolie habituelle. La tête penchée sur le côté, elle fit aller ses doigts dans ses cheveux. Les yeux fermés, elle commença à osciller sur le tapis et bien qu'elle n'eût que dix-sept ans elle aurait aimé en avoir quinze à nouveau, avant le sexe, avant le bac, et avant l'heure des choix. Avant que Chicky ne lui ait fait remarquer à quel point les textes de ces chansons étaient cuculs. Elle continua pourtant à danser puis, légèrement essoufflée, elle alla tirer les rideaux une nouvelle fois pour contempler son reflet dans la vitre obscure. Elle discerna ses cheveux, ses yeux, mais aussi autre chose. Dehors, tout près, il y eut un mouvement, brusque comme un oiseau de nuit qui essaierait d'entrer. Et puis soudain le bruit d'un ongle tapant contre la vitre. Julia poussa un cri.

« J'ai frappé un moment », expliquait Miranda, hilare. Déambulant dans la cuisine comme si c'était la sienne et ouvrant les placards, elle dénicha une bouteille et leur servit à toutes deux une rasade de gin. « Tu passais la musique tellement fort qu'il n'y avait pas moyen. Tiens... » Elle fit signe à Julia de s'asseoir. « Mais je savais que tu étais chez toi. C'était évident. Tu faisais trembler la rue tout entière. »

Julia avala une gorgée de gin. C'était horrible. Elle poussa un gémissement de honte.

« Tu sais que tout le monde peut voir ta silhouette à travers les rideaux ?

— Oh là là ! » Julia porta ses mains à son front et secoua la tête. « Non, je ne savais pas.

— Et puis après ? Qu'est-ce que ça peut te fiche ?

— C'est gênant.

— Seulement si tu veux que ça le soit. Qu'ils aillent se faire foutre, s'ils n'ont rien de mieux à faire. Est-ce que ça a vraiment de l'importance, ce que ces péquenauds pensent de toi ? »

Ces péquenauds... Julia réfléchit. « Jusqu'ici, oui.

— Je suis contente qu'on aborde le sujet. » Miranda s'étira sur sa chaise. « Il est temps que tu apprennes à t'en fiche. »

La jeune fille se mordit la lèvre supérieure. « Je peux vous poser une question ?

— Oui.

— Qu'est-ce qui vous a fait venir ici ? Pourquoi avez-vous quitté la grande ville ?

— Oh... » Miranda eut un sourire à la fois triste et beau. « Rien de bien passionnant.

— Si, j'ai envie de savoir. » Les yeux de Julia étaient pleins d'admiration, de curiosité. « J'ai envie. »

Miranda se sentit un tout petit peu moins seule. Elle but lentement une gorgée de son gin puis dit : « Un cœur brisé. »

# 2
## *Dans ce bled*

*Miranda nous a invitées à son appartement. Je crois qu'elle nous aime bien. Je crois qu'elle m'aime bien. Je crois qu'elle est la personne la plus magnifique que j'aie jamais vue. J'ai envie de lui poser tellement de questions, des choses sur la grande ville, mais je ne sais pas comment. Si seulement je pouvais aller là-bas pour de vrai.* Julia examina sa chambre, le poster de Sara Moon, la photo de ces pieds de danseuse sur ses pointes dans des chaussons fatigués, la reproduction encadrée du *Baiser de l'Hôtel de Ville* de Robert Doisneau. *Si mes résultats sont bons je pourrai tirer mon pétard d'ici. Tiens, à propos de pétards, cette semaine, deux fois de l'herbe, une fois du shit et une fois du gin. Mais je vais arrêter. Quand je serai dans la grande ville. C'est ce bled qui me pousse à ça, c'est de vivre dans ce bled. Quand je serai à la fac je bûcherai sérieusement et je ne perdrai pas autant de temps à faire la fête et à me défoncer. Je bosserai dur. Tous les jours je me lèverai de bonne heure et je bosserai comme une folle.*

Sans trop réfléchir, les filles convinrent de se retrouver chez Julia avant d'aller ensemble chez Miranda. C'était le plus près, même si ça représentait un détour pour Chicky : ça l'obligeait à traverser le parc, et elle aurait pu prendre le raccourci qu'elles empruntaient habituellement pour aller au centre commercial. Mais ça lui aurait fait tout drôle de débarquer séparément. Ça lui aurait fait bizarre de se pointer avant les copines ; et encore plus bizarre d'être toute seule avec Miranda.

Martin était en train de regarder la télévision sur son écran géant. En passant devant la porte du salon, Chicky lui adressa un rapide signe de la main, pour éviter d'avoir à lui parler. Elle trouva Julia et Rachel dans la cuisine, accoudées au plan de travail et penchées vers Mary qui épluchait des pommes de terre.

« Quoi de neuf ? demanda-t-elle en se hissant sur un grand tabouret.

— Mary nous raconte comment on s'est rencontrées », répondit Rachel. Ses yeux brillaient ; elle ne se lassait jamais de cette histoire.

« Oh, encore ! s'écria Chicky. C'est à bâiller d'ennui. On peut même pas s'en souvenir.

— C'est bien pour ça que je vous raconte, répliqua Mary. Il fut un temps où tu étais un bébé, tu arrives à le croire ? Toute mignonne avec plein de fossettes, rien à voir avec la *femme fatale** que tu es aujourd'hui.

— C'est quoi, une *femme fatale** ? On dirait un gros mot.

— Cherche dans le dico.

— C'est ce que dit Miranda. Pourquoi ne pas répondre tout simplement ?

— Je veux en être une, intervint Julia. Dis, maman, tu ne trouves pas que je suis un peu... ténébreuse ? » Elle prit une pose de vamp, se creusant les joues et baissant les paupières.

Mary éclata de rire. « Tu plaisantes ? Mon chou, non. Désolée, mais non.

— Tu te moques toujours de moi. » Julia fut tentée de taper du pied mais se rappela in extremis qu'elle avait dix-sept ans.

« Ah ça, chérie, ce n'est pas vrai.

— Bien sûr que si.

— Hé, il faudrait pas qu'on y aille ? demanda Rachel. Quelle heure il est ?

— Et votre histoire, dans tout ça ? »

---

* Les mots en italique suivis d'un astérisque sont en français dans le texte.

Chicky lui tapota le bras. « On l'a déjà entendue. Te vexe pas, surtout. Peut-être la prochaine fois... »

Avec un sourire aussi joyeux que condescendant sur les lèvres, les filles se bousculèrent en se ruant vers la porte de derrière. Mary ramassa une autre pomme de terre en se demandant depuis combien de temps la compagnie des jeunes lui mettait ainsi du baume au cœur.

Miranda les attendait : elle avait préparé un pichet de Long Island Iced Tea* et mis Billie Holiday sur la chaîne stéréo.

« Waou ! s'exclama Julia. J'adore votre appart. » Sa clarté et sa blancheur ; ses tons neutres et son plancher sombre ; ses bougies et ses renoncules blanches dans un vase en cristal taillé sur la table ; c'était tellement sobre, tellement élégant comparé à l'épouvantable capharnaüm de sa propre maison. « C'est vous qui avez fait tout ça ?

— Oui. C'est incroyable ce que peut accomplir une couche de badigeon, répondit Miranda en souriant. Je suis contente que ça vous plaise. » Elle leur distribua de grands verres. « N'hésitez pas à fumer si vous voulez. »

Plongeant la main dans son blouson en jean, Chicky en extirpa un paquet de cigarettes froissé. « Excellent, dit-elle. Vous avez des vidéos ?

— Pas de télévision.

— Quoi ? Oh, c'est pas possible, pas de télé ? Et vous ne vous ennuyez pas à mourir ?

— Pas du tout. Allez, asseyez-vous, les filles. »

Les filles s'installèrent avec précaution sur les chaises en bois moulé autour de la table. Il y avait quelque chose dans cette pièce qui exigeait de la délicatesse. Le visage et les mains de Julia lui semblaient maladroits, enflés, rouges et un peu engourdis comme si elle venait de marcher dans l'air glacé. Elle avait du mal à détacher son regard de Miranda. Avec son long cou, ses yeux vifs et alertes et ses minces poignets, la jeune femme avait l'air

---

* Cocktail mêlant vodka, gin, rhum, tequila et jus de citron, le tout agrémenté d'une goutte de Coca-Cola pour colorer (*NdT*).

d'une danseuse, elle ressemblait à cette ballerine habillée en cygne que Julia avait vue un jour sur une carte postale en noir et blanc. Elle but une gorgée de son cocktail. Le goût d'alcool était fort. Le verre de Chicky était presque vide ; elle essuya la moustache ambrée qui perlait telle une rosée sur sa lèvre supérieure et soupira. « Alors qu'est-ce que vous faites de votre temps, dans ce cas ? Vous lisez ?

— Eh oui, je lis, ou bien j'écoute de la musique.

— C'est vrai, n'est-ce pas ? dit soudain Julia. Je veux dire, que la télévision ça peut être très mauvais, parce qu'on se contente de s'asseoir là à la regarder, et que même si l'émission qui suit est complètement idiote on la regarde aussi, et puis après on zappe tout le temps et on peut fiche en l'air comme ça une soirée entière.

— Vous devriez voir la télé de son père, dit Chicky. Elle est immense.

— Ah oui ? Je savais que les hommes aimaient les voitures et les enceintes de chaîne hi-fi, mais je n'ai jamais entendu dire que la taille du téléviseur pouvait être un indicateur quelconque. »

Julia éclata de rire, bien qu'elle ne fût pas totalement sûre de ce que Miranda voulait dire. Rachel s'esclaffa elle aussi.

« Alors, toutes les trois, est-ce que vous avez fait quelque chose d'intéressant aujourd'hui ?

— Pas exactement, répondit Chicky. Y a vraiment rien à foutre dans ce bled.

— C'est pour ça que les cours sont tellement bien, dit Julia. Ils nous donnent un but.

— J'ai l'impression que vous n'avez pas l'habitude de vous fréquenter beaucoup.

— C'est que, il y a quelques spécimens plutôt craignos dans le groupe, expliqua Chicky en recrachant sa fumée. Zoé, par exemple, ce n'est qu'une pétasse, et les deux Jason sont des tarés. Lewis est totalement immonde et puis Carol-Anna est une vraie chiffe molle, enfin, vous comprenez... »

Miranda se gardait d'acquiescer, que ce soit par un murmure ou un hochement de tête. « Je vois », dit-elle.

Julia se sentit obligée de s'en mêler. « On a davantage l'habitude des groupes plus restreints, même si c'est une petite ville. Toutes les trois, on ne s'entend pas trop avec les gros caïds.

— Je vois, répéta Miranda, sauf que cette fois elle sourit. Ça va être une expédition dans l'inconnu pour tout le monde. »

*L'inconnu.* Le mot fit quasiment frissonner Julia. Un voyage initiatique. Une expédition. Une aventure. « C'est vraiment super que vous soyez là, dit-elle. Ça va être un été formidable. »

Miranda se leva. « Je vais nous repréparer à boire. » Elle disparut par la porte de la cuisine et Chicky donna un coup de pied dans le tibia de Julia. « Fayote », dit-elle.

Julia lui fit un doigt d'honneur. « C'est la vérité. Qu'est-ce qu'on aurait fait d'autre, fumer des joints au pied du pont et attendre que tu remettes ça avec Johnno ?

— Ça me paraît pas si mal, dit Chicky.

— Houuu ! mugirent les deux autres. Tu rigoles ou quoi ?

— Où sont passés les *Ah, beurk c'est qu'un pauvre débile* ? la taquina Julia. Tu es amoureuse ? »

Tout en mélangeant le sucre dans le pichet, Miranda les écoutait depuis la cuisine. Ces filles-là, malgré leurs discours maladroits, étaient sans conteste les plus intéressantes parmi les jeunes qu'elle avait rencontrés. Leur trio l'intriguait : version pétasses des trois sœurs de Tchekhov, elles semblaient complètement différentes les unes des autres et en même temps très à l'aise entre elles. La plus discrète, Rachel, était extrêmement jolie, une beauté naturelle et sans apprêt. Elle découpa un autre citron, en tranches fines comme des pétales. « Oh ! Johnno, disait l'une des trois, Johnno, Johnno, où donc es-tu, Johnno ? » Il y eut des gloussements, puis un cri aigu, aussitôt suivi d'un bruit de verre qui se brise.

« Oh ! mon Dieu. » Julia regarda Miranda qui revenait dans la pièce. Les filles s'étaient écartées de la table où le vase de sa mère était cassé en plusieurs morceaux ; l'eau s'était répandue partout et les fleurs gisaient couchées sur le côté. « Oh ! je suis absolument désolée. » Ecarlate, la jeune fille était au bord des larmes. « Je suis affreusement maladroite, pardon, oh !...

— Ce n'est rien. Je vais juste chercher un torchon. » Quand Miranda revint avec le torchon, Chicky avait succombé à un de ses fous rires. « Ma parole, t'es pas sortable, dit-elle à Julia. T'es vraiment nulle.

— Chh, fit Miranda, en épongeant l'eau qui dégoulinait de la table. Ce n'est qu'un vase. Ça n'a aucune importance.

— Mais il était beau... je pourrais essayer de le réparer.

— Je t'assure, ce n'est rien. C'est une offrande aux dieux. Nous devons tous faire un petit sacrifice de temps en temps.

— Ma parole, je n'arrive pas à croire que vous preniez ça aussi bien, dit Chicky. Ma mère aurait piqué une crise d'enfer. »

Miranda déposa les morceaux cassés dans le journal local et sourit de toutes ses dents. « Enfin une utilité à ce canard... Allons, dit-elle à Julia qui avait toujours l'air accablée, si tu trouves ça grave c'est que décidément tu n'as rien vécu. Rebois un petit coup. Tu te sentiras bien mieux. Maintenant, ce que je veux connaître, ce sont les potins de la ville. C'est vrai, Zoé est une pétasse ? »

★

« Merde, ça ressemble trop au lycée, dit Lewis en secouant sa tête coiffée d'un bonnet de laine. Interpréter une scène ? J'ai pas envie de jouer les tantouzes d'acteur. »

Miranda déplia ses doigts minces et pâles et se pencha en avant. Ses yeux maquillés à la Cléopâtre se promenèrent autour d'elle. « Ce n'est pas une scène tirée d'une pièce de théâtre que je veux voir, c'est une version d'une scène entre toi et quelqu'un avec qui tu te trouves souvent en conflit. Tes parents peut-être. Ce n'est qu'une hypothèse. L'idée consiste à adopter le point de vue d'en face.

Ton partenaire joue ton rôle à toi, et toi tu joues la personne avec qui, normalement, tu te disputerais. »

Julia se recroquevilla sur sa chaise. On aurait dit que Miranda était au courant pour ses petits numéros dans la chambre de ses parents. Avait-elle dit quelque chose ce soir-là ? Avait-elle trop bu et s'était-elle laissée aller ? Ne sois pas idiote, se rappela-t-elle, la soirée s'était terminée quand Mary et Martin étaient rentrés, sentant l'odeur de la maison des Turner, mais aussi les chips et la fumée de cigarette. S'ils étaient fâchés pour le gin, ils ne l'avaient pas dit. Martin était monté directement se coucher ; Mary avait fait du thé, et elles étaient restées là toutes les trois à le boire, un peu gênées, puis Mary avait raccompagné Miranda à son appartement. « C'est peut-être une petite ville, avait dit Mary, mais les rues ne sont pas toujours sûres. »

« Moi ça me paraît formidable », disait maintenant Rachel. Elle passa ses doigts dans ses longs cheveux, examinant leurs pointes cassantes.

« Comment choisir quelle personne on veut faire ? demanda Chicky. C'est pas les emmerdeurs qui manquent. »

Ils se divisèrent en groupes de deux. Johnno était avec Zoé ; Julia avec Rachel ; Chicky se retrouva acoquinée avec Jason Mills. « Putain, dit-elle entre ses dents. Nos scènes vont pas être piquées des hannetons. »

« Vous n'avez pas à faire quoi que ce soit tout de suite, annonça Miranda. Retrouvez-vous pendant les deux jours qui viennent et tâtez le terrain. Bon, est-ce que vous avez pensé à apporter des exemplaires de vos livres préférés ? »

La bibliothèque n'ayant pas assez d'exemplaires de *Simetière* pour tout le monde, ils étaient deux à s'être rabattus sur *Carrie*, et Danny avait l'édition complète du *Fléau*, lequel, affirma-t-il, était son choix initial de toute façon. « *Le Fléau*, c'est nul, déclara Johnno. Stephen King, c'est nul.

— Je crois que certains ne seraient pas d'accord là-dessus, dit Miranda, indiquant de la tête la pile de romans sur la table. On dirait que mon idée de vous faire échanger vos livres préférés vient de capoter. Vous avez tous lu ces bouquins-là, j'ai l'impression ?

— J'ai apporté *Jonathan Livingstone le Goéland*, intervint Rachel, suscitant un ronchonnement unanime.

— On l'a fait à l'école, il y a des années, protesta Zoé. Pas question que je relise ce truc-là.

— Ça se défend. Johnno ? »

Il brandit un livre de poche complètement écorné. « *La Guerre des étoiles*, le roman.

— Déjà lu ! s'écria la quasi-totalité de l'assemblée.

— Julia ?

— Euh... J'ai apporté ça. » Elle sortit de son cartable le roman de Susan Fromberg Schaeffer intitulé *La Folie d'une femme séduite*. Il y eut un silence de mort, puis : « Je suppose que tu plaisantes, dit Zoé.

— Trop long, dit Danny, beaucoup trop long.

— Tu as bien lu *Le Fléau*... souligna Miranda.

— Mais enfin, ça n'a rien à voir. »

Johnno lut le titre à haute voix. « C'est un roman cochon ? » demanda-t-il, et les Jason s'étranglèrent de rire.

« Bon d'accord », dit Miranda, riant elle aussi. « Je capitule. Discutons plutôt de films. »

Le lendemain Johnno était au vidéo-club – tous les autres étaient trop à côté de leurs pompes pour y aller – quand il aperçut cette prof, Miranda, dans le rayon Films classiques. Pensant qu'elle ne l'avait pas repéré, il s'apprêtait à se glisser jusqu'à la caisse et à prendre la tangente lorsqu'on lui tapa sur l'épaule.

« Johnno. Bonjour. »

Elle était vraiment sexy, même avec tout ce plâtras un peu flippant sur la figure. Il tenait la cassette qu'il voulait louer derrière son dos. « Ah bonjour miss euh... Miranda.

— Qu'est-ce que tu as pris ? »

Il haussa une épaule, au désespoir de ne pouvoir s'esquiver en lâchant discrètement derrière lui la cassette de *Salopes expérimentées*. « Euh... je croyais que Chicky avait dit que vous n'aviez pas la télé ? »

Une fossette apparut dans la joue gauche de Miranda.

« Les nouvelles vont vite, pas vrai ? Non, je pensais dégoter quelque chose à regarder avec le groupe ; il y a un écran vidéo tout à fait correct au centre communal.

— Une soirée-film, excellent », approuva Johnno avec un hochement de tête. Son jean le serrait bizarrement et il gigotait dans tous les sens, essayant de l'ajuster.

« Alors, insista Miranda, qu'est-ce que tu as pris ce soir ?

— Des amphètes », plaisanta-t-il, marquant une pause pour qu'elle puisse s'esclaffer. Elle resta de marbre. « Non... euh... juste un truc pour les potes, pas du tout mon trip, vous comprenez ? » Etaient-ce ses mamelons qui pointaient, ou était-ce simplement la forme de sa robe ? Il commençait à avoir des perles de sueur sur le nez. « En fait, je ne suis même pas sûr d'avoir pris le bon film, je ferais mieux d'aller le changer. »

La fossette de Miranda s'accentua. « Veux-tu que j'aille ranger la cassette pour toi ? »

Faisait-elle exprès de se tenir si près de lui ? « Non. Non. Je peux le faire. Je vais juste... hum, le rayon des comédies... là-bas, oui, juste là. Bon alors, je vous dis à demain, la salua-t-il avec un signe de tête.

— J'espère que vous ne serez pas trop... fatigués », lui lança-t-elle de sa voix suave. Il contempla l'arrière de ses jambes minces tandis qu'elle quittait le magasin. Elle s'arrêta un instant dans l'encadrement de la porte et, jetant un coup d'œil vers lui par-dessus son épaule, elle lui fit un sourire.

« Je peux voir une pièce d'identité ? demanda le petit jeune derrière le comptoir. C'est pour les plus de vingt et un ans.

— Contente-toi de me filer la cassette, puceau », gronda Johnno. Bon sang. Tout le dos de son T-shirt était trempé de sueur.

*

C'était sa matinée de congé à la banque. Hunter était réveillé depuis 6 heures du matin et il s'enfilait de la vodka depuis la demie. Il avait réussi néanmoins à se doucher, à s'habiller et à sortir sur la véranda de derrière avec son tabac et son papier à cigarettes avant que Rachel n'émerge de sa chambre. Les yeux fixés sur la clôture du voisin pendant que sa fille babillait sur ses cours et sur cette nouvelle prof, il se posait des questions car il croyait que les cours étaient terminés ; mais il ne moufta pas, au cas où il n'aurait pas bien entendu. « Je vais aller voir Julia à la boutique », annonça-t-elle, et il comprit qu'une fois de plus la maison serait vide. Il allait encore faire une chaleur insupportable. Il faut à tout prix que je sorte d'ici, se dit Hunter. Se tournant vers la porte moustiquaire, il lança un regard à sa fille qui essuyait la vaisselle du petit déjeuner debout devant l'évier. « Tu ne veux pas que je t'emmène là-bas en voiture ?

— Papa... Ce n'est pas loin. Je vais marcher. »

Elle était inquiète. Hunter avait l'air fatigué, ce qui était fréquent. Elle savait qu'il lisait tard le soir, parfois toute la nuit. Mais là, en plus de leurs cernes habituels, ses yeux paraissaient troubles. Chassieux, était-ce ça, le mot juste ? Complètement injectés de sang, larmoyants, tremblotants. Elle avait peur de le voir se dégonfler lentement devant elle, tel un ballon rempli d'eau qu'on aurait percé d'un trou. « Ton père a du ressort, pour un mec de son âge », disait Chicky, mais Rachel n'était pas convaincue. Il était plus facile de claquer la porte du frigo que d'avoir ce genre de pensées. « Zut, s'écria-t-elle. On n'a plus de miel.

— Chérie ? »

Elle se mordit l'intérieur de la lèvre et lui adressa un bref sourire. « Et puis oui, ça ne t'embêterait pas de m'emmener ? Ce serait super. »

Dans la voiture, elle fit tout pour ne pas remarquer que son père mettait une minute à tourner la clé de contact. Sa façon de vérifier les ceintures de sécurité, puis l'angle du rétroviseur, puis à nouveau les ceintures lui faisait penser à quelque chose... Ah oui, son examen de permis de conduire l'an passé, et l'état de nerfs dans lequel elle était. Agrippant le levier de vitesse, les phalanges de Hunter étaient blanches. Sur les tempes, ses cheveux étaient moites. Il n'était pas vieux. Rachel ne comprenait pas pourquoi il était si prudent. « Oh ! » Elle fit semblant de bâiller. « Je suis fatiguée. »

Elle ferma les yeux et les garda fermés tandis que, faisant enfin démarrer la voiture, il sortait en marche arrière du garage et rejoignait leur rue qui était aussi large que plate. Elle avait les yeux toujours fermés tandis qu'ils patientaient au feu rouge. Elle les ferma de toutes ses forces quand il passa trop tôt en seconde et que ses épaules allèrent rebondir contre le dossier de son siège. Ils étaient toujours fermés tandis que les ombres des arbres, tombant sur la voiture, peignaient brièvement de noir l'intérieur rouge de ses paupières. Rachel attendit pour rouvrir les yeux qu'ils aient pénétré dans le centre-ville, dépassé les boutiques et le cinéma, contourné la zone piétonnière, franchi l'ancienne voie ferrée et atteint la brocante où travaillait Julia. Alors que son père manœuvrait pour se garer avec soin bien qu'un peu de travers, elle dodelina légèrement de la tête, clignant des yeux comme pour chasser le sommeil. Hunter regardait droit devant lui, mais dans le vague.

« Merci, papa. »

Il tressaillit, puis lui rendit son sourire contraint. « De rien, mon chou. J'imagine que tu ne veux pas que je vienne te chercher... » Il se trouvait, d'après ses calculs, à sept minutes de son prochain verre d'alcool. A condition d'arriver à faire redémarrer la voiture.

« Non, répondit-elle en essayant de parler d'une voix douce. Ça ira. »

Elle avait défait sa ceinture et avait sa main sur la poignée de la portière, mais elle répugnait à le quitter comme ça.

« Qu'est-ce que tu vas faire aujourd'hui ? » demanda-t-elle à son père. Dans le silence qui s'ensuivit, elle regretta d'avoir posé la question.

« Qui est-ce ? » Miranda se tenait là près de la vitrine, à observer le break bicolore.

Julia jeta un coup d'œil de derrière le comptoir. « Où ça ? Ah, c'est Rachel. On doit répéter notre scène. »

Il y avait un homme plus âgé occupant le siège du conducteur : même de l'autre côté du parking, Miranda voyait bien qu'avec sa peau burinée et ses traits aquilins il avait un physique différent de la plupart des autochtones, si fades et si lisses. « C'est son père ?

— Ouais. »

Miranda regarda Rachel se pencher, embrasser la joue de son père, puis extraire son corps filiforme de la voiture.

« Elle est très jolie, tu ne trouves pas ?

— Ouais. » Julia était fière de son amie. « Rachel a toujours été jolie.

— Sa mère doit être... »

Mais Rachel était en train de franchir le seuil et Miranda se tut.

« Salut. Ah là là ! Il fait une de ces chaleurs. » Dans la pénombre de la boutique, Rachel plissa les yeux et reconnut Miranda. « Bonjour.

— Le ventilo est cassé. Et Gretchen a recommencé à faire brûler des bâtons d'encens, expliqua Julia avec une grimace.

— J'étais juste passée faire coucou. Petite promenade du samedi matin... Mais je vais vous laisser à votre répétition, les filles. » Miranda se dirigea vers la sortie. La voiture de Hunter était toujours là. « C'est ton père ?

— Oui. » Il y eut un silence. Rachel faisait tourner une vieille tasse à thé en porcelaine sur sa soucoupe. Miranda ne bougeait pas. « Je ne sais pas », reprit Rachel. La tasse tournait, et tournait encore, dans le sens inverse des aiguilles d'une montre : schrr, schrr... « Il est... »

Julia la dévisageait. Il y avait un truc que sa mère disait au sujet de Hunter... Qu'est-ce que c'était, déjà ? « Tu as apporté ton album de souvenirs ? » s'enquit-elle d'une voix enjouée. Elle remarqua que Miranda ne faisait aucun bruit. Elle était incroyablement immobile. Figée. Comme un mannequin.

« Ouais. » Cessant de jouer avec le service de porcelaine, Rachel tapota son cartable. « Je l'ai là.

— Bon... dit Miranda, souriant de ce sourire coquin qui donnait l'impression qu'elle venait de surprendre un secret. Amusez-vous bien. A plus tard.

— A plus tard.

— Euh... » Julia lança un petit coup d'œil vers Rachel. « Il y a une fête ce soir, chez Danny, vous savez, le garçon blond du cours, le gros ? »

Miranda, souriant toujours, aquiesça d'un clignement d'yeux.

« Voilà, on ira sûrement. Si vous voulez venir... » Julia était toute rouge. « Ses parents ne sont pas là. » Elle rougit davantage.

« Peut-être. Merci. » Agitant le poignet, Miranda sortit gracieusement de la boutique.

« A tout à l'heure... peut-être ! » cria Julia derrière elle. La jeune femme traversa la rue devant la voiture garée de Hunter. Julia le vit qui tournait la tête. Elle fixa le dessus du comptoir, en bénissant le ciel que Chicky ne soit pas là pour la traiter de lèche-bottes.

« Hé. » Rachel s'avança vers elle et, lui tapant le bras, elle s'écria avec un grand sourire : « Lèche-bottes ! »

Plus tard, Rachel était dans l'appartement de Chicky à attendre que Julia revienne du boulot. Chicky avait un masque en argile bleue sur la figure et s'épilait les sourcils. Rachel était couchée par terre. Ses doigts dessinaient des motifs dans les airs, en cadence avec la musique provenant du ghetto-blaster de Chicky. Elles ne pouvaient pas monter le son parce que Noeline se sentait fatiguée. Le père de Chicky les avait prévenues. Il les avait regardées d'un air morne, comme s'il n'aimait pas ce qu'il avait sous les yeux.

« Hé... » commença Chicky en brandissant sa pince à épiler vers Rachel. Elle devait parler sans ouvrir la bouche pour ne pas craqueler son masque. « On n'était pas censées préparer cette débilité d'exercice pour le cours ?

— C'est qui, ton partenaire ?

— Ce que je peux détester ce mot... Jazon Millz le

zozotteur. Il va sûrement me coller ce soir à la fête de Danny. Quelle plaie.

— Miranda est passée à la boutique aujourd'hui.

— Ah ouais ? Tu sais que ça fait presque un mois entier que Johnno et moi on a rompu pour les exams. Ça veut dire un mois sans et donc un mois de trop. Je m'en veux d'avoir été aussi vache avec Johnno, enfin, tant pis. Je suppose qu'il me déteste à l'heure qu'il est. »

Noeline frappa timidement à la porte de l'annexe. « Chicky ? Téléphone... Un garçon.

— Chiotte », grommela-t-elle sous son masque bleu desséché tout en se levant pour suivre sa mère jusqu'à la maison principale. Elle s'empara du combiné avec un roulement d'yeux. Elle avait déjà demandé à Noeline de ne pas en faire tout un plat si par hasard un garçon téléphonait. « Ouais ? » Elle remuait les joues le moins possible. L'argile la tirait. Il n'y avait rien au bout de la ligne. « Allô-ô ? »

Un bruit de déglutition. Puis : « Chicky ?

— Comment tu as deviné ?

— Hum. C'est Jason à l'appareil.

— Salut Jason. » Chicky était sûre que sa mère écoutait depuis la cuisine. Elle devait tourner en rond, dans tous ses états, comme elle en avait le secret.

Jason s'éclaircit à nouveau la gorge. « Bon, tu veux le faire ce truc idiot ou non ? »

Chicky s'esclaffa. « Ah ça, tu as l'art de présenter la chose... »

Grognement de Jason. « Ouais, enfin bon... Si je ne vais pas à ce foutu cours mon hystérique de mère va piquer une crise d'enfer, je veux dire, c'est sa grande lubie, ce centre communal. Sans ça, je vais me retrouver à jouer les larbins à la banque. J'y ai eu droit l'été dernier. C'est nul à chier. » Allez savoir pourquoi, il semblait choisir des mots qui accentuaient son zézaiement.

« Mais ce n'est pas comme si Miranda nous donnait des notes. Ou comme si elle allait appeler ta mère pour la prévenir que tu sèches les cours. »

Jason médita un petit moment. « Je sais pas. Peut-être

que tu as raison. Mais euh... ça nous empêche pas de nous retrouver, tu crois pas ?

— D'accord. » Elle s'ennuyait à mourir. « Je passerai chez toi demain. Tu habites en face de chez Tommy Markovsky, c'est ça ?

— C'est ça. Hé, au fait... la retint-il comme s'il venait juste d'y penser. Peut-être qu'on pourra en reparler ce soir à la fête de Danny.

— D'accord. » Chicky foudroya du regard le dos de sa mère tandis que celle-ci passait furtivement à côté d'elle. « Si tu veux. »

« Est-ce que vous avez des vacances prévues ? » avait demandé Mary à Barb Nalder l'autre jour au cocktail de Gretchen. Elle se reprochait encore de s'être plainte de son poids alors que Barb manquait de souffle rien qu'à se déplacer dans le salon. Oui, avait répondu Barb, elle et son mari allaient participer à un de ces rallyes de stock-cars dans les montagnes. « Nous emmenons Tyson, mais Danny ne veut pas venir, avait-elle expliqué. C'est la première fois qu'il aura la responsabilité de la maison. Nous sommes un peu inquiets. » « Oh ! avait protesté Mary, je suis sûre que tout se passera bien. »

A présent, Julia se tenait à l'entrée de la cuisine, ses jambes minces comme des brindilles dans sa minijupe noire, une trousse de maquillage à la main. « Je vais chez Chicky et après à la soirée de Danny Nalder.

— D'accord, dit Mary. Mais n'allez pas saccager la maison de Mme Nalder. Elle a assez d'emmerdes comme ça, je veux dire, de soucis.

— Maman. Je n'ai plus seize ans. »

Quand les filles arrivèrent là-bas, les garçons avaient déjà commencé une partie de Pelican et Tarin Verschoor était enfermée dans les toilettes avec Lewis Karr. En entrant, Julia se sentit tout de suite mal à l'aise. De la musique gothique s'échappait des enceintes ; des effluves d'ammoniaque imprégnaient l'atmosphère. Elle aperçut Danny, les cheveux fraîchement rasés à l'iroquois, en train d'asticoter à quatre pattes le chat de la famille. « Est-ce qu'on doit vraiment rester ici ? » demanda-t-elle à Rachel, mais Chicky s'était déjà élancée vers un coin de la pièce où quelques-uns des garçons plus âgés de la ville étaient en train d'inspecter la collection de couteaux du père de Danny. Julia espérait de toutes ses forces que Miranda ne viendrait pas. Rachel et elle se faufilèrent entre les groupes de garçons plantés par-ci par-là pour rejoindre le feu de joie dans la cour de derrière. Sous le ciel d'un bleu indigo un peu sale, le brasier projetait des flammèches orange dans la nuit. Julia aurait préféré porter une tenue moins déshabillée. Elles restèrent là un moment pendant qu'un des garçons faisait vrombir une moto qu'il avait amenée dans l'allée le long de la maison et que d'autres parlaient de construire un tremplin mais ne bougeaient pas.

Au bout d'un moment quelques filles arrivèrent, ces nanas plus âgées qui travaillaient dans le bar-ventre nu près de la fontaine ou dans une des boutiques du quartier piétonnier. Julia se souvenait d'elles du lycée : elles lui faisaient peur à l'époque et elles lui faisaient encore peur aujourd'hui, bien que pour des raisons différentes. Aujourd'hui ce n'étaient pas tant les piercings dans le nez, les tatouages et les cheveux oxygénés coupés au rasoir qui lui faisaient peur. C'étaient ces expressions éteintes et cette façon dont elles supportaient tout de leurs mecs. C'étaient les contusions ici et là. C'était le plâtre au poignet de la grande sœur de Lewis Karr. « Je vais voir s'il y a quelque chose à manger, dit-elle à Rachel. Tu m'accompagnes ? »

Elles retrouvèrent Chicky dans le couloir devant les toilettes. Elle martelait la porte à coups de poing, criant à l'adresse de Tarin et Lewis. « Allez, magnez-vous, les mecs, j'explose ! » Comme elle n'obtenait pas de réponse, elle plaqua sa bouche contre le trou de la serrure pour dire : « Hé, Tarin Jambes-Ecartées, on va devoir t'enterrer dans un cercueil en forme de Y ! »

« Non mais, ça va pas, Chicky ? Calme-toi. »

Elle se tourna vers Julia, les yeux étincelants. « Ah, et puis merde... » La porte de derrière était ouverte : les deux autres sur ses talons, elle fonça vers le côté de la maison, et là, elle s'accroupit et se mit à faire pipi. « Vous avez vu qu'un de ces mecs avait un flingue ? demanda-t-elle.

— Ouaou ! » fit Rachel.

Chicky remonta sa culotte et leur fit signe. « Venez voir.

— Oh non, renâcla Julia. Je n'y tiens pas.

— Allez... Qu'est-ce que t'as à craindre ? Ça pèse super lourd. J'ai soupesé.

— Je ne trouve pas que ce soit un truc si excitant que ça, c'est tout.

— Oh, mille pardons, fit Chicky avec une voix de pimbêche. Voilà que Madame est trop distinguée pour les armes tout à coup ? Te voilà bêcheuse à ce point-là ?

— Bien sûr que non. » Il n'y avait quasiment pas de lumière dans ce petit espace entre la maison et la clôture, et elles se tenaient serrées comme des sardines pour éviter l'endroit où Chicky avait soulagé sa vessie.

« Moi je veux voir ce flingue, décréta Rachel.

— Et moi pas, dit Julia.

— Alors ne viens pas », conclut Chicky.

« Salut, mon cœur. » Dans la cuisine, Mary avait une pile de factures sur la table devant elle. « Tu rentres de bonne heure.

— Hmm. » Julia rejoignit le frigo puis resta plantée devant sa porte ouverte. « Y a rien à manger.

— Tu n'as qu'à prendre des céréales.

— Beurk.

— Alors, bon sang, Julia, tu n'as qu'à te préparer quelque chose.

— Y a rien qui me tente. »

Mary ne réagit pas. Apparemment, Martin n'avait pas payé la note du câble et elle n'arrivait pas à décider si elle devait rédiger un chèque ou bien attendre qu'ils le leur coupent : il était le seul à le regarder.

« La bouffe là-dedans est immonde, dit Julia. Du beurre de cacahuète, des Twirly Creams... pas étonnant que tu sois au régime.

— Ça suffit. » Mary se leva et alla claquer la porte du frigo. « Va te coucher.

— Tu ne peux pas m'envoyer me coucher.

— Putain, merde, je peux faire ce qui me plaît. » Elle se rassit, attrapa la calculette et se mit à taper des chiffres.

Julia croisa les bras très fort sur sa poitrine et rejeta la tête en arrière. « S'il y a une chose qui me tarde, c'est de quitter cette maison. »

Surtout, ne réponds pas ça, se dit Mary, parce que ce n'est pas la vérité : « Tiens, c'est drôle, répliqua-t-elle, parce que moi s'il y a une chose qui me tarde, c'est que tu t'en ailles. »

*

Oui, d'accord, il l'avait remarquée la veille devant la boutique d'objets d'occasion de Gretchen. Il était dans sa voiture et elle était derrière la vitrine du magasin. Il s'était senti pareil à un de ces articles poussiéreux dans la boutique autour d'elle. Il était un homme d'occasion. Voilà ce qu'il s'était dit, assis là dans son break familial inutile. Il avait noté que les vêtements de la jeune femme appartenaient à une autre décennie, à la jeunesse de ses parents à lui – mais elle n'en paraissait pas moins fringante, tirée à quatre épingles, flambant neuve. Le contraste entre ses cheveux bruns et sa peau ivoire était flagrant même à travers la crasse de son pare-brise. Une constatation s'était alors imposée à l'esprit de Hunter ; il s'en souvenait parce que cette pensée lui ressemblait si peu que c'était comme si elle lui avait été transmise par télépathie. En regardant la jeune femme dans ses habits démodés, il s'était dit intérieurement : je n'ai jamais fait l'amour à une femme aux cheveux de jais.

Aussi, lorsqu'il ouvrit la porte de chez lui une semaine plus tard et qu'elle se tenait là, eut-il l'impression de se trouver pris au piège, happé par les mâchoires féroces du désir. « Bonjour. »

Elle avait l'air nerveuse. « Bonjour. Je suis Miranda.

— Oui. » Il s'abstint de lui dire son prénom*, qui lui correspondait si peu. Les présentations n'étaient pas réellement indispensables, par ici.

« Euh... est-ce que Rachel est là ?

— Non.

— Ah. » Ils se tenaient chacun d'un côté du seuil.

« Dois-je... lui dire que vous êtes passée ?

— Oui, si vous... » Elle respira profondément, puis sembla prendre une décision. « C'est un peu gênant. » Il restait là, la main agrippée au chambranle. « Il y a cette étude que je voudrais faire avec les gamins, dit-elle, accentuant ce dernier mot. Rachel vous a parlé de quelque chose ? »

Il secoua la tête, passa une main osseuse dans ses cheveux grisonnants.

« Voilà, je recherche des cartes, des cartes géographiques, seulement, pas moyen d'en trouver dans le coin : je n'essaie peut-être pas là où il faut. » Elle eut un petit rire. « J'ai pourtant essayé les huit magasins qui existent, mais Rachel a dit que vous possédiez une collection, des cartes et des atlas. Je me demandais, si ce n'est pas trop audacieux, si vous accepteriez de me les prêter ? J'en prendrai extrêmement soin, je ne vous les abîmerai pas. »

Il était inconcevable qu'elle puisse abîmer quoi que ce soit. Elle portait une robe en coton bleu à col blanc, et avait aux pieds des sandales en cuir marron. La chaleur suffocante ne semblait pas l'affecter, comme si sa peau était protégée par un champ magnétique. Elle le regardait avec des yeux remplis d'angoisse et il finit par sourire. Cela faisait des lustres qu'il n'avait pas souri pour de bon. Elle sourit à son tour, et tous deux expirèrent enfin en riant à moitié. Hunter recula dans le vestibule, ouvrant sa porte en grand. « D'accord, dit-il. Entrez. »

Miranda demeura sur le canapé, genoux serrés et mains sur les cuisses, pendant que Hunter allait regarder à l'étage. « C'est pour quoi faire ? demanda-t-il en redes-

* *Hunter* signifie chasseur (*NdT*).

cendant, les bras chargés de cartes. C'est quoi cette étude ? »

Il y eut un autre instant de gêne – gestes avortés, pages qui tombent – alors qu'elle s'emparait des cartes.

« Oh, ce n'est qu'un petit truc. J'essaie de stimuler leur curiosité. Je leur dessine un itinéraire et ils doivent découvrir le plus de choses possible, pas seulement des faits encyclopédiques sur un pays mais aussi sa poésie, sa petite histoire, sa population... Ils effectuent le voyage de cette manière-là. Malheureusement la bibliothèque ici n'est pas très... complète. »

Hunter enfonça ses mains dans les poches de son jean. « C'est à peu près comme ça que je les utilise, dit-il. Les cartes...

— C'est vrai ?

— Des voyages virtuels, en quelque sorte.

— Ouaou ! »

Il pencha la tête de côté. « Vous trouvez ça tordu ?

— Non. Pas du tout. » Elle tapota la liasse de documents qu'elle avait dans les bras. « Merci pour tout ça. Je ferai attention.

— Est-ce que vous saviez, reprit-il, cherchant à la retenir, est-ce que vous saviez que les premiers puzzles étaient des cartes du monde, avec les pays découpés, et que vous deviez assembler les morceaux ?

— Des puzzles ?

— Ouais.

— Ça alors.

— Ouais. »

Il y eut un silence. « Eh bien, dit-elle, c'est intéressant. Je... je ferais mieux d'y aller.

— Bien sûr. Evidemment. »

Une fois seul, Hunter verrouilla la porte ; il expira lentement puis s'en alla chercher quelque chose pour faire cesser le tremblement de ses mains.

« Je suis désolée, maman.

— Ma chérie. Moi aussi. »

Elles se scrutaient l'une l'autre, chacune à un bout de la cuisine. La machine à laver émit son petit bip.

« Tu m'aides à sortir la lessive ?

— Maman ? Tu veux vraiment que je m'en aille ?

— Seulement quand toi tu le voudras. Nous serons toujours là. » Elle n'avait pas l'impression de prononcer une sentence de prison en disant cela. Elle avait l'impression de faire ce qu'une bonne mère devait faire. « Tu pourras toujours revenir à la maison auprès de nous. »

Assise dans un carré de soleil près de la fenêtre de son studio, Miranda serrait fort dans ses mains un livre qu'elle n'avait pas lu. Cet homme aux traits creusés et anguleux, le père de Rachel... Etait-il possible qu'elle soit la cause de sa relative maladresse, qu'elle l'ait impressionné d'une manière ou d'une autre ? Elle se revoyait debout dans ce salon, dans cette atmosphère vibrante que la chaleur épaississait davantage encore. Elle n'aurait jamais cru pouvoir se sentir attirée par quelqu'un d'autre aussi vite. Cet événement inattendu accaparait ses pensées ; la tension qu'elle avait ressentie quand il lui avait donné les cartes géographiques ; son corps musculeux, son visage de cow-boy fatigué et ce lent sourire tellement surprenant. Les mots flottaient sur la page. Les cigales stridulaient. Le soir d'été tombait, avec ses reflets chatoyants. Elle se frotta la bouche et attrapa le téléphone.

Martin entra dans la cuisine au moment où Mary raccrochait. Il lui passa une main sous la jupe, remonta vers le haut de sa cuisse. « C'était ton amant ? fit-il.

— Oui, dit-elle, se retournant pour se plaquer contre lui. Il veut que j'aille le retrouver.

— Quand ?

— Tout de suite. »

Il lui caressa les avant-bras, puis il lui étreignit les poignets. « Qu'est-ce que tu as dit ?

— Oui.

— Dis-le encore.

— Oui. »

Ils étaient appuyés contre le comptoir. Martin se pencha en avant, lentement, pour embrasser la bouche de sa femme. La porte d'entrée claqua. Mary se glissa sous son coude au moment précis où Julia faisait irruption dans la pièce, chargée d'un sac en papier kraft rempli de provisions. « Devinez quoi ? annonça-t-elle. C'est moi qui cuisine. Une fricassée.

— Oh, fit Mary. En fait... c'était ta prof, Miranda, au téléphone. Je vais la retrouver pour boire un verre. »

Sans rien dire ni à l'une ni à l'autre, Martin quitta la pièce.

« Ah bon ? » Debout au milieu de la cuisine une branche de broccoli à la main, Julia, subitement, ne sut plus où la poser. « Miranda t'a appelée ? »

Le bar qui n'employait pas de filles de vingt ans vêtues de T-shirts coupés au-dessus du nombril n'était jamais plein. Installées dans un box sur des banquettes en skaï couleur rouille, Mary et Miranda écoutaient le juke-box où passait *Here I am, once again, with my suitcase in my hand, I'm running away down River Road**... Miranda demanda au barman un verre de chardonnay et Mary déclara qu'elle prendrait la même chose.

« Alors, commença Miranda, vous avez toujours vécu dans la région ?

— J'ai toujours vécu dans cette maison.

— Toute votre vie ? »

Mary hocha la tête. « Vous avez l'air médusée.

— C'est que je le suis. Ou du moins, j'ai du mal à comprendre que vous n'ayez pas envie de bouger. Est-ce que je vous semble impolie ? Je suis désolée. Je veux seulement dire... » Elle éclata de rire et secoua la tête. « Qu'est-ce que je veux dire, d'ailleurs ? »

Mary n'aurait su dire pourquoi, mais il était important que cette jeune femme comprenne : elle savait très bien pourquoi sa vie avait évolué de cette façon-là. Mary entre-

* « Me voilà une fois de plus, ma valise à la main, m'éloignant sur River Road »... (*NdT*).

prit donc de raconter à Miranda l'histoire de ses parents et de leur accident. L'histoire d'une fille âgée de dix-huit ans et qui attend à la maison que son père et sa mère rentrent du club de bridge, de façon à pouvoir prendre la voiture pour aller en boîte dans la ville la plus proche. L'histoire des gyrophares de la police, et du flic mal à l'aise qui avait tenté de lui expliquer ce qui s'était passé mais qui s'était emmêlé les pinceaux, de sorte qu'il lui avait annoncé de but en blanc que ses parents étaient morts. Son père, qui n'avait jamais été malade aussi loin qu'elle se souvienne, avait eu une crise cardiaque au volant avec sa femme et était allé percuter un poteau télégraphique avant d'atterrir dans un fossé. Ils avaient tous les deux été tués sur le coup, avait précisé l'agent de police, et ni l'un ni l'autre ne portaient de ceinture. A l'entendre, on aurait dit que c'était leur faute. Elle n'avait pas voulu y croire, expliqua Mary à Miranda devant un deuxième verre de vin. Personne ne mourait d'être allé atterrir dans un fossé. Elle avait objecté ça à l'agent de police, en pouffant presque, et celui-ci lui avait rétorqué, elle s'en souvenait distinctement, celui-ci lui avait rétorqué : « Ecoutez. Ils sont morts. Combien de fois devrai-je vous le répéter ? »

« Ça date de bien avant qu'on ose se plaindre de la police, poursuivit Mary. Le pauvre type, on aurait dit qu'il ne pouvait pas supporter d'annoncer la nouvelle mais que, une fois débarrassé, il avait un peu perdu la boule. » Ensuite le téléphone avait sonné. « J'y ai répondu au radar. C'était la bonne femme du club de bridge. La mère de Gretchen Mills, en fait. Elle a crié : « Où sont Bob et Lois ? On a été obligés de commencer sans eux. » Vraiment fumasse, vous savez ? Alors j'ai été obligée de dire, si peu de temps après avoir appris la nouvelle – je n'avais toujours pas bien réalisé, évidemment que non –, j'ai été obligée de dire : "Ils sont morts. Bob et Lois sont morts." » Mary regarda Miranda sur la banquette en face. Elle voyait bien que la jeune femme était gênée, peu habituée à la mort ou aux discours à son sujet, dénuée d'expérience dans ce terrible domaine. Elle ne savait pas quoi dire.

« C'est horrible. » A tâtons, Miranda porta une cigarette à sa bouche.

« Oui, reconnut Mary. Et encore, il y a eu d'autres trucs, mais je ne vais pas vous embêter avec ça maintenant. » Miranda hocha lentement la tête, un masque grave sur le visage. La pauvre, songea Mary, elle est complètement dépassée. « Enfin bon. Ils n'avaient même pas fait de testament. Ma mère était une jeune femme, nom d'un chien, elle écoutait Helen Reddy. » La chanson passait et repassait sur le juke-box. *And I know, once again, that I'm never coming back. I'm chasing my dreams down River Road**. « Résultat, la maison est à moi. Je voulais la vendre, mettre un point final à ma vie ici et aller dans la grande ville. Seulement voilà, c'était mon père qui l'avait construite. Et puis j'ai rencontré Martin. A partir de là je me suis sentie un peu moins seule.

— Je suis désolée. » Miranda tendit le bras pour toucher la main de son aînée. Mary eut un bref soupir, étrangement émue par la maladresse du geste.

« N'empêche... Le plus triste c'est qu'ils n'aient pas connu Julia. Elle leur aurait plu. Et mon père n'a jamais eu l'occasion de pointer un fusil dans le dos de Martin pour le pousser dans l'église. C'est moi qui ai dû le faire. » Mary fit signe au barman de leur resservir du vin. « Bon alors. Et vous ? Quelqu'un vous attend dans la grande ville ?

— Oh ! non. » Miranda fit tourner sa cigarette pour en éliminer la cendre. « Je ne suis pas du genre à me ranger.

— Pas encore.

— Peut-être jamais.

— Vous êtes jeune, lui dit Mary. Un jour vous vous rendrez compte de l'importance de la stabilité, de la sécurité.

— Vous êtes bien condescendante. » Miranda sourit et

---

* « Et je sais, une fois de plus, que je ne reviendrai jamais. Je pars à la poursuite de mes rêves sur River Road » (*NdT*).

secoua sa cigarette. « Comme ces gens qui vous disent que vous adorerez les enfants quand vous en aurez à vous. Mais voilà, je ne veux pas d'enfants. Je le sais. Si les médecins étaient d'accord, je me ferais stériliser tout de suite. Et je sais que je ne veux pas, que je ne voudrai jamais de ce genre de confort sclérosant dont vous parlez.

— Sclérosant ? Qui est condescendante ?

— C'est vrai, pardon. Je veux seulement dire que je tiens à ma liberté.

— Vous allez vous sentir très seule.

— Non. Je serai seule, c'est tout. Mais tout le monde l'est, au bout du compte. »

Mary secoua la tête. « C'est une illusion. Nous sommes plus liés les uns aux autres que nous ne le pensons, plus attachés les uns aux autres que nous ne nous plaisons à le croire. »

Miranda sourit. « Je pense que vous vivez dans un monde imaginaire. En étant persuadée que c'est moi. » Elle but une gorgée de vin et cogna son verre contre celui de Mary. « Vous avez déjà eu une liaison ? »

Mary s'esclaffa, surprise par l'audace de ce brusque changement de sujet. « Non.

— Pourquoi pas ?

— Je suis mariée.

— Si vous ne l'étiez pas, ce ne serait pas une liaison, si ? » Miranda inclina la tête vers le barman aux oreilles décollées. « Et lui ?

— Vous alors... » Cette fille réussissait à lui donner l'impression d'être à nouveau une collégienne : voilà qu'elle doutait de ses anciennes certitudes, retrouvant les délicieux frissons et les craintes merveilleuses de son enfance. « Vous n'oseriez pas.

— Plus tard. » Miranda eut un grand sourire. « Martin doit être un sacré coup au lit, en tout cas. »

Mary sourit à son tour. « Ça ne saute peut-être pas aux yeux, mais oui. »

Après que le barman eut débarrassé l'armée de verres vides qui envahissaient leur table, elle reprit : « Vous savez que ce n'est pas si lointain, mais quand j'avais votre âge je n'aurais jamais osé parler comme vous le faites. »

Miranda haussa les épaules. « Les choses ont changé, je suppose.

— Vous croyez ? Ce n'est pas si évident, ici. » Il y eut un silence. Mary regarda Miranda dans les yeux. « Vous êtes du genre féroce, pas vrai ?

— Précoce ? » Miranda avait l'air contente.

« Oui, aussi. » Mary hocha la tête comme si elle était arrivée à une décision. « Vous nous êtes bénéfique. »

Et le juke-box continua à répéter sa chanson jusque très tard dans la nuit.

*

Chicky faisait comme si de rien n'était, comme s'il n'y avait pas eu la moindre dispute à propos d'une arme, comme si Julia n'avait jamais quitté la soirée prématurément et sans dire au revoir. « Tarin Verschoor est enceinte, murmura-t-elle d'un ton théâtral.

— Non. » Le cœur de Julia s'emplit d'effroi : pour elle-même, pour Tarin Verschoor, pour elles toutes. « De qui ?

— Personne ne sait. » Il y avait de la jubilation dans la voix de Chicky. « Elle prétend que c'est un secret mais elle n'a aucun moyen de savoir. Elle s'est tapé la moitié de la ville.

— Elle va le garder ?

— Je dirais que oui, elle en est déjà presque à six mois.

— Mais à la fête... » Julia revit Lewis et Tarin émergeant des toilettes au moment où elle-même s'en allait. Peut-être Tarin avait-elle les yeux rouges, repensa-t-elle, peut-être avait-elle pleuré, peut-être n'avaient-ils pas baisé du tout dans ces toilettes.

« Elle croyait juste qu'elle prenait du poids. Encore plus.

— Comment tu sais tout ça ?

— C'est Wendy Morgan qui me l'a dit. Elle travaille au cabinet du médecin le matin. »

« Maman, commença Julia alors que Mary préparait le

dîner, est-ce que tu savais que Tarin Verschoor était enceinte ? » Attrapant un œuf dans la corbeille métallique à côté de la cuisinière, elle le fit sauter avec désinvolture d'une main dans l'autre.

« Oui. » Le couteau de Mary s'activait sur un monticule de gousses d'ail. Elle n'avait pas arrêté de repenser à Miranda et à ses histoires de liaison. Peut-être était-elle – comment disait Julia, déjà ? – *neuneu* de ne l'avoir jamais envisagé. Elle était désormais tellement habituée à Martin, à ses insuffisances et à ses manières. Dieu sait qu'elle n'avait pas besoin d'un autre homme pour le sexe ; mais peut-être un autre homme l'aimerait-il d'une façon différente. L'aimerait-il plus. Peut-être un autre homme l'empêcherait-il de se sentir vieillir, de se sentir vieille.

« Pourquoi tu ne me l'as pas dit ?

— C'est confidentiel.

— Plus maintenant.

— Ce n'est pas parce qu'on habite une petite ville que tout le monde a le droit d'être au courant de vos affaires. » L'autre possibilité était que Martin ait une maîtresse. En ait déjà eu une. En ait des tas. Durant toutes leurs années ensemble elle n'avait pas réellement appris à lui faire confiance, seulement à enfouir ses doutes sous plusieurs épaisseurs de présomptions et d'habitudes ; ce doute n'avait jamais disparu, il était tapi là, fossilisé, pareil à un petit pois sous une centaine de matelas, une épine dans le pied.

« Maman ? J'ai dit que je ne l'aurais répété à personne.

— Tu es sûre ?

— Tu ne me fais jamais confiance. » L'œuf se cassa. « Oh ! merde.

— Surveille ton langage.

— C'est ça, dit Martin en surgissant de la cour de derrière, les mains noires de cambouis. Gâche de la nourriture. Juste au moment où le vent froid de la pauvreté vient me caresser les fesses. »

*

Miranda alla voir Hunter à la banque. « J'aimerais ouvrir un compte. Ma carte ne marche pas. » Elle lui adressa un sourire éclatant. « A moins que les distributeurs de cette ville ne soient cassés. »

Il gratta sa joue que couvrait une barbe de plusieurs jours. Il avait oublié de se raser. « Très bien. Non, pas de problème. Voici le formulaire. »

Il n'y avait pas de place sur le bureau pour étaler la feuille. Miranda croisa les jambes pour pouvoir poser le document sur sa cuisse. Sa robe d'été en matière soyeuse remonta légèrement. « Pourriez-vous me prêter un stylo s'il vous plaît ? »

Il avait les doigts qui tremblaient.

« Merci. »

Pendant qu'elle remplissait le formulaire, Steven Walker du service Prêts et Découverts s'approcha du bureau. Hunter leva les yeux vers lui. « Bonjour Steven.

— Salut. » Il dévisagea Miranda.

« Euh, vous vouliez quelque chose ?

— Oui, mais... »

Miranda s'interrompit, mordilla sa lèvre inférieure, et recommença à écrire.

« Hum ? »

Steven toussa. « Le... euh... nous allons au Brownies' Bar après le match ce soir. Vous voulez venir ?

— Le match ? »

Avec un petit soupir Miranda se pencha pour attraper sur le sol son sac à bandoulière. Elle en sortit un répertoire, repoussa les cheveux qui lui étaient tombés sur l'épaule, se lécha un doigt et entreprit de tourner les pages.

« Le match, répéta Steven des Prêts et Découverts d'une voix qui vidait ses mots de toute signification. Eh oui. »

Hunter n'avait jamais été à une manifestation sportive avant, ni à quoi que ce soit qui y soit lié. Il évitait le Brownies parce que, dans un bar, sa capacité à boire jusqu'à l'inconscience serait divulguée aux autres clients, puis à leurs femmes et à leurs petites amies, et ensuite pour ainsi dire à toute la ville. Il hésita, puis : « Miranda ? »

Elle leva les yeux de son formulaire et cligna des paupières comme si elle tombait des nues. « Oui ?

— Voudriez-vous aller dans un bar ce soir, après le... match ?

— Ou bien venir au match, s'écria Steven avec une vivacité peu coutumière. Si ça vous intéresse. »

Elle sourit, lentement. « C'est un match de quoi ?

— Base-ball. Nous et les employés de la Quincaillerie Turner contre les couilles molles du centre commercial. On va sans doute les ratatiner mais ça peut être assez rigolo à regarder. »

Une fossette se creusa dans la joue droite de Miranda. « Merci de l'invitation. Mais j'ai un cours à préparer ce soir. »

Steven hocha la tête mais sa bouche faisait la grimace. « Bien sûr. Une autre fois, alors.

— Oui. » Miranda sourit à Hunter et – était-ce un clin d'œil ? « Une autre fois. »

Elle s'en alla sans qu'il lui ait demandé s'il pouvait la revoir. Devant la banque elle cligna des yeux sous le soleil brûlant. Miranda traversa la rue pour rejoindre le côté à l'ombre mais elle ne s'en trouva pas apaisée pour autant. Elle ne savait trop si le silence de Hunter était de la froideur ou de la simple timidité. Miranda ne se risquait plus à interpréter le comportement des hommes. Depuis combien de temps Oliver les savait-il en danger, cette question l'empêchait de dormir la nuit. Bien qu'atténué, elle continuait à ressentir un battement sourd dans sa poitrine quand elle pensait à lui. Elle atteignit le coin de sa rue puis elle fit demi-tour, ne pouvant supporter l'idée de grimper dans cet appartement toute seule. Elle mit le cap vers Tree Hill, saisie du besoin d'échapper à l'atmosphère de cette ville, saisie du besoin d'échapper à elle-même. Elle aurait voulu que Hunter dise quelque chose d'autre, elle aurait voulu pouvoir attirer vers elle son beau visage usé, de façon à occuper tout son champ visuel, de façon à faire disparaître tout le reste.

*

Sur chacune des dix chaises il y avait un bloc de papier et un stylo, un de ces stylos à bille qui coûtent cher. Cette fois les chaises n'étaient pas disposées en cercle mais en rangs : deux rangées de trois et une de quatre. Les filles étaient déjà en train de s'asseoir quand Jason Mills entra accompagné de Johnno. « C'est quoi ce bordel, dit Johnno, un test ?

— Ouais, eh ben, pour toi, dit Chicky, vaudrait mieux pas. A moins que ce soit un QCM et que tu aies le bol de tomber au pif sur les bonnes réponses. » Elle ferma les yeux, glissa sa langue sous sa lèvre inférieure et fit mine d'indiquer un point au hasard sur le papier.

« Garce, salope, peau de vache... je coche quoi, les trois à la fois ? » riposta Johnno en tapant tout fier dans la main de Jason.

Il y eut un silence, le temps que les filles se remettent de la repartie de Johnno. « Va te faire foutre, dit enfin Chicky. Espèce de débile. »

Johnno lui tira la langue en l'agitant à toute vitesse de haut en bas. « Quand tu veux, mon chou », persifla-t-il.

Chicky eut un soupir dégoûté et détourna la tête. « Donc, reprit-elle d'une voix forte à l'adresse de Rachel et Julia, à ce moment-là il me demande si je veux aller faire du deltaplane le week-end prochain.

— C'est vrai ? » s'écria Julia de son ton le plus enthousiaste.

Rachel cligna des yeux. « Qui ça ? »

Chicky braqua le menton en avant. « Ce mec, grogna-t-elle, les dents serrées. Celui dont je vous parlais, ce *mec plus âgé* qui m'a invitée à sortir.

— Tu sais bien, insista Julia, appuyant très fort son genou contre celui de Rachel, ce mec plein aux as. Avec la Porsche.

— Ah ouais, fit Rachel. Bien sûr. Alors, tu vas y aller ?

— Aller où ?

— Faire du deltaplane ? »

Les garçons s'étaient mis à parler d'autre chose. Julia

distingua les mots *terrain extérieur* et *technique déplorable, mec*.

« Oh ! j'en sais rien, dit Chicky. On s'en fout.

— Tu m'en veux pour quelque chose ?

— Je t'en veux pas. Ferme-la, c'est tout, d'accord ? »

Carol-Anna pénétra dans la pièce. Julia lui dit bonjour mais elle ne répondit pas ; elle se dirigea vers une chaise et s'y installa en minaudant, le papier et le stylo posés en équilibre sur son genou. Chicky regarda Julia en roulant des yeux.

« Dis donc, Carol-Anna, lança Jason. Tu es pas mal du tout aujourd'hui.

— Pas mal tarte », rectifia Johnno à mi-voix, avant de ricaner.

Jason approcha sa chaise tout contre celle de Carol-Anna. Elle n'eut pas un regard pour lui.

« Allez, arrête ton char, dit-il en lui passant un bras autour des épaules. Tu n'étais pas comme ça hier soir. »

Elle essaya de chasser son bras mais il s'obstina. « Je sais que tu rêves de moi, mon chou », murmura-t-il, d'une voix douce et menaçante. Julia en eut mal au ventre. Les mecs ne s'en prenaient pas à Carol-Anna ; c'était une règle tacite. Elle ne comprenait pas pourquoi Jason enfreignait cette règle. Il se penchait à présent vers la jeune fille pour lui lécher l'oreille avec sa grosse langue rose. Il éclata de rire quand elle se déroba. « Allez, mon chou, reprit-il, toi et moi, tout à l'heure... je dégainerai pour toi ma puissante épée, tu sais que tu en as envie.

— Laisse-la tranquille, espèce de pignouf, intervint Julia, mais Jason continua.

— Si tu es très très sage, je te laisserai me sucer la bite, mon chou, qu'est-ce que tu en dis ? Tu en veux ? Hein ? »

Les yeux et les lèvres de Carol-Anna étaient hermétiquement fermés.

« Alors réponds, Carol-Anna, tu en veux ? » Soudain, ils levèrent tous la tête. Miranda se tenait dans l'encadrement de la porte. Elle portait une robe droite rouge foncé assez ample, avec les jambes nues et de hauts talons noirs. Elle avait l'air d'une personne qui savait qui elle était, de manière certaine et inaltérable. « Carol-Anna, est-ce que tu meurs vraiment d'envie de goûter à... comment il a dit, déjà ? A la puissante épée de Jason ? »

Carol-Anna fit non de la tête, les yeux noyés de larmes.

La voix de Miranda était douce. « Alors tu ferais mieux de le lui dire, à mon avis. »

La jeune fille secoua à nouveau la tête.

« Carol-Anna. Comment va-t-il pouvoir comprendre que ça ne t'intéresse pas si tu ne le lui dis pas ?

— Ah, et puis merde ! s'exclama Jason. Ce n'était qu'une blague. Enfin quoi, jamais je me frotterais à elle, jamais de la vie...

— Carol-Anna ? »

La tête baissée, elle murmura : « Ça ne m'intéresse pas. » Puis, respirant profondément, elle se tourna vers le garçon et répéta sa phrase, plus fort : « Ça ne m'intéresse pas.

— Jason, qu'est-ce qu'elle a dit ? »

Jason se mit debout. Il était très grand, et large d'épaules. Miranda dut lever le menton pour le regarder dans les yeux. Il fit un pas vers elle et déclara avec un grand sourire : « Elle a dit va te faire foutre. » Son défaut d'élocution ne faisait que le rendre plus terrifiant.

Miranda lui rendit son sourire, mais ses yeux étaient sombres. « La mauvaise nouvelle, Jason, c'est que Johnno n'est pas pédé. Maintenant sors d'ici. »

Il renversa la tête en arrière et cracha sur le côté. Sa salive alla s'écraser par terre avec un bruit humide et sourd. « Allez viens, Johnno, tirons-nous de ce trou de merde.

— Tiens, tiens, amusant, ce choix de mots... » commenta Miranda en souriant.

Un long moment s'écoula durant lequel Jason fixait Johnno des yeux, et Johnno ses baskets éraflées. A la fin Johnno déclara en haussant les épaules : « Euh... je reste, mon pote.

— Quoi ? s'écria Jason d'une voix stridente, sa tête se balançant sur son cou à la façon d'un coq. « Ah, et puis va te faire foutre, espèce de tantouze. » Son regard furieux les embrassa tous. « Allez tous vous faire foutre. Bande de tarés. » Il traversa la salle d'un pas tonitruant et sortit de la pièce, brandissant dans les airs une énorme main au majeur dressé. « Tarés ! »

« Okay, génial », dit Miranda dès qu'il eut disparu. « Vous avez votre papier ? » Lewis entra comme un bolide, marmonnant une excuse pour son retard. Miranda acquiesça de la tête. « On ne va pas attendre les autres. Carol-Anna, il faut que tu le dises aux gens s'ils t'embêtent. Bon... On va jouer à un jeu. »

Une fois qu'ils eurent tous reposé leurs stylos et que le café fut prêt, ils se rassirent en cercle, armés de leurs tasses et de leurs feuilles de papier, puis scrutèrent Miranda d'un regard plein d'attente. Elle était tellement calme, tellement sûre d'elle. Julia se demanda comment on pouvait arriver à être comme ça, et si, en faisant semblant assez longtemps, on pouvait ressentir cette assurance à l'intérieur aussi. « Carol-Anna, dit Miranda au bout d'un moment, qu'est-ce que tu as choisi comme couleur préférée ?

— Le jaune.

— Et tes trois adjectifs pour expliquer les raisons de ce choix ?

— Douce, gentille, reposante. »

Johnno pouffa. « Une couleur peut pas être gentille, pauvre gourde.

— Quelle était ta couleur, Johnno ?

— Rouge, mon pote.

— Pourquoi ?

— Audacieuse. Puissante. Sensuelle.

— Alors une couleur peut être sensuelle mais pas gentille, c'est bien ça ? Chicky ?

— Il faut vraiment ?

— Il faut vraiment quoi ?

— Que je le dise.

— Non. »

Il y eut un silence.

« Vas-y, dit Rachel.

— Chick chick chick... Chicky a la frousse, plaisanta Julia.

— Rouge, dit Chicky. Mais pas question que je vous dise mes raisons. »

Rachel se tordit le cou pour regarder la feuille de Chicky. « Sensuelle ! s'écria-t-elle.

— Houuuu, hurlèrent les autres.

— On se calme », intervint Miranda. Julia essaya de donner à ses traits la même expression que son aînée. Elle voulait afficher un air stoïque, expérimenté, voire légèrement amusé. Mais elle remarqua Chicky qui rougissait, et quand Rachel donna un coup de pied dans sa chaise, ses lèvres pincées lâchèrent soudain un énorme éclat de rire.

« Julia, dit Miranda, tu vas bien ?

— Oui, répondit-elle, assagie. Désolée. Ça va bien.

— Ce test n'est pas une interrogation écrite, expliqua Miranda. Je ne vous trouve pas fascinants au point de vouloir savoir quelle couleur vous aimez. Ce test est censé vous aider à vous connaître vous-mêmes. La couleur, c'est vous. Les adjectifs que vous choisissez pour la décrire sont des mots qui reflètent la vision que vous avez de vous-mêmes. »

Rachel fut prise d'un fou rire et des bulles se formèrent sous ses narines. Julia faisait tout pour rester impassible.

« Sensuelle ! s'exclama Rachel. Hou là là !

— Quel est ton animal préféré ? lui demanda Miranda quand elle se fut calmée.

— Euh... » Rachel s'essuya la figure, laissant sur sa joue une traînée de morve. « Vous ne me demandez pas ma couleur ?

— Non. Ça ne nous regarde pas. Ce qui compte, c'est toi.

— Le labrador, répondit Rachel. Parce qu'ils sont mignons, affectueux, et qu'ils sont utiles aux aveugles.

— Les adjectifs que vous utilisez pour décrire votre animal préféré, annonça Miranda, sont les qualités que vous recherchez dans la personne de vos rêves. A quelques détails près, en l'occurrence ici, aider les aveugles... »

La salle s'agita. Julia regarda son papier, le tenant de manière que personne ne le voie. Sous le mot *vert*, parce que *vivant, plein d'espoir, neuf*, elle avait écrit *une chatte*, parce que *indépendante, intelligente, racée*. Pourquoi avait-elle écrit l'animal au féminin ? Pourquoi cette précision ? Cela n'avait rien à voir avec les raisons qui lui faisaient aimer les chats. C'était simple, elle n'aimait pas les matous. Cela ne voulait pas dire qu'elle rêvait d'une personne de sexe féminin. Il n'empêche, cette idée la perturba. Autour d'elle, les commentaires allaient bon train. Zoé se leva pour regarder ce que tout le monde avait écrit. « Qu'est-ce que t'as marqué, Chicky ? Un cheval, parce qu'il est bien monté ?

— Euh, ouais, exact. Et qu'est-ce qu'a mis ton petit ami Lewis, une chienne cul serré ?

— Lewis n'est pas mon petit ami.

— Hé ! s'écria Miranda en levant la main. Chicky, nous ne sommes pas là pour nous envoyer des vannes.

— C'est elle qui a commencé. »

Miranda soupira. « Quelqu'un d'autre veut-il nous faire part de sa réponse ? »

Johnno leva la main.

« Oui ?

— J'ai marqué une panthère, parce qu'elle est audacieuse, puissante et sensuelle. »

Miranda se frotta un œil avec son index. « D'accord. Je pense que ça suffit pour aujourd'hui. Gardez bien vos feuilles et rendez-vous demain matin à 10 heures.

— Quoi, fit Johnno, pas de bières aujourd'hui ? »

L'après-midi était en train de basculer dans le crépuscule. Une odeur comme un parfum de jacinthes émanait des arbres dans la rue de Rachel. Les trois filles marchaient côte à côte sur le trottoir. Il avait la largeur idéale pour elles. Chicky, Rachel, Julia. Une paisible soirée de plus s'étendait devant elles comme leurs ombres, tout en longueur sur le gris du bitume.

« Vous voulez revoir *Mad Max* ? demanda Chicky.

— Bien sûr, répondit Rachel. Pourquoi pas ? »

Julia pensait à sa feuille de papier, cachée tout au fond de son cartable.

« Est-ce que vous pensez que ce jeu voulait vraiment dire quelque chose ? demanda Chicky.

— Non, répondit Julia. Absolument pas. »

La Volkswagen de Johnno remonta la rue dans un grondement de tonnerre : par ses vitres ouvertes s'échappaient des accords de hip-hop et des effluves de pétards. Il ralentit pour avancer à la même vitesse que les filles. « Hé, Chicky, cria-t-il par-dessus la musique. Tu veux venir faire un tour ?

— Tu peux rêver, Johnno ! » s'exclama Julia en riant, mais Chicky s'arrêta, répondit : « D'accord » et ouvrit la portière passager. Elle agita la main tandis qu'ils s'éloignaient, et Julia et Rachel restèrent là sans bouger à les regarder partir.

Les troisième et quatrième exercices – décrivez votre conception de l'élément liquide et ce que vous faites avec cette eau, ainsi que la sensation qui serait la vôtre si, en ouvrant les yeux, vous ne vous trouviez entouré que de blanc –, ces deux exercices s'avérèrent avoir trait à la sexualité et à la mort. Julia n'était pas sûre de ce que signifiait *la pluie, je marche sous l'averse*, mais la question ne lui semblait pas aussi traîtresse que celle sur l'animal préféré. Pour la pièce toute blanche, elle avait marqué *seule, effrayée, déroutée*. Elle ne pensait pas beaucoup à la mort. Rachel avait demandé à lire ses réponses, mais elle avait réussi à se dérober ; quant à Chicky, moins facile à dissuader, elle avait d'autres choses en tête. Elle assumait pleinement sa réconciliation avec Johnno, malgré l'apparente contradiction qu'il y avait entre ladite réconciliation et l'opinion publiquement exprimée par Chicky au sujet de Johnno, comme quoi il n'était qu'un pauvre naze à petite bite. « Je ne comprends pas », avait dit Rachel tandis qu'elles se tenaient sur le trottoir à regarder disparaître la Coccinelle. Elle était toujours larguée dès qu'il était question de désir. « D'après moi, l'idée d'être une panthère ne lui déplaît pas », avait dit Julia. Et le lendemain il y avait en effet quelque chose de félin chez elle, une attitude paresseuse et repue qui rappelait à Julia une chatte qui ronronne. Cette analogie lui remit en mémoire la réponse qu'elle avait donnée à la deuxième question, et aussitôt son malaise ressurgit.

« Salut. » Miranda était là au-dessus d'elle, embaumant le muguet. Julia leva des yeux plissés vers cette tête élégante qui se profilait à contre-jour. « Tu fais attention, surtout ?

— Attention ?

— A ne pas prendre de coups de soleil.

— Oh ! Non, non, je suis prudente. »

Elles s'assirent côte à côte sur le perron du centre communal. C'était une de ces journées un peu vides. Les intervalles entre les choses paraissaient amplifiés, immenses. Julia se sentait isolée, à l'écart des autres qui lézardaient sur l'herbe, Zoé et son soutien-gorge couleur chair avec ses bretelles grises, Lewis et son corps musclé dans son jean taille basse.

« Je peux voir ce que tu as écrit hier ? demanda Miranda, ses mots presque assourdis par la chaleur. Pendant le cours ? »

Les genoux de Julia étaient pleins de taches de rousseur. Lorgnant les jambes immaculées de Miranda, elle lui tendit la feuille qu'elle avait dans son sac. La jeune femme lut en silence. Danny jouait au frisbee avec Carol-Anna qui n'arrivait pas à lancer correctement. « Tu as bien compris que les interprétations n'étaient pas littérales, n'est-ce pas ? » demanda Miranda. Un avion raya le ciel. Julia poussa un soupir de soulagement.

« Le lien du sexe avec l'eau est intéressant, reprit-elle. Tu sais que dans toutes les pièces de Brecht, chaque fois qu'est introduit un élément sexuel, la scène se passe à proximité de l'eau. »

Julia espérait qu'elle arrête de parler de sexe. « Qui est Brecht ?

— A la bibliothèque. Lis *Baal.* Le côté jeune homme en colère pourrait te plaire. »

Etait-ce une autre allusion à son éventuel lesbianisme ?

Miranda lui empoigna la main avec une force étonnante. « Viens avec moi. »

Dans le foyer, Miranda alla fouiller parmi les vieux 33 tours. « Tiens, voilà », et tout de suite après « Mack the Knife » retentissait dans la pièce. « *L'Opéra de quat'sous*, Brecht et Weill. » Elle fredonna. « Tu ne trouves pas ça magnifique ?

— C'est la musique de la nouvelle pub pour le Juicy Pie Man. C'est ce que chante le Pie Man.

— Oui, eh bien, avant c'était ça. Et puis tiens, regarde... » Soulevant le saphir, elle interrompit Louis Armstrong et remplaça le disque par Nina Simone chantant « The Ballad of Pirate Jenny ».

« Qui est-ce ? demanda Chicky, debout sous le soleil poudroyant à côté d'elles. Quelle drôle de voix.

— Chh, fit Miranda. Ecoute, écoute les paroles. »

Elles gardèrent le silence tandis que Pirate Jenny encaissait les insultes, frottait les sols d'hôtel et ruminait ses projets de vengeance.

« Cool », décréta Chicky. Mais Julia passa le reste de la journée avec dans la tête cette voix à la fois onctueuse et râpeuse, ce cargo noir virant dans le port, cet hôtel solitaire, ces hommes de la ville, condamnés à mort et hantés par cette question qui les taraudait : pourquoi les pirates avaient-ils épargné ce bâtiment-là ? Oui, pourquoi l'avaient-ils épargné ?

*

La porte d'entrée de Gretchen Mills était ouverte. Miranda frappa au chambranle de bois et appela à travers la porte moustiquaire : « Il y a quelqu'un ? »

Gretchen portait un caleçon aux couleurs baveuses qui pendouillait à l'entrejambe et un T-shirt bouloché arborant l'inscription Quincaillerie Turner sur le devant. « Merci d'être venue. » Ses yeux étaient inquiets. Miranda la suivit dans le salon, et elles prirent place dans les fauteuils décolorés, l'une en face de l'autre. Elle n'était pas venue ici depuis que les femmes de la ville s'étaient réunies en son honneur. Sans cette foule dans la pièce, Miranda s'aperçut que la maison était pauvre et miteuse, les meubles en bout de course et le tapis usé jusqu'à la trame.

« J'ai reçu votre mot.

— Oui. Merci. » Gretchen fronça les sourcils. « Vous comprenez. Jason, il est... Enfin... »

Il y eut un silence. Miranda avait la sensation agaçante qu'il y avait quelqu'un d'autre dans la maison.

« Je sais qu'il peut être difficile, reprit Gretchen. Depuis que son père... est parti... il est, euh, agressif. » Il y eut un autre silence. « A vrai dire il a toujours été agressif. Mais c'est un garçon intelligent, et il a tellement à offrir. »

Miranda ne savait absolument pas quoi dire. Elle espérait que Gretchen n'allait pas se mettre à pleurer.

« Pourriez-vous... pourriez-vous envisager de le reprendre dans votre cours ? » Elle baissa la voix. « C'est juste qu'il faut qu'il ait une occupation cet été sinon il va faire des bêtises, je le sais, et je n'arriverai pas à faire face... ce serait trop... » Gretchen se tut.

« Est-ce qu'il veut réintégrer le cours ? demanda Miranda. Ça m'étonne, vu la façon dont il est parti.

— Jason ! » appela Gretchen. Les deux femmes se regardèrent mutuellement tandis qu'un pas lourd, de plus en plus proche, se faisait entendre. Le garçon apparut dans l'embrasure de la porte, massif et renfrogné. « Jason, dit à nouveau sa mère, répète à Miranda ce dont nous avons parlé.

— Je regrette de m'être laissé emporter, zézaya-t-il, sa langue peinant pour former les mots. J'aimerais revenir en classe si vous le permettez. »

Sa figure était rouge, épaisse ; il y avait quelque chose de dangereux lové en lui. Enfin voyons, se dit Miranda, c'était parfaitement ridicule d'avoir peur d'un gosse de dix-sept ans... « Ça ne se reproduira pas ? demanda-t-elle, la poitrine oppressée.

— Non, répondit-il en haussant les épaules. Je ne voulais pas contrarier qui que ce soit.

— Vous voyez ? » Gretchen eut un pâle sourire plein d'espoir.

« Oui. » Cette maison était horrible. Miranda avait hâte de s'en aller. Elle se leva, secouant ses mains comme pour en faire partir une odeur. « Je vais vérifier auprès des autres, dit-elle en se dirigeant vers la porte. Mais je suis sûre que ça ira. »

Une fois dehors Miranda se mit à courir et elle ne s'arrêta qu'après avoir tourné au carrefour et laissé derrière elle la rue des Mills. C'était comme de sortir au soleil après avoir séjourné à l'ombre d'un lieu humide et froid.

*

Il faisait chaud cet après-midi-là, tellement chaud que Mary ne se déplaçait que tout doucement dans la cuisine, les paupières lourdes comme de la pierre. Il n'y avait pas de vent. Elle respirait superficiellement. Ça faisait peut-être cet effet-là d'être hypnotisé. Un oiseau passa devant la fenêtre côté sud puis réapparut, dessinant une traînée sombre sur le ciel blanc derrière la vitre à sa droite, comme s'il volait en cercle autour de la maison. Mary s'assit à la table de la cuisine et promena sur ses poignets un glaçon en train de fondre. Elle avait vécu au même endroit toute sa vie. Et pourtant elle n'avait conscience d'aucune continuité, d'aucun affermissement progressif de son identité. Son passé lui semblait au contraire fragmenté, comme une série de fenêtres distinctes devant lesquelles elle aurait volé jadis à la manière de cet oiseau. Elle se revoyait, toute jeunette dans ses bas nylon, en route pour la grande ville. Et elle se revoyait, plus jeune encore, plaquée contre la portière du camion de lait pendant que le chauffeur glissait sa main à l'intérieur de son chemisier. Et plus tard, dégoulinante de sueur, à crier alors que Julia venait au monde, et puis plus tard, à regarder Martin savonner la voiture par une journée aussi torride que celle-ci. Et puis, avant, cette autre voiture, son capot embouti comme si elle avait reçu le coup de poing d'un géant : la voiture dans laquelle ses parents avaient trouvé la mort. L'aventure, la peur, l'amour, le désir... comment avait-elle pu les connaître ? Elle qui n'avait jamais gouverné sa propre vie, du moins pas de la façon dont elle avait rêvé autrefois.

Ses copines de lycée, celles aux capacités prometteuses, avaient toutes quitté la ville dès qu'elles l'avaient pu. Elle avait eu cette intention elle aussi. Mais il n'y avait eu que ce voyage avorté. Il lui manquait quelque chose – la véritable volonté de le faire –, et puis Julia l'avait enchaînée ici comme une chèvre dans son enclos en bordure de route. Certes, elle pouvait parcourir en tout sens son petit périmètre d'herbe piétinée, mais pas question de se risquer au-delà. N'étant pas de la race des aventurières, elle se retrouvait plantée là, en rade. Avec pour seule compagnie féminine les épouses des copains de bar de Martin, et cette rombière ridicule du centre communal. Et elle avait trente-six ans... Elle n'était pas morte dans un accident de voiture. Elle pouvait en avoir encore pour aussi longtemps à vivre.

Un autre oiseau noir passa devant la fenêtre, tout près du carreau, ombre aussi soudaine que fugitive. Peut-être était-ce le même qui continuait à tournoyer. Julia allait partir. Elle le sentait comme un tiraillement au fond de son ventre, comme cette douleur mensuelle inéluctable. Elle allait devoir soutenir sa fille, l'encourager, et ce en toute sincérité. Elle allait devoir être sincère. Elle allait devoir lâcher prise. Mary se mit debout, fermement, et alla prendre une éponge sur l'évier. Il y avait de l'eau partout sur la table. Ce genre de pensées ne lui ressemblait pas...

Ce soir-là des nuages orageux en provenance des plaines encerclèrent la ville. L'humidité augmenta : dans les chambres à coucher étouffantes, les gens reposaient nus couverts d'un simple drap ; ils étaient assis près d'un ventilateur avec un mouchoir trempant dans de l'eau glacée à côté d'eux ; ils buvaient du gin sur leur véranda et sentaient leur peau moite se dissoudre dans cet air épais comme de la soupe. Le ciel noir crépitait, gorgé d'électricité et de pluie contenue. Dans l'appartement de Chicky, les trois amies, en nage, jouaient aux cartes, somnolant à moitié. Chez eux au premier étage, Mary et Martin se délassaient ensemble dans un bain tiède, des bougies et de l'huile de lavande brûlant autour d'eux. Dans la maison de Hunter, l'image du téléviseur noir et blanc se dilatait et se rétrécissait en silence ; Hunter buvait de la vodka sur le canapé tout en lisant *Le Dernier Médicis* ; en arrière-fond, Chet Baker chantait. Quand le téléphone sonna, il se leva pour y répondre, surpris de constater qu'il était déjà très flageolant sur ses jambes.

« Hunter ? »

C'était elle, Miranda, la femme de la grande ville. « Oui. »

Elle avait peur, toute seule sous ces lourds nuages qui n'arrêtaient pas de gronder. « Je suis désolée. C'est idiot je sais. Mais il y a eu un bruit dehors, et ce type dans la rue... Je me suis dit qu'il m'avait peut-être suivie cet après-midi.

— Ça ne fait rien. Vous avez seulement besoin de quelqu'un à qui parler.

— C'est que, en fait... » Il y eut un bref silence. « Je me sens vraiment seule et cet endroit me donne le cafard. Je me demandais si je pourrais venir vous voir. »

Il baissa les yeux sur le tableau qu'il offrait, avec son jean tout froissé et ses chaussettes pleines de trous. « Euh... Bien sûr. Mais, et le type dans la rue ? »

Cette fois le silence fut plus long.

« Oh ! fit-il enfin. Dites, et si je passais à pied vous chercher ? »

Hunter se réveilla alors que le jour se levait dans la chambre, l'esprit miraculeusement clair. Elle était là, ses cheveux d'ébène déployés sur l'oreiller blanc à côté de lui, son visage de porcelaine semblable à une des poupées d'enfance de Rachel. Une bouffée de bonheur lui envahit la poitrine : lui, qui était seul depuis tellement longtemps, était ici avec elle. Ils avaient marché ensemble dans la moiteur de l'air nocturne, le tonnerre grondant autour d'eux et les éclairs striant l'horizon. Ils avaient marché à travers la ville, passant devant la fontaine du quartier commercial, devant les magasins aux stores baissés, devant la banque où il travaillait, et jusqu'à sa maison. Et tout avait un aspect différent, inconnu et menaçant, comme recelant à l'intérieur un mystérieux message. Ils avaient discuté de livres, et des endroits où ils avaient envie d'aller, et il avait réussi à la faire rire. Ils avaient poursuivi la discussion sur sa véranda : il lui avait préparé de la vodka-lime, elle avait soufflé sa fumée de cigarette dans la nuit épaisse, ils avaient bu et discuté, et encore bu et discuté mais la pluie n'était jamais venue, et bientôt le bras de Miranda s'était pressé contre le sien, là dans la touffeur environnante. A travers sa manche de chemise, il avait senti la chaleur de sa peau nue, puis ils avaient continué à boire, puis le bras de Miranda avait bougé, et puis ils s'étaient embrassés.

Dans le lit avec Miranda, il l'avait écoutée parler, sa voix joliment modulée et ses voyelles arrondies résonnant avec douceur dans la pénombre. Depuis combien de temps n'avait-il pas été allongé auprès de quelqu'un à l'écouter parler ? Pourtant il s'avéra incapable de rester tranquille. Il fallut qu'il aille à son placard chercher une bouteille de vin qu'ils se repassèrent pendant qu'elle parlait. Si elle jugeait insolite de garder du vin dans une armoire, elle n'en dit rien sur le moment. Elle était en train de lui poser des questions sur les gens des environs.

« Ah ! Gretchen... Tu as donc fait la connaissance de Gretchen.

— Ce nom, on dirait une maladie de peau... » chuchota-t-elle. Il éclata de rire. « Elle m'a l'air assez seule.

— Elle l'est. » Il se rendit compte en le disant que c'était vrai.

« Je parie qu'elle a un faible pour toi.

— Je ne crois pas.

— Sans blague, je te parie que si. Bien sûr que oui. Je parie que c'est le cas de toutes les dames solitaires. »

Il se demanda s'il avait été très mauvais au lit. Peut-être était-ce pour ça qu'elle essayait de le faire valoir. « Je ne suis pas un tombeur, protesta-t-il.

— Ce n'est pas ce que je veux dire. Mais les dames solitaires aiment bien les hommes mystérieux de toute façon.

— Je ne suis pas mystérieux. »

Elle se tourna vers lui, portant la bouteille à sa bouche, et dans la lumière cendrée il aperçut un mince filet de vin rouge qui coulait de ses lèvres en une traînée sombre. Elle avala le liquide. « Tout le monde a un petit secret », dit-elle.

A présent, au point du jour, il se demandait s'il se sentirait aussi lucide tout le restant de la journée. Il avait du mal à y croire ; cela faisait des années qu'il ne s'était pas réveillé avec cette sensation-là. Malgré les bouteilles de vodka et de vin et le peu de sommeil, ses idées étaient claires, sa respiration facile, bref il était euphorique. « Miranda. » C'était un nom magnifique.

Elle remua. « Hmm ?

— Miranda. »

Les yeux de la jeune femme s'ouvrirent doucement et il remarqua leur vert intense, ces iris éclatants et ces toutes petites lignes violettes autour de chaque paupière.

« Miranda. » Il se pencha pour l'embrasser. Elle s'étira et sourit. « Tu vas faire quoi aujourd'hui ?

— Préparer mes cours, j'imagine. Pour le groupe. Et toi ?

— Rachel doit faire quelque chose avec une des filles. Je vais sans doute lire.

— Qu'est-ce que tu es en train de lire ?

— Un tas de trucs. Des bouquins spécialisés, tu sais, il en sort sans arrêt, des bouquins qui traitent des tomates ou des chansons d'amour, ou de l'histoire secrète des boutonnières... » Il lui sourit. « J'attends la sortie du bouquin spécialisé qui traite des bouquins spécialisés. Peut-être que je devrais l'écrire, j'en ai lu suffisamment. Demande-moi tout ce que tu veux savoir sur la coriandre. Absolument tout ce que tu veux. »

Elle rit, et posa un baiser sur son bras. « Il faut que j'y aille, dit-elle.

— Est-ce que... est-ce que ça te dérangerait si. » Il ne voulait pas la vexer. La peau de son crâne, sous cette chevelure noire, était tellement pâle qu'elle était presque bleue, comme la peau d'un chat. Il fit courir un doigt à la naissance de ses cheveux. « Puisque tout le monde a un secret, est-ce que celui-ci pourrait être le nôtre ? Vois-tu, c'est que, Rachel... » Il ne savait pas comment terminer. Mais Miranda sourit à nouveau.

« Bien sûr, dit-elle, et lorsqu'elle s'assit dans le lit pour se rhabiller, il trouva tout à fait normal de se détourner. Bien sûr. »

La sensation de lucidité subsista en effet quelque temps. Elle subsista pendant que Hunter se tenait sous la douche, émerveillé que cette splendide jeune femme – yeux verts, cheveux noirs, une créature tout droit sortie d'un conte celtique... – ait passé la nuit avec lui. Eh oui, la fille de la grande ville aimait bien ses histoires, elle riait de ses blagues, murmurait sous ses baisers. Il y avait si longtemps... il aurait aimé que cela lui suffise, il aurait tellement aimé, il aurait tellement aimé que cette chose merveilleuse et stupéfiante qui venait de lui arriver, dans cette maison, lui suffise. Tandis qu'il se séchait, il lui sembla que l'odeur acidulée de géranium qu'elle dégageait était encore avec lui, s'élevant de sa serviette, à la fois piquante et sucrée dans l'air clair flambant neuf. Miranda, qui pouvait le sauver du monstre qu'il était devenu... Par pitié, par pitié, faites que cette chose, faites que cette femme, lui suffise. Mais pendant qu'il boutonnait sa chemise le parfum de géranium s'évapora : sa propre odeur reprit le dessus, cette odeur de transpiration alcoolisée, et ses mains se mirent à trembler. Et puis, pendant qu'il préparait le petit déjeuner de Rachel, il laissa tomber deux œufs par terre. Et puis, très vite, il ressentit un battement dans sa tête, une brûlure dans son ventre et une sécheresse sur sa langue : il en avait à nouveau besoin, bon Dieu ce qu'il en avait besoin, le conte de fées ne suffisait pas.

Elle repensa à Oliver, cette première fois. Il y avait eu ce cocktail entre collègues de la fac : des profs debout par petits groupes, à se biturer en boulottant des friands à la saucisse même pas réchauffés. Miranda n'était plus obligée de se cramponner à Margot lors de ces soirées ; elle avait le courage de ne pas déguerpir même après le départ de son mentor. Margot ne restait jamais plus d'une demi-heure, et quand elle partait elle emportait un peu de l'oxygène de la pièce avec elle. Ce soir-là se passa comme les autres : « Au revoir, au revoir », lança-t-elle à la cantonade, avant de se tourner vers Oliver. « Tu viens ?

— En fait, je vais finir ça, annonça-t-il en brandissant son verre de vin tiédasse offert par le Département d'anglais. Et puis j'ai encore un peu de travail à terminer. »

Margot haussa un sourcil. « A tout à l'heure à la maison, alors. » Elle embrassa la joue de Miranda. « Amusez-vous bien », murmura-t-elle à sa manière un peu sèche, comme si la chose était peu probable. La peau de Margot était douce contre celle de Miranda. Elle avait une odeur délicieuse – la jeune femme ferma un bref instant les yeux, humant ce parfum à fond –, puis elle disparut. Oliver, lui, était encore là.

Ils demeurèrent un long moment côte à côte tandis qu'un des professeurs entamait son laïus habituel sur les problèmes qu'il avait avec son éditeur. La salle se vida petit à petit. Souriant de son sourire de chat du Cheshire, Lionel fit le geste de composer un numéro de téléphone et chuchota : « Appelez-moi. » Bien qu'il y eût davantage de place autour d'eux, Oliver et elle restèrent tout près l'un de l'autre comme si la pièce était toujours bondée. Le professeur continuait à dégoiser, et pendant ce temps Miranda le sentait, elle sentait le courant qui passait entre eux, cette façon d'acquiescer tous deux aux propos du vieil ivrogne, de s'exclamer et de sourire sans en avoir rien à faire ni l'un ni l'autre, sans écouter le moindre mot ni l'un ni l'autre.

Les carafes de vin étaient terminées ; d'une voix pâteuse, le professeur dit quelque chose au sujet du dernier bus puis s'effondra dans un fauteuil. Tellement près, Oliver se tenait tellement près.... L'ascenseur émit son « ping », et l'homme de ménage de nuit traîna son seau et son chariot à balais dans la salle. « J'ai laissé des copies dans la salle de TD, annonça Miranda. Je vais juste les chercher. » Son dos la picotait sous l'intensité de son regard. Et lorsqu'elle passa son sac par-dessus son épaule et qu'elle se retourna, Oliver se trouvait là dans l'encadrement de la porte, il la regardait de cette manière nouvelle et il dit : « Tout le monde est parti. » « Oui, avait-elle répondu. Il est temps de s'en aller. » « Au revoir », avait-il dit alors. Mais ni l'un ni l'autre n'avait bougé. Ce ne fut que plus tard, bien plus tard, que Miranda pensa à Margot.

Le lendemain de l'aventure Hunter, Miranda passa voir Julia à la boutique d'occasions. « J'ai envie d'acheter quelque chose, dit-elle. J'ai envie de me faire un cadeau.

— Il y a de jolis bijoux là-dedans. » Julia déverrouilla la vitrine située sous son comptoir. « Des machins anciens. »

Miranda sourit. « Des vestiges de personnes disparues. Ce que je préfère. » Elle tendit un mince et long poignet vers le monceau de bracelets, de broches, de bagues et autres colifichets.

« Je peux vous demander quelque chose ?

— Tu n'es pas obligée de dire ça, tu sais.

— Désolée.

— Tu n'es pas non plus obligée de dire ça.

— C'est à propos... c'est à propos de la façon de vivre sa vie, bredouilla Julia. Il y a des fois où je me prends pour un certain type de personne, vous savez, une personne sûre d'elle, audacieuse, courageuse. Non pas que je me voue un culte ou quoi que ce soit, c'est juste qu'il y a des fois où je me sens vraiment forte.

— Et d'autres fois ? » Sur une bague, un péridot étincelait au soleil : il avait presque la couleur des yeux de Miranda.

« D'autres fois j'ai l'impression d'être une personne

d'un genre complètement différent. J'ai peur des choses. Je me rends compte que je ne sais rien et ça me fait peur.

— Tu dois suivre ta propre voie, être fidèle à toi-même. »

Julia n'arrivait pas à savoir si Miranda ne l'écoutait pas, ou bien si ce conseil était juste, et que si par miracle elle arrivait à le suivre elle se découvrirait d'incroyables facultés de discernement. En apprenant à se connaître, elle aurait enfin la clé pour comprendre tous les mystères du monde extérieur. « Vous voulez dire qu'il faut cueillir le jour et tous ces trucs-là ? »

Miranda reposa la chaîne en or dont elle était en train d'essayer de repérer les défauts. « Non, il n'est pas question d'une de ces stupides devises pour autocollants. Je ne veux pas te donner une jolie petite formule que tu pourras afficher sur ton mur de chambre et réciter avant d'aller faire les boutiques. Je veux que tu saches ce que tu veux et que tu cherches à l'obtenir coûte que coûte.

— Mais je ne suis même pas sûre de qui je suis !

— Alors tu es la fille qui ne sait pas. On est toujours quelqu'un. » Dans le coffret vitré d'à côté, une pile d'anneaux métalliques attira l'attention de Miranda : « Je peux les voir ? » demanda-t-elle. Ils lui faisaient penser à Anna Harker, une collègue de son père qui venait parfois chez eux quand Miranda était petite. Elle arrivait de temps en temps pour l'apéritif, mais ne restait jamais au dîner. Elle était toujours seule, et Miranda se demandait si c'était la raison pour laquelle elle ne restait jamais. Le plan de table de sa mère était chaque fois conçu pour six, huit, ou dix invités, entassés dans la petite salle à manger. Un nombre impair de convives autour de la table aurait, semble-t-il, chambardé toute la maison.

Le père de Miranda l'appelait parfois « l'Aboyeuse », à cause de sa voix criarde et éraillée. Mais tout le reste chez Anna était distingué : ses tenues bleues aux reflets soyeux, la peau crémeuse de son visage à la Modigliani, ses cheveux, aussi splendides et noirs que ceux de Miranda. Anna Harker n'était pas belle et elle n'était certes pas jolie, mais elle était la seule personne que Miranda avait envie de contempler lorsqu'elle était dans la pièce. Un jour elle avait regardé dans le miroir de la desserte pendant que son père préparait un vermouth pour Anna Harker. Il se tenait penché au-dessus des rondelles de citron et des glaçons ; quelques pas derrière, Anna l'observait ; et puis encore derrière, il y avait Miranda. Trois superbes crinières noires en enfilade. Ils auraient pu être une famille. La mère de Miranda était soudain entrée dans la pièce : petite, elle avait des cheveux de miel et était sans doute ce qu'on appelait jolie. Souriant avec nervosité, elle apportait une assiette de vol-au-vent, et le charme avait été rompu.

Une autre fois – elle devait avoir dix ou onze ans –, Miranda était en train de faire circuler des petits-fours, et elle s'était arrêtée, clouée sur place, devant Anna Harker. D'un mouvement du poignet, Anna avait refusé les bâtons de céleri fourrés au fromage aux noix que lui tendait Miranda. Ses ongles étaient peints d'un givre nacré, et quand elle avait remué la main, un frais cliquetis de grelots s'était élevé des bracelets en argent qui lui ceignaient les avant-bras. Miranda avait contemplé son long visage pâle et pensé à la Sorcière Blanche dans les livres de Narnia*. A ce moment-là Anna lui avait dit, aussi bas que sa voix râpeuse le lui permettait : « Tu ne seras jamais une beauté. Mais tu seras peut-être intéressante. »

Le tintement de ces bracelets – le frisson qu'ils lui avaient causé le long de l'épine dorsale –, voilà le souvenir qui lui revint en apercevant la série d'anneaux dans le coffret-vitrine de la boutique. « Je peux les voir ? » redemanda-t-elle à Julia, sans quitter des yeux leurs minces tortillons, leurs arêtes ciselées. Julia attrapa la deuxième clé, déverrouilla le loquet puis souleva le lourd couvercle de verre.

« Ça m'évoque tant de choses », dit Miranda en souriant tandis qu'elle s'emparait des bracelets tout froids.

---

* *Les Chroniques de Narnia*, de C.S. Lewis. Chroniques enfantines en sept volumes se déroulant dans un pays imaginaire créé par le pouvoir du chant d'un lion (*NdT*).

Elle les enfila à son poignet – ah, ce fameux cliquetis ! – et elle tourna la main de-ci de-là afin de sentir le contact du métal sur sa peau. « Une sorte de fétiche... quelque chose qu'une esclave pourrait porter. » Sous la pâle lueur du soleil, ils brillaient d'un éclat tapageur. Miranda eut un autre sourire, cette fois à l'adresse de Julia qui la regardait d'un air déconcerté. La jeune fille se demandait si la remarque de Miranda avait une signification sexuelle – les fétiches avaient bien cette valeur-là ? – et s'en voulait de se sentir gênée à cette idée. Les yeux de Miranda étaient impénétrables : elle était de retour dans le salon surchargé de ses parents, avec l'odeur du gin, le sifflement du tonic, le lourd plateau de petits-fours dans ses mains, et les yeux encore plus lourds d'Anna Harker qui n'avait, d'après elle, pas grand-chose d'une esclave.

*

Les mains dans l'eau de vaisselle, Mary se demandait combien ils étaient comme elle, après un dîner, à proposer de débarrasser afin de pouvoir s'échapper. Malgré la chaleur qui régnait dans la cuisine, elle était soulagée de ne plus être à table sur la véranda, à attendre que Candice ait fini de picorer sa salade de fruits, et à contempler les rondelles de banane brunies que Martin avait laissées dans sa coupe. La porte moustiquaire grinça et le mari de Candice entra dans la cuisine. « Où puis-je trouver un torchon ?

— Oh ! ne vous embêtez pas. On va laisser égoutter... »

Il ouvrit le troisième tiroir en partant du haut et en sortit un torchon. Mary, dont le regard était fixé sur le dahlia en train de se faner dans un vieux pot de moutarde sur l'appui de fenêtre, se rendit compte qu'elle ne se rappelait plus le prénom du mari de Candice. Phil ? Mark ? Candice et... Damien ? Elle déraillait. Peut-être était-ce de la sénilité précoce. Ses parents étaient morts jeunes ; elle ne saurait jamais comment ils auraient pu vieillir. Si ça se trouve, aujourd'hui, elle s'occuperait de deux rêveurs ahuris qui auraient passé les derniers jours écoulés à s'offrir inlassablement des tasses de thé en oubliant de brancher la bouilloire. L'eau refroidissait et la vaisselle s'empilait sur l'égouttoir à côté d'elle tandis que le mari de Candice se tenait derrière elle, torchon à la main, sans rien faire. Elle essaya de se concentrer sur son prénom mais n'arriva à visualiser qu'une tache noire. Le refus de sa mémoire à dévoiler ce simple mot – Andrew ? *Andrew ?* – non – lui donnait envie de rire. Il était excitant de se dire qu'elle avait pu vivre trente-six ans dans ce même patelin et s'avérer incapable de se souvenir du nom de quelqu'un. Ça avait quelque chose de libérateur. Qu'est-ce qu'elle savait de ces gens-là, de toute façon ? Cet homme était un collègue de Martin ; ils étaient plus âgés ; lui avait fait un séjour en prison ; il y avait les mots *love* et *hate** tatoués sur ses phalanges ; Candice avait la peau du décolleté fripée et piquetée d'éphélides ; ils n'avaient pas d'enfants.

« Pourquoi n'avez-vous pas eu d'enfants ? » demanda-t-elle à haute voix.

Il y eut un temps d'arrêt. Le mari de Candice reposa son torchon et sortit une cigarette de son paquet. « On n'y a jamais pensé.

— Candice n'en voulait pas ? »

Une allumette grésilla dans le silence. Le bout incandescent de la cigarette faisait paraître la pièce encore plus étouffante.

« Elle a un... euh... les trompes bouchées ou quelque chose comme ça. Alors on ne s'est jamais posé la question.

— Ah...

— Vous faites du café ? cria Martin depuis la véranda.

— Je suis désolée.

— On ne raffole pas vraiment des enfants. Et puis, c'est trop de boulot. Tenez, par exemple, est-ce que vous savez où se trouve votre gamine ce soir ? »

---

* Amour et haine, les mêmes tatouages que ceux de Robert Mitchum dans *La Nuit du chasseur*, un film de Charles Laughton (*NdT*).

Mary retira le bouchon de l'évier. L'eau s'écoula avec un gros bruit de succion. Le mari de Candice se pencha et promena sa main sur la courbe de ses fesses. Sans se retourner, Mary s'écarta. Aaron... Bon sang, mais oui ! Aaron quitta la pièce.

Il était tard, et on avait l'impression qu'il était plus tard encore, quand Aaron et Candice rentrèrent chez eux et que Mary et Martin se mirent au lit. Observant les ombres au plafond, Mary sentait que sa peau se ramollissait autour de sa mâchoire.

« Les mainates sont encore là.

— Ouais, répondit Martin, à moitié endormi. Au moins les chauves-souris sont parties dans le tulipier.

— Tu te souviens de l'été où ils sont arrivés, quand Julia était bébé ? Tu te rappelles comme ils imitaient ses cris ?

— C'était un été dégueulasse.

— Elle était tellement mignonne, comme bébé.

— Au moins, ils éloignent les chauves-souris.

— Il n'est pas trop tard pour en avoir un autre. Je suis encore jeune, en fait. »

Martin retourna son oreiller. « Bon Dieu, ce qu'il fait chaud.

— Martin ?

— Allons, j'ai eu une vasectomie.

— Ce n'est pas irréversible.

— On a déjà parlé de ça. » Il se déplaça un peu et lui posa la main sur la hanche. Elle pensa à Aaron, puis ne pensa qu'à Martin à mesure que le contact de sa paume la réchauffait.

« Je veux un autre bébé », dit-elle.

Sa main bougea. « Et si on se contentait de faire comme si ? »

« Je déteste ces mainates », annonça Mary le lendemain. Tous les événements de la nuit précédente étaient frais dans son esprit. Elle versa des céréales dans un bol qu'elle tendit à Julia. « Avec leurs cris et leurs grognements, et leur manie de la communauté. »

Martin appuya ses doigts contre l'arête de son nez. « Tu veux que je prenne quelque chose pour le dîner ? Je dois racheter une rallonge, je pourrais passer chez le boucher par la même occasion.

— Du poulet, ce serait super.

— Je peux faire la cuisine, maman, dit Julia. Je vais faire la cuisine.

— Non, attends... Je dîne avec Miranda ce soir. Alors toi et Julia vous n'aurez qu'à faire réchauffer quelque chose.

— Très bien, dit Martin, dans ce cas ce sera hamburgers. » Il caressa le menton de Mary. « Alors comme ça on sort faire la bringue ? »

Pour la millième fois, elle regretta qu'il ne prête pas davantage attention à sa fille. « Eh oui, répondit-elle.

— Au fait, dit Julia. Je viens de me souvenir. Moi aussi je sors. »

Une fois dans le groupe de Miranda, il leur devint moins facile à tous de se moquer de leurs distractions respectives. Pendant des années Julia, Chicky et Rachel s'étaient tenues à l'écart des caïds de l'école, même si, en sortant avec Johnno, Chicky s'en était rapprochée. Là, tandis qu'elles coupaient par le haut du parc pour rejoindre le quartier commerçant, elles adressèrent un signe de la main aux deux Jason et à Lewis, ainsi qu'aux autres garçons assis sur les souches des arbres à fumer des cigarettes. Jason Mills agita une bouteille dans leur direction. Les filles s'entreregardèrent, puis obliquèrent vers eux.

« On va se faire la route du pont, annonça l'autre Jason après un moment passé à racler le sol du pied en buvant de la bière tiède. Vous voulez venir ? »

Rachel haussa les épaules. « Je me suis toujours demandé ce que, vous autres les glandeurs, vous faisiez de votre temps. »

Ce qu'ils firent, en l'occurrence, ce fut reculer un pick-up contre le mur en béton sous les fils téléphoniques. Lewis versa du gasoil sur le bout de route qui allait du pont vers nulle part. Après un échange concernant la capacité d'un pauvre naze comme lui à y arriver, un des Jason s'installa au volant. Il lança le pick-up sur la flaque de gasoil, joua avec l'embrayage et poussa des cris excités lorsque les roues patinèrent et qu'une grosse fumée commença à s'élever sous les pneus.

« A qui il est, cet engin ? » demanda Julia.

Jason Mills regarda Lewis à travers le nuage de fumée et gloussa. « Un type qui l'a déposé chez le carrossier la semaine dernière, zozota-t-il. Il est toujours pas venu le récupérer, hein mec ?

— Non, répondit Lewis, tirant sur sa cigarette. Il doit passer demain. »

Jason gloussa à nouveau. La fumée de gasoil flottait au-dessus de leurs têtes ; une odeur de caoutchouc brûlé imprégnait l'atmosphère ; dans le pick-up, l'autre Jason s'amusait à changer les vitesses. Lewis plissa les yeux de dessous son bonnet. Il regarda longuement Julia. Elle éclata de rire.

Ensuite, ils sortirent un entonnoir et un morceau de tuyau d'alkathène. Johnno apparut en haut de la colline de gravier sur son vélo et se mit à pousser des cris joyeux tout en pédalant autour de Chicky, ses bras pendant avec décontraction le long de ses flancs.

« Pour dégorger ton poireau, mec ! cria Jason Mills.

— La ferme. » Lewis tenait une extrémité du tuyau, qu'il bouchait avec son pouce. « Allez, viens. »

Jason se hissa sur la plate-forme du pick-up et, au moyen d'une grande bouteille de bière, il remplit à ras bord le tuyau et l'entonnoir que personnalisaient des autocollants de skate-board. Par terre en dessous, Lewis porta à ses lèvres sa propre extrémité du tuyau, en ôta son pouce et commença à siphonner, levant lentement le poing en un salut triomphant tandis qu'il vidait les dernières gouttes de bière.

Plus Julia buvait de bière, plus le sentiment d'être en train de trahir quelque chose la quittait. Les garçons persuadèrent Chicky d'essayer de boire au tuyau, et ils l'acclamèrent lorsque le liquide ambré déborda sur les côtés, inondant sa figure et son T-shirt. Johnno, qui continuait à pédaler sans les mains, retira son débardeur et le lui donna. Elle alla se cacher derrière le camion pour se changer et Johnno la suivit à vélo. Rachel prit appui sur Julia : elle ne se tenait plus de rire. Lewis s'éloigna des autres pour se poster à la lisière des grandes herbes folles après le gravier. Il resta là-bas à réfléchir, ou à faire mine de réfléchir. Julia, qui l'observait, envisagea de le suivre, mais ce n'était pas une démarche évidente. Le soleil s'étant couché, Lewis revint d'un pas tranquille et ils reprirent leurs jeux à boire, enchaînant Whiz Boing, Fuzzy Duck et Mexican*.

« Tu vas rentrer chez toi ? » lui demanda Rachel à un moment donné. Julia et elle étaient allongées sur les pierres dures comme elles le faisaient depuis tant d'années, sauf qu'aujourd'hui elles étaient avec ces types qu'elles n'avaient jamais vraiment côtoyés avant, et que c'était la nuit et qu'il y avait des étoiles dans le ciel. Lewis avait fait un feu. Johnno et Chicky étaient partis depuis longtemps.

« Je suppose que oui, répondit Julia. On marche ?

— D'accord », acquiesça Rachel, juste avant de s'endormir.

Jason Mills s'assit à côté de Julia et lui enlaça la taille. Elle sentait le poids de son bras contre son dos. « Est-ce que tu es soûle ? » zézaya-t-il. Il postillonnait et son haleine était chaude.

Elle l'était, mais elle secoua Rachel et se mit debout. « Allez, on s'en va, dit-elle en tirant sur le bras tout flasque de son amie.

— Ne pars pas », dit Jason.

Julia regarda Lewis de l'autre côté des flammes orange du petit feu de bois : son bonnet de laine rayé et ses dents écartées paraissaient un peu flous dans la lumière dansante. Il était silencieux. Pendant ce temps, Jason se

---

* Jeux très prisés en Nouvelle-Zélande consistant à lancer tel ou tel défi et à boire une gorgée d'alcool après chaque réponse, le but étant de se soûler (*NdT*).

cramponnait à son mollet : ce n'était pas grave, elle pouvait se débrouiller, mais ce n'était pas si anodin. « Ne pars pas », répéta Jason. Il était grand et rouge et sa poigne était forte. « Allez, reste.

— Quoi ? » Rachel se réveilla.

« On s'en va », dit Julia.

« Bonjour, vous. » Hunter embrassa sa fille sur la joue. « J'ai l'impression de ne pas t'avoir vue depuis des siècles. Tu as dû rentrer tard hier soir.

— Ouais. » Elle contemplait les œufs au bacon de son père, le cœur barbouillé. Hunter, d'habitude, ne se cassait pas la tête avec la nourriture ; elle non plus, d'ailleurs. « Comment ça se fait que tu te tapes toute cette graisse ?

— Tu sais, tu es très maigre. Je sais bien que tout le monde trouve que tu es la plus jolie fille de la ville, mais est-ce que tu es sûre de manger suffisamment ? »

Rachel roula des yeux. « Qui est-ce qui trouve que je suis la plus jolie fille de la ville ?

— Moi. Et Miranda m'a dit que tous tes copains le pensaient aussi.

— Miranda ? Tiens... est-ce que tu la connais ? » Elle regardait Hunter avec une fascination nauséeuse tandis qu'il tartinait son toast de jaune d'œuf et de ketchup.

« Eh bien, elle est passée m'emprunter des cartes de géographie pour son cours.

— Quelles cartes ? Mais enfin de quoi tu parles ? » Le téléphone sonna. « Oh, bon Dieu, est-ce qu'il est obligé de sonner si fort ? »

Hunter alla décrocher le plus vite qu'il put. « Allô ? Oh. Steven. Salut. »

*

Très concentrée, Julia marchait sans rien voir en direction du parc. Elle pensait à tenir sa colonne bien droite, ses pieds bien dans l'axe, balançant ses bras légèrement à contretemps par rapport à ses jambes. Miranda avait indiqué du doigt Mme Hammond cet après-midi-là en ville. La vieille dame discutait avec le marchand de journaux : son cou était tout tordu sur ses épaules voûtées, de sorte qu'on voyait son visage.

« Les gens riches ne sont jamais comme ça », avait déclaré Miranda alors qu'elles faisaient semblant d'examiner les annonces de chats perdus dans la vitrine. Julia observa la vieille dame à la dérobée. Il lui arrivait de lui donner le bras quand elle la rencontrait dans la rue, encore que, les deux dernières fois, elle avait changé de trottoir pour éviter la démarche traînante de Mme Hammond dans ses pantoufles avachies. Elle se sentait coupable quand elle faisait ça, elle avait honte de son pas jeune et élastique et de son manque de patience. Elle s'était sentie tout aussi coupable devant le marchand de journaux, à espionner la vieille dame pendant que celle-ci se battait avec le fermoir de son sac.

« Je vais te dire ce que tu es en train de penser. » Miranda continuait à regarder la vitrine. Elle s'exprimait sur un ton averti mais neutre quand même. Une bouffée de curiosité envahit Julia comme un élan de désir.

« Quoi ? » demanda-t-elle. Il y eut un silence. Elle aurait aimé être plus calme, plus pondérée.

« Tu es en train de te dire, reprit enfin Miranda, que tu ne veux pas devenir bossue et vieille dans ce trou perdu. Tu es en train de te dire que cette femme est idiote d'avoir passé sa vie ici, d'être devenue courbée comme ça. Tu as pitié d'elle et tu as peur d'elle. »

Un autre silence. Oui, se dit Julia, Miranda devinait ce qu'elle pensait avant même qu'elle ne le pense. Elle n'avait pas bien su, jusqu'à cet instant, ce qu'elle craignait exactement. Miranda avait sans doute raison. Elle avait raison en tout, absolument tout. Mais si c'était la vérité, si Mme Hammond était stupide, et mauvaise, alors qu'était-elle censée faire, comment pouvait-elle s'en sortir ?

Miranda lui lança un coup d'œil et éclata de rire. « Tout est dans la colonne vertébrale. C'est le maintien qui fait tout. »

Elle attrapa le poignet de Julia et commença à l'entraîner dans la rue, à l'écart de la boutique et de la dame voûtée, riant encore à moitié. « Le port, dit-elle en souriant, la prestance. Sais-tu que tu marches les pieds en dedans ? Ton pied gauche est tourné vers l'intérieur. »

Miranda l'avait étudiée. Julia rougit de gratitude.

« Allez, viens, dit Miranda, c'est l'heure d'une nouvelle leçon. Rien que pour toi. Je n'ai pas le courage de m'occuper des autres. »

Plus tard, alors qu'elle s'entraînait dans sa chambre un livre posé sur la tête comme le lui avait montré sa nouvelle amie, marchant, tournant, s'asseyant et se tenant bien droite, Julia repensa au sourire de Miranda. Lent, mystérieux, et comme brûlant d'un feu invisible. Elle laissa le dictionnaire dégringoler sur le lit, se posta devant le miroir et s'examina. Son visage n'avait rien de particulier. Le maximum qu'on pût dire sur ses yeux était qu'ils avaient une forme d'yeux. Un nez en forme de nez, une bouche, des dents à peu près droites. Elle regarda la fille dans la glace avec mauvaise humeur. Rien d'intéressant ne pourrait jamais arriver à quelqu'un doté de traits aussi réguliers.

*

« L'exercice physique, annonça Miranda au groupe, peut incroyablement favoriser l'introspection et la réflexion. Est-ce que l'un de vous l'a déjà constaté ? »

Elle avait désormais l'habitude du silence gêné qui suivait la plupart de ses questions générales. Danny – dont le débardeur révélait des bras rondouillards qui montraient déjà aux épaules certains signes de pilosité – donna un coup de coude à un des Jason. Ils s'inclinèrent l'un vers l'autre et un petit rire aigu s'échappa de la bouche molle de Jason. Miranda se demanda s'ils avaient quelque chose d'amusant à dire ou s'ils riaient simplement du silence de plus en plus pesant qui semblait paralyser tout le monde dans la pièce. Dans le calme environnant, Miranda se sentit soudain atrocement seule. Des grains de poussière étaient en suspension dans le soleil qui filtrait à travers la vitre sale. Il régnait une odeur de vieux bois et de chaussures de sport.

« Quand vous nagez... dit-elle, au désespoir. Vous ne vous êtes jamais sentis complètement concentrés, l'esprit en paix, quand vous nagez ? »

D'un seul coup l'atmosphère sembla s'épaissir. Danny éclata d'un rire nerveux, Jason Mills gloussa bruyamment, et dans le même temps une des filles quelconques – comment s'appelait-elle ? – repoussa sa chaise et quitta la pièce en courant. Les autres restèrent silencieux et immobiles, hormis Julia qui donna un coup de pied dans la chaise de Jason en disant : « La ferme », et Rachel, qui dévisagea Miranda durant trois secondes avant de se précipiter à la poursuite de la petite binoclarde coincée.

« Bon... » Miranda regarda autour d'elle. Il n'était pas question qu'elle lâche prise. « Qu'est-ce qui se passe ? »

Le silence se prolongea. « Allez, dit Miranda, en prenant Julia pour cible. Explique-moi. »

Julia s'éclaircit la gorge et ignora Chicky qui s'était mise à se tapoter les genoux du plat de la main. « Nous avions une piscine, commença-t-elle, mais ils l'ont fermée. »

Une partie de la tension ambiante se dissipa, comme de l'air s'échappant lentement d'un ballon.

« Pourquoi ? demanda Miranda, d'une voix douce.

— Une fille est morte. » Julia se racla à nouveau la gorge. « Emma-Marie McCabe, elle est morte à la piscine. »

Un drôle de ricanement perçant sortit de la gorge de Jason Mills. Il toussa, puis déglutit.

Miranda fit un signe de tête vers la porte où la fille avait disparu. « Euh... c'était la sœur de Carol-Anna ?

— Elles étaient jumelles.

— Ça s'est passé quand ?

— Il y a trois ans.

— Et elle s'est noyée ? »

Julia acquiesça, les yeux baissés. Danny prit la parole ; sa voix était grave et sonore. « On a mis quinze jours à la trouver, vous comprenez, c'était l'hiver et la piscine était fermée, en fait elle était sous la bâche. » De toute évidence, ces détails l'émoustillaient.

« T'es lourd, Danny.

— C'est la vérité.

— Et donc, demanda Miranda, la piscine n'a jamais rouvert ?

— Ses parents... ils ont demandé qu'elle reste fermée.

— Résultat, vous n'avez nulle part où aller vous baigner. »

Certains haussèrent les épaules. Jason Mills se mit à fredonner. Par la petite fenêtre en hauteur, il regardait la cime des arbres.

« Déjà que cette ville ne vous offre pas grand-chose comme activités... dit Miranda. C'est totalement absurde de se raccrocher à une tragédie comme celle-là, de refuser qu'il en sorte quelque chose de bien. »

Rachel apparut dans l'encadrement de la porte. « Hum... excusez-moi. Carol-Anna dit qu'elle est désolée, mais elle est rentrée chez elle. »

« Je présume que vous êtes au courant. » Miranda se trouvait chez Gretchen, dans sa cuisine qui sentait à la fois le pot-pourri et les choux de Bruxelles. La maison n'était pas moins déprimante que la fois d'avant, mais là, c'était la colère de Miranda qui la faisait rester. « Je vous croyais responsable du centre communal.

— Eh bien oui... Mais... Pour respecter les souhaits de Deirdre et d'Alan, nous... Eh bien... Ça nous a semblé. Un acte de solidarité.

— Mais cette fixation sur la mort, cette étroitesse de vues... C'est insensé. Vous ne pouvez pas faire quelque chose pour changer ça ? »

Gretchen essuya une tache de crème de sésame sur son T-shirt. « Voyez-vous, il faudrait que je demande aux McCabe, mais l'année dernière Mary avait déjà évoqué la question lors d'une réunion du conseil et malheureusement ils étaient encore très à vif. Voilà.

— Mais enfin, il fait une chaleur épouvantable et les gamins n'ont nulle part où se baigner. L'étang est pollué, la rivière est à sec, ce pays est un putain de désert aride et sans aucune vie, et sous prétexte qu'une gamine est morte tout le monde doit en pâtir ?

— Je vous en prie, ne jurez pas. »

Miranda laissa retomber ses mains le long de ses flancs, désemparée. « Je suis désolée. Mais...

— J'ai appris que vous sortiez de temps en temps avec Hunter », dit Gretchen, une expression butée sur le visage.

Oh, Seigneur... Si les gens parlaient d'elle, elle était déjà trop impliquée dans la vie de cette ville. « C'est vrai. De temps en temps. Ecoutez, Gretchen, rendez-moi un service. Retouchez-en un mot aux McCabe. Voyez si la situation a évolué de leur côté. »

Elle avait fixé à Mary un autre rendez-vous au bar. « D'où tenez-vous cette assurance ? lui demanda Mary, pleine de curiosité. Vous êtes tellement jeune. Vous n'avez jamais l'impression de manquer d'expérience ?

— Je lis beaucoup de livres.

— Les livres ne sont pas la vie. Regardez Hunter.

— Quel autre moyen de connaître le monde, dans un endroit comme ici ?

— En écoutant les gens. »

Miranda tira une bouffée de sa cigarette et plissa les yeux. « Les gens ne sont pas la totalité du monde. »

Mary haussa les épaules, paumes vers le haut, et toutes deux éclatèrent de rire.

« Julia me disait qu'elle n'était jamais allée à la mer, reprit Miranda. Est-ce que c'est vrai ?

— La mer, c'est très loin. Vous avez regardé une carte ? » Mary promena ses yeux dans le bar et soupira. Elle n'avait pas envie de polémiquer. Elle regrettait d'avoir arrêté de fumer.

« Bien sûr, bien sûr, acquiesça Miranda en souriant. Je suppose que c'est assez courant, pas vrai ?

— Autrefois, on partait en vacances. Quand les parents de Martin étaient en vie, on allait leur rendre visite à la montagne. Ils avaient un petit chalet là-bas, une cabane.

Julia adorait. Et j'ai toujours rêvé de l'emmener voir l'océan. Mais dès ses douze ans elle a pris un boulot pendant les vacances et elle a travaillé tous les étés depuis. »

Miranda fit signe au barman. « Que fait-elle de son argent ?

— Elle l'économise. D'après moi, elle a un projet de voyage. Je lui ai posé la question mais elle ne veut pas en parler, alors je n'insiste pas. »

Miranda sourit. « J'aimerais bien avoir une mère comme vous.

— Comment est la vôtre ? Elle est toujours... ?

— Oh, elle est en vie, en ce sens qu'elle respire. » Miranda haussa les épaules. « Ce n'est pas important. C'est seulement... un triste personnage.

— Et votre père ? »

Le barman leur fit glisser deux verres de scotch sur le comptoir. Le liquide avait des reflets couleur topaze sous les lumières tamisées du bar ; Miranda avait les joues légèrement colorées et Mary se fit à nouveau la réflexion qu'elle était parfois extrêmement belle.

« Que vous dire ? répliqua en riant la jeune femme. Je suis une fifille à son papa...

— Vous savez... dit Mary, sans trop savoir pourquoi. Tout dans cette ville paraît à la fois pire et mieux depuis que vous êtes là. »

Le père de Miranda avait des cheveux d'un noir d'ébène et une peau blanche très claire. Ses yeux étaient vert vif. Elle aimait chez lui ce côté extrême. Le contraste entre son front pâle et sa crinière foncée était magnifique. Son père n'avait pas de corps. A partir du cou en descendant, il n'était que longues manches et long pantalon, laine en hiver, coton en été, les pieds enfermés dans des chaussures en cuir qui étaient soit genre richelieus soit genre mocassins, en fonction de la saison. Il n'en avait que deux paires mais il n'était pas sale. Il n'avait pas de corps : comment aurait-il pu être sale ? En hiver il allait donner ses cours à l'université dans ses vêtements de laine, des pulls et des vestes qui ne dévoilaient rien. L'été venu il s'asseyait dans le jardin à lire des bouquins et à froncer le sourcil sur des revues spécialisées, acceptant sans un regard les grands verres de soda-lime que son épouse si falote disposait sur l'herbe à côté de lui.

Quand elle avait rencontré son père, la mère de Miranda n'était pas quelqu'un de falot ; elle était l'étudiante la plus futée de son groupe de TD du lundi. Elle était suffisamment futée pour avoir demandé à changer de TD et à être admise dans le groupe du vendredi, le dernier cours de la journée. Futée, elle avait tiré en queue de cheval ses pauvres cheveux ternes ; futée, elle avait troqué ses jupes de mémé contre des jeans et des tennis. Et quand, juste avant le premier TD du vendredi, elle s'était précipitée dans les toilettes pour essuyer tout son rouge à lèvres avec du papier hygiénique bon marché, cette inspiration subite s'était avérée extraordinairement judicieuse et futée.

Miranda ressemblait plus à sa mère qu'elle ne l'imaginait. Sa mère telle qu'elle était jadis. Lorsque Miranda eut l'âge de s'en rendre compte, sa mère n'était plus la jeune fille brillante suffisamment maligne pour se conduire en petit garçon craintif dans le but de séduire son mec. Cette comédie savamment calculée, qui était censée l'attacher à l'étoile montante de la faculté d'anglais, était devenue, avec chaque critique, chaque rejet érotique et chaque rire incrédule, une réalité.

Minuscule, leur maison ne paraissait pas à sa place parmi les demeures grandioses de la baie, mais l'adresse était prestigieuse. C'était le genre de chose qui comptait pour son père. Avoir le même code postal que les plus grands pontes de l'administration universitaire... Quand Miranda était petite, il était encore assez ambitieux, et sa mère assez docile, pour organiser un flot incessant de dîners. Miranda se souvenait de l'un d'entre eux en particulier, une soirée aux contours obscurcis comme les images d'un rêve.

Sa mère avait passé l'après-midi dans la cuisine, à préparer un glaçage à l'orange pour un rôti de veau et à battre des œufs en neige avec trop de lenteur pour obtenir les pics meringués escomptés. Miranda était allongée au premier, à lire son livre sur cette fille et ce soldat restés cachés pendant la guerre. Une odeur de brûlé se faufila à l'étage. Miranda se rendit à la porte de la cuisine, toujours vêtue de la chemise blanche et de la jupe grise qui composaient son uniforme scolaire. A travers la fumée elle aperçut sa mère qui éventait quelque chose sur le dessus de la cuisinière : elle se tenait tordue comme d'habitude, et sa queue de cheval était toute de traviole. « Ohh, gémissait-elle. Ohh, ohh, ohh.

— Ouvre une fenêtre, dit Miranda. La maison est pleine de fumée. »

Sa mère fit volte-face, regarda sa fille et éclata en sanglots.

Quelque temps après, son père arriva à la maison accompagné du doyen et du président de la faculté avec leurs épouses. Ils venaient du club de l'université, et ils avaient picolé. Ils sentaient l'alcool, mais Miranda leur apporta quand même d'autres apéritifs sur un plateau en argent. Du vermouth doux pour les dames, du gin pour les hommes. Ayant déjà dîné, elle s'assit dans la pièce voisine pendant qu'ils dînaient à leur tour, ses devoirs étalés devant elle, à les écouter parler.

« Délicieux, commenta la femme du doyen ou du président. Il devrait y avoir un magazine rien que pour vous intitulé *La Parfaite Ménagère.*

— Merci, dit sa mère.

— La cuisine n'est pas son fort, dit son père. A propos, chérie, peut-être pourrais-tu me rappeler si tu en as un... »

Rire général.

« J'ai lu une critique merveilleuse de votre nouveau livre, dit sa mère.

— Ah bon ? dit le doyen ou le président. Où cela ?

— Oh, voyons, je ne me...

— C'est intéressant, intervint son père, je ne savais pas qu'on pouvait lire ce genre d'articles dans le *Ladies' Home Journal**... »

---

* Revue féminine s'intéressant surtout aux questions d'ordre ménager (*NdT*).

Nouveaux éclats de rire. Discussions entre les hommes. A travers la cloison de la salle à manger, il était clair pour Miranda que le doyen fayotait auprès du président et que le président avait une préférence pour son père. L'intérêt doublé de respect qu'elle percevait dans sa voix quand il posait des questions à son père et la façon dont il riait devant la vivacité de ses répliques lui procuraient une sensation de bien-être.

Un ange passa. Puis sa mère déclara, après s'être éclairci la gorge : « J'ai cru comprendre qu'il devait survenir quelques changements au sein de la faculté. »

Le silence qui s'ensuivit vida le ventre de Miranda de toute sa chaleur. Quand son père prit la parole, sa voix était glaciale. « Ah oui ? Et qui t'a "fait comprendre" ça, exactement ?

— Eh bien, toi... Ah, oh là là ! Ne faites pas attention à ce que je dis. Quelqu'un veut-il encore du rôti de veau ?

— Si tu dois cancaner, dit son père à sa mère, lentement et distinctement, j'aimerais que tu limites tes ragots à celle de tes ridicules amies qui attend un autre bébé, et que tu épargnes mon domaine professionnel.

— Hé, doucement ! s'écria le président. Je suis sûr que ça fait des semaines que les secrétaires jacassent à propos de ces changements.

— Bien sûr, concéda son père, son ton à nouveau rieur, sauf que ma malheureuse épouse ici présente confond ces potins-là avec des discours raisonnables. »

Ce sur quoi la tablée se remit à glousser. Notamment les femmes, l'épouse du doyen et l'épouse du président. Miranda comprit alors que, quoi qu'il puisse arriver, son père s'en sortirait. Se contemplant dans la glace ce soir-là après s'être brossé les dents, elle dessina lentement une ligne entre son propre front pâle et ses cheveux d'ébène, le regard sans cesse braqué sur ses yeux vert vif, et elle imagina que c'était le visage de son père qu'elle était en train de toucher.

Peut-être que Miranda préfère maman à moi, se dit Julia. Je me demande de quoi elles peuvent parler. Je voudrais aller dans des bars. Je voudrais partir de la maison, vivre dans la grande ville, posséder un parapluie et m'installer dans un bar pendant qu'il pleut dehors, en attendant que mon amant vienne me retrouver. Je voudrais allumer une cigarette et savoir avaler la fumée, je voudrais dire : « Je vais prendre un scotch *on the rocks*, merci. Mais sans glace. » Je voudrais un homme plus âgé.

Nous nous sommes flattées mutuellement, Mary raconta-t-elle à Martin ensuite. Elle me prend pour une bonne mère... Hnnh, fit Martin, le visage enfoui dans l'oreiller. Hnarh. Etendue là à contempler la silhouette du tulipier devant la fenêtre, Mary réfléchissait aux choses qu'elle n'avait pas dites à sa nouvelle amie. Qu'elle ne savait pas ce qu'était une bonne mère. Qu'elle était incapable d'imaginer l'après-quarante ans. Qu'ils n'allaient pas à la mer parce que Martin ne voulait pas. Martin, qui ne voulait aller nulle part si ce n'est dans ce lit défoncé, ce lit qu'il ne voulait pas remplacer de peur de perdre tous les souvenirs qu'il contenait. Martin son mari, qu'elle avait fini par aimer.

Miranda faisait la queue à l'épicerie ouverte toute la nuit pendant que la femme derrière le comptoir mettait des éternités à dénicher une boîte d'allumettes pour un client. « Je sais qu'il y en a une quelque part, dit-elle. Ce n'est pas ça qui va vous aider à ralentir la cigarette, hein ? » L'épicière et le client s'esclaffèrent, puis ils se mirent à parler du mari de la commerçante, et est-ce qu'il continuait à faire du tai-chi, et ce temps n'était-il pas incroyable, pas une goutte de pluie... Miranda s'apprêtait à tousser pour se faire remarquer quand l'un des deux prononça le mot *cancer*. Le ton changea, et l'homme tendit sa main au-dessus du comptoir pour la poser sur celle de la femme. Ils restèrent comme ça quelques instants. Miranda replaça son pack de lait dans le réfrigérateur et sortit de la boutique.

Elle n'était pas proche de ces gens-là, elle n'avait rien à voir avec eux, elle ne faisait pas partie de leur monde.

Avec les arbres qui s'agitaient au-dessus de sa tête et la lune jaune qui progressait dans le ciel, Miranda rejoignit à pied cet appartement qui n'était pas sa maison et se demanda à quel endroit elle était bel et bien chez elle. Il faisait chaud et sombre dans le studio. Elle se servit un verre de vin rouge et mit un CD de Miles Davis. Elle ne se sentait pas chez elle dans la maison de ses parents. Elle ne se sentait pas chez elle à l'université, en tout cas plus maintenant. Pendant quelque temps elle s'était sentie bien avec Oliver, mais à présent elle était seule. Et elle n'avait certes rien à voir avec cet endroit, ce n'était qu'une étape, un répit transitoire. Un crépitement contre la vitre la fit sursauter. Là en bas, dans la pénombre de la rue, regardant en l'air avec une main remplie de gravillons et un sourire plein d'espoir, elle reconnut Julia. Miranda releva la fenêtre à guillotine, et le parfum des magnolias tardifs s'insinua dans la pièce. « Vous pouvez descendre ? chuchota la jeune fille, brandissant une lampe électrique. Il y a quelque chose que je voudrais vous montrer. »

Depuis le sommet de Tree Hill on jouissait d'un panorama quasiment à 360 degrés. Hormis le début des montagnes à l'est, le paysage s'étendait à plat dans toutes les directions jusqu'à l'horizon alentour. Etendues sur le dos, essoufflées après leur ascension à la lampe électrique, Julia et Miranda regardaient se déplacer les nuages, tout laiteux contre le violet du ciel, pour dévoiler une lune qui ressemblait à un fruit pourri et des grappes d'étoiles un peu ternes.

« Vous ne trouvez pas qu'on a l'impression d'être accrochées au bord du monde ? demanda Julia. Vous ne sentez pas l'attraction terrestre ? La terre qui tourne ? » Elle s'arc-bouta sur ses bras et ses jambes à la manière d'une araignée. « Je suis accrochée ! s'exclama-t-elle en riant, tournant vers Miranda son joyeux visage renversé. Vous ne le sentez pas ?

— Si, bien sûr, c'est incroyable. »

Julia se laissa tomber, roula sur le ventre et dit d'une voix paisible : « Vous détestez vraiment cet endroit ?

— Non, répondit Miranda.

— De toute façon, dit Julia, moi je vais m'en aller. »

Allongée sur son lit, Gretchen Mills n'arrivait pas à dormir. De la chambre de Jason lui parvenait le boum boum de sa musique rock, interprétée, sans doute, par un de ces énergumènes aux sourcils rasés qui ornaient les posters sur ses murs. Elle n'avait aucun contrôle sur lui, absolument aucun contrôle. « Pauvre idiote », voilà de quoi il la traitait, et pire encore. La façon dont cette fille de la ville lui avait parlé lui donnait effectivement la sensation d'être une idiote. Elle ignorait pourquoi la piscine n'avait jamais rouvert. Ça semblait simplement trop affreux après ce qui était arrivé à la famille McCabe. C'était il y a trois ans, avait souligné Miranda, mais on n'en avait pas l'impression, on avait l'impression que c'était hier. Ces quinze jours interminables où la jeune fille était restée introuvable : ces groupes d'hommes cherchant partout dans les prés en friche aux alentours de la ville ; ces racontars au sujet de drôles de manèges dans la forêt morte ; cette rumeur comme quoi la jeune fille avait fait du stop de ville en ville, en couchant avec les camionneurs. Jason, son propre fils, avait dit des choses obscènes sur elle, utilisant des expressions qu'elle n'aimait pas se rappeler. Quinze ans, elle avait quinze ans pour l'amour du ciel ! Ces mines affreusement douloureuses de Deirdre, d'Alan et de la jumelle de la gamine. Et puis le silence, l'absence d'animation de cette maison dans laquelle ils restaient enfermés, complètement calfeutrés. Et enfin la découverte. Le corps, l'enterrement, la façon dont personne n'avait su ce qu'elle fabriquait dans cette piscine, dont personne n'avait reconnu l'avoir vue en dernier. Comment cette jeune femme osait-elle venir ici de la grande ville pour rouvrir toutes ces blessures ? Et attirer Hunter dans sa vie comme elle l'avait fait quand il était clair qu'elle n'allait pas rester ? Gretchen Mills se dit que si Miranda brisait le cœur de Hunter, elle la tuerait certainement. A travers les fines cloisons de sa maison lui parvenait le vacarme de la musique de son fils : *Tue... ta... mère !* Roulant sur le côté, Gretchen serra un oreiller contre sa poitrine et essaya de calmer sa respiration, mais les larmes n'en continuaient pas moins à perler de ses yeux : elle se sentait tellement seule, tellement seule. Elle était tellement seule.

★

Julia regardait l'appartement de Miranda. Elle était assise au bord d'une chaise, redoutant de se séparer de la tasse et de la soucoupe qu'elle tenait à la main de peur de casser encore quelque chose. « C'est tellement élégant ici.

— Franchement, ce n'était pas compliqué. Je n'ai fait que me débarrasser des cochonneries. Les fleurs séchées. La pendule gadget qui marchait à l'envers...

— Ça sent délicieusement bon.

— Ce sont les roses. J'adore avoir des fleurs fraîches dans la maison. »

Julia repensa au vase et eut un haut-le-cœur. Les roses blanches à l'ancienne s'épanouissaient dans une bouteille de lait en verre. « Qui est-ce ? demanda Julia en indiquant la photo à côté du lit.

— Mon père.

— Il est vraiment très beau.

— Oui.

— Il vous ressemble. » Elle sentit la chaleur lui monter aux joues. « Personne ne se préoccupe beaucoup de ce genre de chose par ici, enchaîna-t-elle à la hâte. La décoration. Je veux dire, ma maison n'a pas changé depuis l'époque où j'étais petite.

— Eh bien, j'ai vu la chambre de Rachel, dit Miranda. La photo du cheval blanc dans l'écume, avec le visage de la fille en surimpression ? Plutôt kitsch, tu ne trouves pas ? »

Julia hocha la tête. Elle ne précisa pas que Rachel, Chicky et elle avaient chacune acheté un de ces posters Sara Moon à la foire commerciale qui avait fait escale en ville deux ans plus tôt. Le sien était légèrement différent : le visage de la fille se trouvait dans le coin supérieur droit de l'image, et en bas à gauche on voyait un troupeau d'étalons galopant dans les vagues, phosphorescents sous le clair de lune. Elle ne l'avoua pas à Miranda, pas plus qu'elle ne lui avoua qu'elle restait souvent étendue sur son lit à regarder la jeune fille et les chevaux, à s'imaginer les embruns, l'air vivifiant, la fraîche caresse du rayon de lune et la liberté qui allait avec.

« Ouais. Vraiment kitsch », acquiesça-t-elle.

*

Tard le dimanche matin Miranda et Hunter étaient en train de manger des restes de poulet avec du riz lorsqu'il se rendit compte qu'il n'avait pas pensé à Lydia de tout le week-end. « Je n'ai pas pensé à Lydia de tout le week-end », déclara-t-il avant d'avoir pu décider si oui ou non c'était une bonne idée de le dire. « C'est comme de remarquer soudain que le tic-tac d'une horloge s'est arrêté. »

Miranda regarda sa fourchette, puis Hunter. Elle portait la robe de chambre qu'il lui avait prêtée. Il se dit qu'il pourrait tomber amoureux d'elle s'il n'y prenait garde, amoureux de la voir assise là dans sa cuisine, avec ses vêtements à lui. « Est-ce que c'est une bonne chose ? demanda-t-elle.

— Comme de remarquer tout à coup que le tic-tac s'est arrêté, et de s'apercevoir à ce moment-là à quel point il était agaçant. » Il sourit. « J'ai envie de fêter ça, c'est dingue, non ? » Il allait se lever quand il ajouta : « Je dois te poser une question embarrassante.

— Vas-y. » Miranda se lécha les lèvres.

Soudain, un claquement les fit sursauter. Miranda eut un petit glapissement et agrippa le col de la robe de chambre. Hunter se leva subitement de table et recula pour s'éloigner d'elle. Ils regardèrent tous deux vers la porte d'entrée. Il n'y eut pas d'autre bruit.

« Ce devait être une fenêtre », dit Hunter.

Miranda expira.

« Tu vas bien ? » Il posa une main sur son épaule.

« Ça va. C'était idiot de ma part de... mais où est Rachel, au fait ?

— Elle est chez Julia. Du moins c'est ce qu'elle a dit.

— Et qu'est-ce que tu disais ? » Miranda remua sur sa chaise et sourit. « Tu allais me poser une question embarrassante. Ce sont celles que je préfère. »

Pendant un long moment il n'arriva pas à se rappeler ce qu'il avait pu dire une minute plus tôt, ni même ce qu'ils étaient en train de faire. Il n'allait pas tarder à devoir boire un verre. Peut-être trouverait-elle ça socialement acceptable, vu que c'était le week-end. Il y avait du vin dans le frigo. Mieux que la vodka.

« Hunter ?

— C'est le riz, tous ces grains de riz, tu vois... » Il eut un geste vague vers leurs assiettes. Ça n'avait pas d'importance ; il pouvait tout dire à cette femme. « Est-ce que tu crois au destin ?

— Qu'est-ce que disait Neruda sur le destin, déjà ? » Elle était tellement loin de chez elle. « Chaque rencontre fortuite est un rendez-vous ? Eh bien, quand je vivais dans la grande ville, j'avais coutume de dire que chaque rencontre fortuite était une déception. »

Le cœur saisi d'un accès de tendresse, Hunter attira Miranda contre lui, euphorique ; il la serra dans ses bras en se balançant sur ses jambes et dit : « Mon Dieu, tu es une perle, Miranda qui cite Neruda, ma Miranda. » L'écartant de lui, il examina son visage. « Sais-tu combien de personnes dans cette ville lisent Neruda ? Aucune. Mon Dieu, c'est comme d'être ivre d'oxygène, il y a tellement d'air dans la pièce. »

Elle rit. Elle était nerveuse et excitée à la fois. « Je crois que c'est la chose la plus agréable qu'on m'ait jamais dite.

— Et toi, tu es la chose la plus agréable qui me soit arrivée. » Il y eut un silence. « Depuis longtemps. »

Elle était comme une bouffée d'oxygène. Elle lui faisait oublier sa femme. Elle pouvait citer les poètes chiliens. La merveilleuse bulle d'espoir qui grossissait dans la poitrine de Hunter gonflait également celle de Miranda, galvanisée par la force de la femme qu'il voyait en elle. Pas seulement celle qu'il voyait. La femme qu'elle était vraiment. « Qu'est-ce que tu veux dire avec cette histoire de riz ? demanda-t-elle.

— Oh, eh bien, tous les grains. Ils me font toujours penser aux gens. Regarde, à se coller ensemble au petit bonheur la chance... Nous sommes comme eux, minuscules, identiques et sans importance, même si nous ne le savons pas. »

Il faisait une analogie fondée sur des grains de riz... Elle décida de ne pas relever. « Tu crois au destin ? »

Il était mal à l'aise à présent. Il sortit une bouteille de vin blanc du réfrigérateur, bien fraîche. Elle réprima une envie de regarder sa montre.

« J'y crois, répondit-il au bout d'un moment. Je pense que quelque chose t'a amenée ici. Je pense que quelque chose nous a fait nous rencontrer.

— Le destin. »

Il indiqua de la tête le bol de riz de Miranda. « Ou Uncle Ben. »

Elle repensa à toutes ses cartes de géographie. « Est-ce que tu as beaucoup voyagé ?

— Non. Mais je suis quand même monté une fois à la grande ville. » Il servit le vin et attrapa son tabac et son papier à cigarettes.

« Et alors ?

— Je vais te dire ce qui m'a surpris. Ça m'a surpris de pouvoir me trouver là-bas dans un immense restaurant sans connaître quiconque, sans que personne me connaisse, et sans pour autant m'y sentir déplacé. Tandis qu'ici, quand je vais au restau en ville, je connais tout le monde, et tout le monde me connaît, mais pourtant je n'ai pas l'impression d'être chez moi, je n'ai absolument pas l'impression d'être chez moi.

— Tu te sens seul.

— Pas exactement. L'impression d'être un étranger. » Hunter ouvrit une boîte d'allumettes dans le mauvais sens ; les allumettes se répandirent par terre comme des osselets. « Je fais toujours ça, dit-il avec un grand sourire. Ce n'est pas seulement parce que je suis très nerveux en ta présence. »

Elle quitta la maison de Hunter dès que la rue fut déserte, le laissant seul avec encore la moitié de la bouteille de vin à siffler. En rentrant à son appartement, elle fit un détour par le parc. Des couples plus jeunes que les étudiants de la fac promenaient des poussettes ; des pères avec leurs fils faisaient leur petit numéro hebdomadaire du dimanche ; des adolescentes remontaient leurs jupes et buvaient des Coca, leurs jambes étalées cramant sous le soleil de midi. Deux silhouettes familières marchaient dans sa direction : Johnno et Chicky.

« Tiens, salut.

— Salut. » Chicky sourit, son bras passé dans celui de son petit ami ; elle avait le cou tacheté de marques violacées. « Belle journée.

— N'est-ce pas. Vous récupérez de la soirée d'hier ?

— Comme qui dirait. Nous allons prendre un petit déjeuner.

— Ah. Je vois. » Un coin de sa bouche parfaitement maquillée se souleva. « Où sont tes deux acolytes ?

— Aucune idée, fit Chicky en haussant les épaules.

— Bien. Bon dimanche. » Miranda leur adressa un sourire à tous deux et continua son chemin, avec sa jupe en soie trop moulante, son chemisier aux boutons inférieurs défaits, ses hauts talons qui lui faisaient mal. Ils l'observèrent une minute, puis Johnno attrapa Chicky et l'embrassa violemment, enfonçant sa langue dans sa bouche, plaquant ses hanches osseuses contre son ventre.

« Nom d'un chien ! s'écria-t-elle, bougonne, quand il la lâcha. Tu peux me dire à quoi rimait cet élan ? »

*

Après avoir franchi la porte devant Miranda, Julia la conduisit dans la cuisine puis s'arrêta net. Sur le mur au-dessus de la table, là où se trouvait auparavant le calendrier gracieusement offert par la pharmacie, était placardé son poster de Sara Moon, la jeune fille avec les chevaux et les vagues qui déferlaient sur le rivage, au-dessus de la coupe de fruits et du livre de mots croisés de Mary. La panique la saisit. Elle n'osait pas regarder Miranda, qui ne disait rien.

« Euh... commença-t-elle, il faut juste que je, euh... » Elle s'enfuit de la pièce.

Mary était en haut dans la salle de bains, en train de s'épiler les sourcils. « Bonjour chérie, dit-elle à sa fille dans le reflet de la glace. Comment vas-tu ?

— Maman, grommela-t-elle, dents serrées. Qu'est-ce que fabrique ce poster sur le mur ?

— Quel poster ? Oh !... je suis tombée dessus dans le garage. Tu allais le jeter ? Il fait joli dans la cuisine, tu ne trouves pas ?

— Je le jetais parce qu'il est nul et ridicule. Il est complètement kitsch, je le déteste.

— Oh ! fit Mary en fronçant les sourcils. Je croyais que tu l'aimais bien.

— Non, maman. Je le déteste. » Elle était toute rouge, brûlante de honte. « Tu ne vois donc pas qu'il est affreux ?

— Non. Je l'aime bien. Il me fait penser à des balades romantiques sur une plage au clair de lune.

— Il est trop moche, je veux que tu l'enlèves. »

Sa mère éclata de rire. « Ne dis pas de bêtises. Je viens juste de l'accrocher.

— Enlève-le. »

Mary cessa de s'épiler et se tourna vers sa fille. « Non.

— Alors c'est moi qui vais le faire. » Julia était au bord des larmes.

« Chérie, qu'est-ce qui se passe ? Ah, bonjour Miranda... Comment allez-vous ? »

Julia fit volte-face et se cogna à Miranda dans l'encadrement de la porte. « Venez, cria-t-elle derrière elle alors qu'elle dévalait l'escalier à grand fracas. Fichons le camp de cette foutue baraque. »

Les deux femmes se regardèrent. Mary haussa les épaules. Miranda murmura : « Excusez-moi », avant de s'en aller.

Le soir venu, Julia faisait toujours la tête à Mary. Sous les avant-toits, les mainates poussaient des gloussements et des cris. Martin, semble-t-il, ne remarqua ni le silence maussade de sa fille ni l'air préoccupé de sa femme. Lorsqu'ils eurent fini de dîner, il étala du beurre sur deux tranches de pain, cala une épaisse tranche de fromage entre les deux et dévora le tout à belles dents. Quelque chose dans le journal local le fit rire, et il projeta sur la table des petits bouts de fromage et de pain tout gluants. « Ce sont tes amis ? » demanda-t-il à Julia, avant de lire à haute voix un article concernant le terrain de golf de la ville la plus proche. « Blablabla, “Les employés du club ont été consternés de découvrir que le green avait été labouré par des voyous de la région au volant d'un véhicule 4×4. Les traces laissées par ledit véhicule sont en cours d'analyse, et des poursuites judiciaires vont être engagées”... Ha ! Tu sais quoi, ça me rappelle, oh, il y a peut-être neuf ou dix ans de ça, quand une bande de mecs étaient allés chier dans chacun des dix-huit trous de ce parcours de golf.

— C'est immonde, papa. Comme si je connaissais des gens pareils !

— Mademoiselle la mijaurée, je t'ai vue avec ce petit Karr dans le parc... Et les autres.

— Quoi, tu m'as espionnée ?

— Oh ! je t'en prie. Allons, ça te fait du bien de fréquenter un peu des vrais garçons, au lieu de passer tout ton temps avec ces cinglées de nanas.

— Chicky et Rachel sont mes amies, papa. Tu la boucles.

— Hé ! » Il reposa son journal. « Fais attention à ce que tu dis. »

A ce changement de ton, Mary sortit de sa rêverie. « Allons, les enfants, du calme. Le film commence dans quelques minutes, non ?

— Je m'en fiche, dit Julia. Je préfère aller voir mes amies, si pitoyables soient-elles. »

Avec Chicky et Rachel, elles passèrent le reste de la soirée à se mettre du scotch sur le visage pour le déformer de manière grotesque, puis à photographier le résultat, rigolant à s'en étrangler et, dans le cas de Chicky, à en faire pipi dans sa culotte. « Oh mon Dieu ! » s'écria-t-elle, croisant désespérément les jambes, battant l'air pour trouver une serviette, le nez écrasé comme le groin d'un cochon et les sourcils dressés comme ceux d'un démon. « Oh, mon Dieu, je vous adore, les filles. Vous êtes, mais alors vraiment, vous êtes mes meilleures amies au monde.

— Moi pareil, dit Rachel.

— Moi aussi.

— Jules, tu ne vas pas quitter cette ville. Comment pourrais-tu nous quitter ? Dis ? Comment pourrais-tu résister à ce joli minois ? » Chicky s'approcha d'elle en claudiquant, façon Quasimodo, pour recevoir un baiser.

Julia pouffa encore : sa lèvre supérieure était retroussée sur son nez par du scotch, dévoilant complètement ses gencives. « Je n'en ai aucune idée, répondit-elle. Vous avez raison. Je vais rester. »

*

C'était le crépuscule, et on avait l'impression que le crépuscule avait duré toute la journée. L'air était dense de chaleur, cotonneux : tout mouvement un peu rapide requérait un effort ; Julia avait été incapable de manger quoi que ce soit, ou d'ingurgiter autre chose que du café noir à peine chaud préparé à la cafetière électrique. Tandis qu'elle escaladait le perron pour rejoindre la merveilleuse fraîcheur de la salle en bois, elle dépassa Chicky, assise sur le seuil derrière une spirale brûlante de fumée de cigarette. Elles haussèrent les sourcils en même temps. Julia se demanda si c'était un signe de familiarité, d'affection ou autre chose. Chicky était très changeante ces temps-ci. Julia était incapable de dire ce que son amie ressentait, et comme elle ne le savait pas, il lui semblait ne pas savoir ce qu'elle ressentait elle-même. Le reste du groupe était déjà entré.

« Pour cet exercice, dit Miranda, il va nous falloir un

certain esprit d'aventure. Et peut-être un petit soutien artificiel. Johnno ?

— Euh, ouais. » Il tapota ses poches. « Vous en voulez maintenant ?

— Pourquoi pas ? Pour ceux d'entre vous que ça ne branche pas, il y a des bières au frigo.

— Excusez-moi, dit Zoé. Mais je ne crois pas qu'on devrait faire ça.

— Faire quoi ?

— Se défoncer.

— Je n'ai pas proposé qu'on se défonce. » Miranda adopta un ton faussement sérieux. « Tout est question de degré. Et la modération contient sa récompense. »

Le visage déjà maussade de Zoé s'assombrit davantage. « Quoi ?

— Tous ceux que le prochain exercice n'intéresse pas sont libres de partir. Mais vous pouvez aussi rester, et vous prêter au jeu sans vous relaxer d'abord. Ou bien vous pouvez accepter l'expérience tout entière.

— Bon, alors qu'est-ce qu'on fait ? demanda Zoé.

— Je vous ai expliqué les choix que vous aviez », dit Miranda. Posant sa main sur le bras de Johnno, elle l'empêcha d'allumer son joint. « Tout le monde doit se décider maintenant. Il n'y a aucune pression. »

Toute l'assemblée à part Miranda regarda Zoé. « Cot cot cot... » Dans sa barbe, Chicky imitait le bruit de la poule. Miranda fredonnait un petit air et Julia reconnut « Mack the Knife ».

« D'accord, dit Zoé, se grattant la tête et déclenchant ainsi une avalanche de pellicules. Je vais rester, tant pis. Si vous devez tous en faire un fromage pareil... »

Miranda cessa de fredonner. « Parfait, dit-elle. Maintenant si vous voulez bien fermer les portes à clé. »

Vingt minutes plus tard, le groupe n'arrêtait pas de ricaner, de bafouiller et de se mettre en boîte. Plusieurs des filles étaient allongées par terre, se passant un joint du bout de leurs doigts, échangeant des murmures à propos des motifs qu'elles voyaient dans la peinture craquelée du plafond. Johnno et Lewis jouaient aux osselets. La plupart du temps ils rataient leur coup, mais toutes les trois ou quatre secondes on entendait un os qui se cognait contre un autre et la victime du choc qui aspirait brusquement. Dans la kitchenette, Bryce, Julia, Chicky et Rachel se gavaient de marshmallows et de Twirly Creams.

« Oh ! Seigneur ! fit Bryce, portant les mains à ses joues bourrées de cochonneries. Je vais le payer cher demain matin. » Il éclata de rire, crachant des miettes de biscuits sur Julia, laquelle poussa un hurlement et s'étouffa sur un Twirly Cream. Ouvrant l'eau froide, elle se mit à boire à grands traits au robinet : alors que le liquide rafraîchissait ses lèvres et sa langue, qu'il lui coulait sur le menton et dans la bouche, que sa gorge se contractait pour avaler et que ses yeux se fermaient doucement, le temps lui parut ralentir. Bryce lui caressa le dos. La sensation était délicieuse.

« Est-ce que tout le monde peut venir par ici, s'il vous plaît ? » La voix de Miranda semblait venir de très loin, comme une sirène dans la brume. « Nous allons commencer. »

Ce qu'elle voulait qu'ils fassent, c'était qu'ils se mettent par deux, fille garçon, garçon fille, et qu'ils échangent leurs vêtements. Défoncé ou non, personne ne trouvait que c'était une bonne idée. « Putain, pas question », se récrièrent-ils, et puis « A chier », et « Compte là-dessus, ma belle », et « Je veux bien vous dire ma couleur préférée mais si vous croyez que je vais laisser une de ces morues enfiler mon caleçon vous vous fourrez le doigt dans l'œil ». Miranda se garda de relever.

« Parfait, conclut-elle. Alors il ne nous reste plus qu'à tirer le rideau. Il n'y a pas cours demain, donc je vous verrai lundi. »

Tout le monde protesta. « Quoi ? » « On vient juste de commencer. » « Tu me casses mon trip, mec. »

De léger, le ton de Miranda se fit ferme. « Ce groupe n'est pas un groupe mondain. Vous voulez être des adultes : vous vous débrouillez pour vous distraire. Ces séances ont trait à la découverte de soi, combien de fois devrai-je vous le répéter ?

— Qu'est-ce que je vais bien pouvoir découvrir sur moi en portant une robe, je vous le demande ? »

Miranda fixa Johnno d'un regard dont Julia se dit qu'elle l'avait déjà vu mais sans se rappeler où. « Tu pourrais découvrir pourquoi cette idée-là te fait tellement flipper.

— Je me déshabille pas, pas question.

— Moi non plus, dit Carol-Anna, les yeux emplis de terreur.

— Très bien. Tous les deux, mettez-vous ensemble. Vous pourrez échanger ce que vous avez par-dessus. »

Environ une heure plus tard, alors qu'il faisait nuit noire dehors, quelqu'un regardait à l'intérieur par un trou dans les planches du mur. A la lueur de la lampe, au milieu de la fumée, Tarin Verschoor arriva à distinguer quelques-uns de ses camarades en train de faire des trucs qu'elle n'aurait jamais pensé voir. Ils étaient plus bizarres les uns que les autres, avec des silhouettes toutes tordues, comme dans un miroir déformant. Ses seins gonflés lui faisaient mal et son ventre la gênait tandis qu'elle essayait de se rapprocher pour mieux voir. Lewis était là avec des vêtements de fille, et plus loin dans la pièce elle reconnut son bonnet et son blouson en jean sur un autre corps à la posture étrange. Elle regarda la femme de la grande ville se diriger vers la stéréo puis monter le volume, et s'enfla alors dans la pièce une musique sombre et primitive dont les battements rythmiques se répercutaient jusque dans l'air nocturne. Les jeunes à l'intérieur se mirent à danser. Et tandis que les papillons de nuit se heurtaient contre les vitres éclairées dans l'espoir d'entrer, Tarin mit une main sur son ventre et recula, affolée.

*

Il régnait une ambiance nouvelle au sein du groupe. Julia le sentait : elle sentait qu'ils se détendaient tous, qu'ils changeaient de forme, qu'ils devenaient plus intimes entre eux. Tandis qu'ils se trouvaient ensemble dans la salle communale au terme d'un après-midi sous les arbres, le soleil fraîchissant sur leurs jambes et leurs visages ; tandis que Miranda allumait des bougies et que Johnno faisait circuler les fines cigarettes de marijuana qu'ils fumaient tous désormais ; tandis que Danny mettait un disque et que Carol-Anna commençait à faire des tresses dans les longs cheveux bruns de Rachel, Julia sentit qu'ils étaient en train de devenir perméables, poreux, au point de pouvoir peut-être se fondre les uns dans les autres, à travers leurs peaux, comme des fantômes. Ils n'étaient pas exactement des amis, mais ils étaient autre chose que d'anciens camarades de classe. En tant qu'individus, aussi, ils étaient transformés. Bryce se hérissait moins facilement, Zoé riait plus volontiers et Johnno paraissait presque sensible. Et puis l'autre matin, chez Chicky, Julia avait écœuré ses deux amies en avouant qu'elle trouvait Lewis presque sexy.

« Beurk ! avait crié Chicky. Il est immonde. On dirait une fouine. »

Rachel secoua la tête. « T'as vu le bonnet qu'il porte ? Ce type est complètement à la masse. »

Julia regrettait de s'être confiée. « Mais vous ne trouvez pas qu'il dégage quelque chose, une espèce d'aura ou quelque chose ?

— Ouais, il schlingue ! »

Rachel avait plaqué ses mains sur ses oreilles. « On peut arrêter cette conversation ? Ça me donne envie de vomir.

— Vous avez tout simplement des œillères, les filles », décréta Julia. Elle paraissait sûre d'elle mais elle ne l'était pas, elle se sentait faible. Et elle se demandait combien de fois dans sa vie, avec ces deux filles, ses plus proches amies, elle avait fait semblant de ressentir quelque chose qu'elle ne ressentait pas. Il faisait froid dans la chambre de Chicky. Le ciel, dehors, était d'un blanc uniforme, la robe d'été de Julia n'était pas assez chaude, et elle était un imposteur, elle jouait un rôle qui ne trompait sans doute personne, elle était paumée. « Il faut que j'y aille, annonça-t-elle.

« Comme. Tu. Voudras. » Chicky se rallongea par terre et ferma les yeux.

« Tu sais, on s'entend peut-être bien avec tout le monde mais c'est pas pour autant que je les inviterais chez moi, dit Rachel. C'est un truc bien trop intime.

— Enfin, quand même, Miranda est allée chez toi...

— Une fois. Et j'y étais pas.

— Il n'empêche qu'elle m'a dit être allée dans ta chambre.

— Non. » Rachel secoua la tête. « Pas possible. Tu as dû mal comprendre.

— Oh. » Julia haussa les épaules, mal à l'aise. « Ouais, sûrement. Ouais, j'ai dû mal comprendre. »

Tu te souviens de ces balades, demanda Martin à sa femme, tu te souviens de la vieille voiture et de ces balades par-derrière chez les McCabe, et de ce raton laveur qu'on avait pourchassé dans les bois jusqu'à ce qu'il n'en puisse plus ? Hein ? On s'en sortira. Je travaillerai plus d'heures, je pourrai faire des boulots de bricolage le week-end. Steven a besoin de construire un garage et il s'est bousillé la main, il ne peut pas le faire lui-même. Je ne veux pas que tu travailles encore plus. Je ne veux pas que tu t'épuises mon petit bébé, toi la femme la plus belle du monde. Notre vie n'est pas si mal n'est-ce pas mon bébé, tu es heureuse n'est-ce pas mon amour ?

Oui, répondit Mary, oui je suis heureuse. Je t'aime. Tout va bien. Alors pourquoi, se demanda-t-elle intérieurement, pourquoi ne voulait-elle pas de cette vie pour sa fille ? Si elle était heureuse, pourquoi était-elle saisie d'effroi à la pensée que Julia reste ici ? Viens là mon mari, dit-elle. Viens là et serre-moi. Serre-moi fort. Là.

La matinée était parfaite, un vrai livre d'images. Lewis trônait à la place du conducteur sur la banquette, le pied sur l'accélérateur. Johnno était à côté de lui, le frein à main entre les jambes, penché sur lui pour manier le volant. A l'arrière les trois filles glissaient d'un côté à l'autre, rigolant, hurlant de panique et de joie tandis que la voiture zigzaguait dans les hautes herbes à proximité du pont. Agrippée à la poignée de sa portière, Julia, ravie, regardait par la fenêtre ouverte le bleu parfait du ciel que ne troublait aucun nuage, la petite envolée d'oiseaux effrayés par le bruit de la voiture. Ils étaient tous comme ces oiseaux, songea-t-elle, de petites choses noires se déplaçant séparément et néanmoins ensemble dans l'air invisible. Rachel poussa un cri à côté d'elle ; les roues avaient buté contre un sol plus dur ; ils allèrent heurter le plafond et c'était excitant, exténuant, c'était tout ce dont on pouvait rêver.

# 3

## *Chaleur*

Julia n'écrivit pas dans son journal durant ces semaines interminables de la fin d'été. Qu'aurait-elle raconté ? *Je rêve de rester, mais j'ai peur. Je meurs d'envie de partir, mais cette pensée m'emplit la poitrine d'eau glacée comme si j'allais me noyer. Si Miranda s'en va et que je suis encore ici, je me changerai en poussière.* Tout son univers se trouvait en équilibre précaire, il chatoyait sous le soleil, tel un mirage de midi sur une route au goudron brûlant. Miranda, Mary, les filles, elles étaient toutes là en suspens, frémissantes, vibrantes, tiraillées entre aller par-ci, aller par-là, et toutes les possibilités intermédiaires. Julia relisait inlassablement les mots que Miranda avait mis en avant dans le poème de la dame morte : Je n'ai jamais vu de lande, Je n'ai jamais vu la mer ; Pourtant je sais à quoi ressemble la bruyère, Et ce que doit être une vague*. C'était Julia, à la boutique de Gretchen, dans la cuisine de ses parents, dans la salle communale entourée des autres membres du groupe – son imagination tellement pleine de la grande ville qu'elle avait peur que la réalité ne la déçoive un jour.

★

Miranda quitta la maison de Hunter pour traverser à nouveau le parc. Un vent sec s'était levé ; les feuilles s'agitaient dans les arbres ; des particules de poussière et de terre tourbillonnaient comme autant d'oiseaux paniqués.

* Poème d'Emily Dickinson (*NdT*).

La jupe de Miranda s'entortillait de droite et de gauche autour de ses jambes tandis qu'elle marchait, la bouche desséchée, en direction de son appartement. Ils avaient beaucoup bu la veille au soir. L'alcool semblait avoir peu d'effet sur Hunter, mais Miranda aimait bien la façon dont l'ivresse, en la décontractant, rendait Hunter plus beau et contribuait à effacer le passé récent. Comme pour tout ce qui était bon, elle payait l'addition à retardement, et son torticolis et ses yeux explosés la torturaient au même titre que sa conscience. Elle avait l'impression, sans raison aucune, de trahir Oliver.

Elle revoyait le salon de Margot, tous ces mois plus tôt quand, après lui avoir raconté d'un ton calme et glacial l'histoire du plagiaire, son aînée lui avait passé le téléphone et était retournée sur le canapé corriger ses copies. Miranda l'avait observée : les mouvements fluides avec lesquels elle ajustait ses lunettes, attrapait un stylo, tournait la page d'un devoir... « Allô ? dit-elle dans le combiné.

— Chérie.

— Oliver.

— Est-ce qu'elle écoute ?

— Oui. »

Margot entoura quelque chose d'un cercle, inscrivit un commentaire dans la marge. A la lueur de la lampe, avec sa chemise en lin à col haut et ses cheveux tirés en arrière, elle avait l'air d'un bas-bleu du XIXe siècle.

« Je t'aime, dit Oliver.

— Il est dans la salle de TD.

— Je suis complètement amoureux de toi.

— Vous pourriez demander à Joan. Je crois qu'elle y sera demain. » Miranda haussa les sourcils en regardant Margot, comme pour lui demander confirmation. Cette dernière acquiesça de la tête et reprit ses corrections.

« Est-ce que tu m'aimes ?

— Oui.

— Quand puis-je te voir ?

— Non, d'après Margot, c'est demain, pas un autre jour.

— Trouve un prétexte. Dis que tu es obligée de partir. Je te retrouve à ton appartement dans vingt minutes.

— D'accord, est-ce que vous voulez lui parler ? » Elle tendit le téléphone à Margot. « Votre mari veut vous dire un mot. »

A présent, assise sur un banc du parc tandis que les balançoires vides se balançaient au vent et que la glissière métallique du toboggan lançait ses éclats d'argent sous le soleil, Miranda se disait qu'elle avait mérité son sort et que, même si elles étaient difficiles, elle avait choisi les règles du jeu. Elle-même était une fille difficile, et si l'hiver lui manquait, eh bien tant pis. Il ne serait pas là avant longtemps. C'était le raisonnement qu'elle avait, en effet, mais son cœur protestait : je suis innocente, mon amour était sincère. Je ne suis pas faite pour être vieille fille.

« Salut, Miranda. » C'était Johnno : il portait une casquette à l'envers genre rappeur et avait une boîte de Coca à la main.

Elle faillit éclater de rire. « Bonjour.

— Qu'est-ce que vous faites ?

— Je réfléchis.

— Ah ouais ? Cool, cool. » Il labourait le sol rouge et poussiéreux en face d'elle, dansant sur une musique imaginaire.

« Qu'est-ce que tu fais ?

— Oh ! je traîne, vous voyez le genre.

— Johnno ?

— Quoi donc ?

— Pourquoi est-ce que tu viens au cours ? »

Il baissa la tête et, d'un mouvement circulaire de la main, il déplaça la visière de sa casquette pour qu'elle lui couvre les yeux. « Téléphone portable.

— Pardon ?

— Papa va m'acheter un téléphone portable, il va l'acheter à son cousin, mais il faut que j'en paie la moitié et je n'ai pas d'argent, alors si je passe l'été sans embrouilles, alors là d'accord je pourrai avoir le téléphone de toute façon.

— Tu ne te fais pas d'argent avec tes... tu sais ? » Elle

lui avait déjà demandé de fournir de la drogue au groupe et il s'était toujours arrangé.

« Pas des masses. C'est surtout que ça m'évite les emmerdes avec les mecs plus vieux. »

Les mecs de l'âge de Miranda, ceux qui étaient restés en ville et qui n'allaient nulle part, ces Darren, ces Vance et ces Ed qu'elle avait entendus s'apostropher depuis ce bar un peu louche, ces mecs avec des tatouages acquis en maison de redressement et des yeux de liberté conditionnelle. « Je vois. Tu ne voudrais pas plutôt prendre un boulot, à la place ?

— Non. Le boulot, c'est à chier, mec. » Johnno s'esclaffa. « J'aime me sentir libre.

— Mm, hum. Enfin, tu sais que je trouve ça formidable de t'avoir dans le groupe. » Elle plissa les yeux. « Je pourrais avoir une gorgée de ce Coca ? »

*

Mary était en train de mettre à jour l'agenda du Dr Godwin lorsque le téléphone sonna.

« Bonjour, c'est Rachel, est-ce que Julia est là ?

— Non. Je pense qu'elle est chez Miranda.

— Ah bon, d'accord. Merci.

— Rachel ? »

Rachel avait presque raccroché. Il y eut un temps d'arrêt, puis : « Oui ?

— Est-ce que tout va bien ? Entre vous, les filles ?

— Ouais, bien sûr. Evidemment. » Petit silence gêné. « Bon, il faut que j'y aille.

— Bien sûr. Au revoir. » Sa main demeura sur le téléphone ; Mary, immobile, repensait à la délicieuse petite fille qu'avait été Rachel, la choisissant elle parmi toutes les autres mères à cette soirée du club Sucre et Epices pour venir lui faire un câlin, sa tête soyeuse enfouie contre son ventre. Julia était tellement indépendante : Mary avait parfois eu l'impression que Rachel était davantage comme sa fille, qu'elle avait davantage besoin d'elle. Et puis elle était devenue une jeune femme gracieuse, un peu naïve, presque démodée. Si ça se trouve, songea Mary, Rachel n'avait même pas conscience de l'alcoolisme de son père. Il y avait une innocence un peu vaporeuse chez elle ; elle lui faisait penser à ces jeunes filles qui poussaient des bicyclettes festonnées de marguerites sur les posters des années 70.

Mais pourquoi fixait-elle le mur de la cuisine en pensant à la copine de sa fille, une gamine de dix-sept ans, pourquoi était-elle triste que Rachel ne vienne plus aussi souvent, qu'elles soient toutes en train de grandir ? Quand Martin entra une seconde plus tard et trouva sa femme les sourcils froncés en regardant le plafond, il remarqua les larmes qui se formaient dans ses yeux. « Hé... » Il lui embrassa le sommet de la tête. Elle savoura à fond ce contact rare et réconfortant, pour une fois dénué de connotation sexuelle. « Tu sais ce que ces petits merdeux ont encore fait ? Ils ont tout bonnement écumé le côté ouest de la ville avec une batte de base-ball en fracassant les boîtes aux lettres.

— Encore ?

— Il devrait y avoir un peu de boulot de réparation, du coup. » Il pouffa. « Les petits salopiauds.

— J'aimerais bien qu'on nous défonce notre boîte aux lettres. Rien que des factures et des prospectus...

— Est-ce qu'on va chez les Turner ou est-ce que c'est eux qui viennent ? » Martin plissa le front. « Je devrais appeler Aaron maintenant, histoire de prendre de vitesse ces enfoirés de Karr.

— Pourquoi est-ce que nous n'avons jamais emmené Julia à la mer ?

— Hein ? » Il se retourna vers sa femme : des larmes coulaient sur son visage.

« Pourquoi est-ce que nous sommes comme ça ? demanda-t-elle, la bouche tordue de chagrin. Pourquoi est-ce que nous n'allons nulle part ?

— Mon chou, mon chou. » Il haussa les épaules. « Je ne sais pas, c'est si bien que ça, la mer ? »

C'était un après-midi tranquille à la brocante, pour une

fois. Julia était restée assise sur la petite chaise dans l'angle pendant deux heures, perdue dans Sylvia Plath. Elle prononçait les mots à voix basse, éprouvant le même frisson que jadis quand elle imitait les vœux conjugaux de ses parents, absents pour la soirée. Une main allait et venait sur sa cuisse, goûtant la chaleur de sa peau sous sa robe satinée de poétesse morte ; en s'y appliquant de toutes ses forces, elle pouvait presque oublier que c'était la sienne. Une colonne de cendre d'encens dégringola dans une soucoupe en porcelaine à fleurs. La chaleur, le silence, le musc au jasmin, la caresse de sa main, les mots sur la page... La porte claqua, interrompant sa rêverie. Elle posa son livre, étonnée de voir Johnno.

Il s'éclaircit la gorge. « Salut. J'ai besoin d'un collier. »

Elle le regarda l'air de dire, espèce de maboul. « D'accord. Pour toi ?

— Ha ha ! Bon, tu as quelque chose oui ou non ?

— Bien sûr. Tiens. » Elle poussa vers lui le coffret-vitrine. C'était sans doute la première fois que Johnno et elle se trouvaient tous les deux seuls dans une pièce. C'était un peu embarrassant, même si elle n'aurait su dire pourquoi.

Il inspecta les colliers, soigneusement épinglés sur le velours bleu tout élimé. « D'où ils viennent, ces trucs-là ?

— De gens morts, le plus souvent.

— Aïe. » Il recula.

Elle rit. « Ça fait partie de la vie, tu sais. Ça fait partie du voyage.

— Ouais ? Dis, ce baratin hippie, il va avec cette saloperie de bâton d'encens que tu fais brûler ?

— Tu veux un de ces colliers ou non ? »

Il haussa une épaule, les mains enfoncées dans les poches avant de son jean.

Julia hésita, puis indiqua une mince chaîne en argent. « Tiens, celle-là, dit-elle. Elle est... évocatrice. »

« Vous avez lu des choses bien ? demanda Miranda aux filles après le cours ce soir-là, servant du vin blanc dans des verres en plastique. Quelqu'un veut du soda ? » L'un d'eux avait mis *Strange Days*, et la musique serpentait dans la pièce, sombre, riche, reptilienne.

« Ecoutez ça », dit Julia, qui sortit de son cartable le volume de poésie de Stevie Smith qu'elle avait trouvé à la bibliothèque. Elle lut à haute voix un extrait de « At School ». Tous les trois ou quatre vers, Rachel poussait un soupir tremblotant.

« *Elwyn* ? cria Jason par-dessus la musique. Qu'est-ce que c'est que ce nom de pédé ?

— Oh, relis ce passage, implora Rachel, les mains sur son cœur. Celui où ils s'essuient les larmes des yeux avec leur langue.

— Je croyais que les poèmes avec des rimes étaient faits pour les crétins, dit Zoé à Miranda. Ce n'est pas vrai ? »

Ils laissèrent le disque tourner à répétition. Les filles dansaient. Les yeux de Rachel étaient fermés ; elle se balançait comme un saule. Le temps semblait comme désarticulé. Les gens dans la pièce ressemblaient à des personnages sur un écran vidéo futuriste, leurs voix décalées d'environ une seconde sur le mouvement de leurs bouches. Zoé et Chicky exécutaient une sorte de danse en se cognant les hanches, secouant leurs épaules et riant sans émettre aucun bruit. Julia bougeait avec la musique : elle sentait la basse, depuis le sol, s'élever entre ses jambes et pénétrer dans son ventre. Elle regardait Miranda et Johnno, là-bas près du mur du fond.

Miranda tendait son poignet, intérieur en l'air, vers le visage de Johnno. Le nez de Johnno courait dessus, tout près de la peau translucide, et il aspirait lentement. Puis Miranda sortit de son sac un flacon de parfum, verre taillé, filigrane doré et liquide ambré penchant délicatement à l'intérieur. Elle dévissa le capuchon et déposa une touche de parfum sur la peau de Johnno juste au-dessous de l'oreille. Ils se fixèrent du regard. La scène effraya Julia, mais elle ne put détourner les yeux tandis que Johnno prenait doucement le sac de Miranda sur les genoux de la jeune femme, tirait sur son joint et ouvrait le sac comme s'il s'agissait de la bouche soyeuse d'un cheval. Ses yeux, plissés à cause de la fumée, passaient nerveusement de Miranda au contenu du sac et vice versa. Sa main osseuse de garçon plongea à l'intérieur, puis refit surface tenant un cylindre doré de rouge à lèvres. Le capuchon, quand il l'ôta, produisit un petit bruit. « Qu'est-ce que tu vas faire avec ça ? » demanda Miranda. Apparut ensuite dans la main de Johnno un petit miroir doré. Il avala une dernière bouffée de marijuana, éteignit le mégot, puis avec nonchalance il se colora les lèvres d'une grosse tache rouge vif.

« Hé ! » C'était Chicky, elle criait. « Hé ! Non mais, putain t'as fumé la moquette ou quoi ? »

« You're Lost, Little Girl* » démarra et Johnno se dirigea vers Chicky en dansant : sa bouche peinturlurée souriait, et ses lèvres rouges conféraient à ses cheveux en bataille et à son jean décoloré un aspect différent, un petit air androgyne et sexy. Ses pupilles étaient tellement énormes et noires qu'il semblait à Julia qu'elle aurait pu basculer dedans. Jason fouilla à son tour dans la trousse de maquillage : il épaissit ses cils avec du mascara et borda ses paupières d'un khôl charbonneux. Quelqu'un monta le son et Danny se leva laborieusement : il attrapa Carol-Anna par la taille et se mit à tournoyer avec elle dans la salle en une espèce de valse improvisée. Dehors la nuit était tombée. Aucune lumière ne pénétrait depuis la rue sinon une faible clarté bleuâtre, et lorsque Miranda alluma les bougies les mômes se transformèrent une nouvelle fois. Johnno et Chicky s'embrassaient en dansant ; le visage de Carol-Anna disparaissait dans le cou épais de Danny ; ils se déplaçaient très près les uns des autres, l'odeur chaude de leurs peaux transpirantes les enveloppant telle une brume. Personne n'aurait su dire à quel moment la chose s'était produite ou lequel d'entre eux avait commencé, toujours est-il que, avant la fin de « People Are Strange** », des mains effleuraient des corps dans tous les sens et qu'une chemise avait été tirée en arrière, révélant une clavicule luisant dans la pénombre.

* Chanson des Doors sur l'album « Strange Days » (*NdT*).

** Autre chanson des Doors sur l'album « Strange Days » (*NdT*).

Quelqu'un soupira. Des jambes se touchèrent et continuèrent à se toucher ; le jean frottait contre le jean en un mélange aussi troublant qu'indissociable. Julia sentit des lèvres sur sa joue, tellement douces qu'elles auraient pu appartenir à une fille. Elle se retrouva nez à nez avec Lewis Karr. Ils restèrent cloués sur place un instant, leurs regards attachés, leurs bouches toutes proches ; elle remarqua les restes de sommeil au coin de ses yeux et ses sourcils en point d'interrogation. Elle recula. Le lien entre eux se rompit et, comme si une pièce essentielle avait été ôtée d'un mécanisme extrêmement sensible, tous les gamins s'écartèrent soudain, ils s'éloignèrent au ralenti de cet axe central qui ne les retenait pas pour aller se réfugier près des murs de la salle. Julia scruta l'obscurité à la recherche de Miranda mais en vain, elle ne l'entraperçut même pas. Miranda les avait laissés en plan, et brusquement la pièce lui parut froide.

*

Le barman écoutait leur conversation, ses oreilles décollées orientées vers leur table. Mary baissa la voix. « Quand vous avez un mari et un enfant, c'est comme si vous n'aviez plus de rapport au monde en tant qu'individu distinct. Ils apportent une continuité à votre vie ; vous faites partie d'un ensemble. Vous vous en rendrez compte quand vous rencontrerez l'homme qu'il vous faut.

— Peut-être que ce n'est pas ce que je recherche.

— Oh si, bien sûr que si.

— Peut-être que non. »

Quand elle eut bu un peu plus, Mary reprit : « Remarquez, Martin, ce n'est pas trop son truc, cette histoire d'unité, ce triangle que nous formons.

— Il a une passion pour vous. On peut le dire rien qu'à vous voir ensemble.

— C'est un homme plein de passion. Je regrette seulement...

— Quoi ? »

Mais elle ne pouvait en faire part à Miranda. Elle ne

pouvait extérioriser ce sentiment, elle ne pouvait donner voix à cette tristesse douloureuse qui sous-tendait son existence, son regret que Martin ne puisse aimer Julia comme elle l'aimait, au point que parfois c'était tout juste s'il la voyait. Elle ne pouvait exprimer sa crainte : celle que Julia soit consciente de ce manque d'amour et qu'elle en souffre. Elle ne pouvait rien faire d'autre qu'éluder le problème, réprimer cette vague de tristesse sous-jacente et veiller constamment à ne pas la laisser enfler, prendre des forces et la submerger comme un raz de marée. Elle cultivait l'image de la famille harmonieuse, unie par des rapports affectueux, paisibles et égalitaires, sans vouloir admettre qu'elle se trouvait là au milieu, écartelée, déchirée. « Les gens disent "épouse et mère" tellement facilement, reprit-elle, sa main hésitant au-dessus de son verre. Comme s'il était évident que ces notions allaient ensemble, comme s'il n'y avait jamais aucun conflit entre les deux. » Elle n'avait pas l'air de s'apercevoir de ses propres contradictions.

« Et il y en a un ? » Miranda dressa un sourcil. Sa voix était sèche.

« Non, pas vraiment. Non. Mais dans certaines familles, j'imagine que oui. » Mary repoussa son verre. « Holà ! Hé ! Il faut que je rentre.

— A la maison.

— Oui. A la maison. »

Après le départ de Mary, Miranda contempla pendant une minute la carte des boissons au plastique craquelé, la liste de tous ces cocktails, et fuma une cigarette. Apparemment, l'expérience n'était bonne qu'à épuiser votre énergie. Elle repensa à sa mère, à Margot, à Mary et à toutes les femmes plus âgées qu'elle avait connues, et elle se sentit fraîche en comparaison, neuve, vivante. Il y avait un téléphone public à l'autre bout du bar. Elle dénicha quelques pièces, rejoignit l'appareil beige couvert de marques de doigts dans sa coquille en plexiglas peu ragoûtante et appela Hunter.

« Je voudrais que tu puisses rester la nuit entière, dit Miranda.

— Moi aussi. Mais Rachel est toute seule. Il faut que je rentre.

— J'essaie de ne pas être jalouse. »

Il rit. L'idée que cette jeune femme puisse être jalouse de sa fille était incroyable. « Tu pourras passer demain ? Rachel doit aller, je ne sais pas, à une soirée vidéo ou quelque chose comme ça. » Il se frotta les yeux avec le plat de la main. « Je ne sais pas ce que les jeunes aiment faire. De mon temps on n'avait qu'une envie c'était dormir à la belle étoile et aller à la pêche. Bien sûr, c'était avant que la rivière soit polluée. »

Couchée sur le côté, elle le regardait enfiler ses vêtements et boucler sa ceinture. Son corps avait des défauts, pas vraiment ferme, mais assez agréable. Elle ressentit un pincement au cœur – *Oliver* – mais elle le refoula pour se concentrer sur le magnifique visage buriné de Hunter. « J'ai tellement de chance de t'avoir trouvé. »

Il se tourna vers elle, étonné. « Tu parles sérieusement ?

— Oui. Je suis sérieuse. »

Sur le chemin du retour, il s'arrêta au Brownie's Bar pour s'en jeter un, puis il se rendit au magasin d'alcool ouvert toute la nuit afin de faire provision de bouteilles. C'était une nuit sans lune ; des phalènes venaient courtiser son pare-brise, illuminées un bref instant avant de s'écraser contre la vitre dans un nuage de poudre. Il roula une cigarette d'une seule main, se sourit à lui-même et oublia toute fatigue. Il aurait pu conduire comme ça éternellement. De temps à autre, les lampadaires éclairaient le feuillage des arbres telle une forêt enchantée récemment replantée. Les seuls bruits qu'on entendait étaient le ronflement du moteur et le léger craquement de son papier de cigarette chaque fois qu'il tirait une bouffée. Et les seules pensées qu'il avait dans la tête concernaient Miranda.

Il s'efforça d'être discret en ouvrant la porte d'entrée mais au bout du couloir il vit que les lumières de la cuisine étaient allumées. « Rachel ? appela-t-il doucement. Mon chou ? Tu n'es pas couchée ? »

Il y eut un raclement de chaise et soudain elle passa à côté de lui, remontant le couloir à toute allure jusqu'à sa chambre et claquant la porte derrière elle. Il entendit le déclic de sa serrure. « Rachel ? »

La cuisine était inondée de lumière. Le néon au-dessus de l'évier était allumé ; la lampe de la table brillait ; des bougies brûlaient vivement sur les plans de travail, et au linteau de la porte de derrière était accrochée la girandole de Noël avec toutes ses couleurs. Le long de la fenêtre au-dessus de l'évier, en lettres découpées dans du papier crépon, était suspendue l'inscription JOYEUX ANNIVERSAIRE MAMAN. Il y avait un gâteau sur la table, hérissé de bougies non allumées, et deux cadeaux encore non déballés à côté d'une carte de fabrication artisanale. Avant d'aller voir sa fille, Hunter dévissa le bouchon de sa nouvelle bouteille de vodka et en avala deux énormes gorgées.

« Rachel ? » Ragaillardi, il se tenait devant la porte de sa fille. « Mon chou ?

— Va-t'en. » Elle avait la voix pâteuse, comme si elle était enrhumée.

« Allons, bébé, il faut qu'on parle.

— Va-t'en.

— S'il te plaît ? Ma chérie ? »

La serrure cliqueta à nouveau et la porte s'ouvrit. Rachel avait le visage bouffi et strié de larmes. Le cœur de son père s'accéléra. « Mon petit chou. » Elle était assise sur le lit ; elle refusait de le regarder. Lorsqu'elle parla, sa voix était étranglée par les pleurs. « Où tu étais ?

— J'ai oublié, bébé. Je suis désolé. » Il essaya de lui prendre la main. Elle se déroba.

« Pourquoi tu as oublié ? C'est un anniversaire important, elle a quarante ans aujourd'hui.

— Je... nous ne pouvons pas continuer indéfiniment à espérer qu'elle revienne.

— Qu'est-ce que tu veux dire ? » Son nez se mit à couler. De nouvelles larmes débordèrent de ses yeux. « Elle reviendra, tôt ou tard. Et si elle était rentrée aujourd'hui et qu'elle ne t'avait pas trouvé ? Et si elle savait que tu avais oublié son anniversaire ? » Son ton monta : « Comment as-tu pu oublier, comment as-tu pu ?

— Rachel. Chh. » Il tenta une nouvelle fois de lui attraper la main ; elle la lui reprit sèchement.

« Je te déteste. C'est toi qui l'as fait partir, c'est toi, et elle – elle marqua une pause pour aspirer de l'air –, elle te détestait aussi, pourquoi tu as fait ça... » Les accusations allaient crescendo et elle hurlait, déchaînée : « Pourquoi, pourquoi », vagissant maintenant comme une enfant de deux ans.

« Chh, chh. » Elle n'avait pas eu de crise pareille depuis longtemps. Hunter se sentait pris au dépourvu, bourrelé de remords. Il ne savait pas quoi faire. « Mon petit cœur... » Il tendit les mains vers elle. Elle hurla plus fort et elle se débattit pour qu'il ne la touche pas.

« Pourquoi elle est partie ? Pourquoi elle nous a quittés ? Qu'est-ce que j'ai fait de mal ?

— Rien, ma chérie, rien. Ce n'est pas ta faute, rien n'est ta faute. »

La tension dans le corps de Rachel se relâcha. Ses yeux étaient des flaques de larmes ; ses cheveux moites collaient à son crâne brûlant. Hunter la prit dans ses bras et la berça d'avant en arrière sur le lit, sa chemise trempée par les sanglots et la morve de Rachel, serrant très fort ce petit bébé perdu, essayant de la réconforter, essayant de la tranquilliser. Câlinant sa petite fille, il lui dit que tout allait s'arranger, que peut-être maman reviendrait, que peut-être elle essayait de leur mettre la main dessus en ce moment même, de retrouver le chemin de la maison. « Nous allons lui garder ses cadeaux, d'accord ? »

Rachel hocha la tête, désormais apaisée : seul un gémissement tremblotant s'échappait par moments de ses lèvres.

Hunter lui embrassa le dessus de la tête. « Ma gentille petite fille. Je suis désolé de ne pas avoir été là. Nous allons garder les cadeaux de maman. »

Elle lui sourit, reniflant, la figure toute mouillée.

« Allons. Allons. Je suis désolé. »

Le lendemain soir, quand Rachel eut recouvré son calme et son enjouement naturels et qu'elle fut partie avec un paquet de tacos géant à la soirée vidéo de Zoé Walker, Hunter raconta à Miranda ce qui s'était passé. « Je veux dire, peut-être qu'elle devrait aller voir un psy ou quelque chose, elle a apparemment du mal à accepter l'idée que sa mère soit partie pour de bon. Mais voilà, il n'y en a pas dans les parages, et puis les gens bavardent, je ne voudrais pas lui infliger ça.

— Il n'y a pas de honte à ce genre de chose. »

Il dévissa le bouchon d'une bouteille de soda. « Dans cette ville, si.

— Je dois avouer que je ne l'ai jamais vue autrement que calme et adorable. Elle semble tout à fait équilibrée.

— Elle refoule sûrement ses émotions. » Il eut un sourire désabusé. « A quoi riment ces conneries, de toute façon ? Ce n'est pas ça qui va ramener Lydia.

— Non, tu as raison », dit Miranda. Mais elle avait l'air distraite.

« A quoi penses-tu ?

— Oh, à rien. Une idée, c'est tout.

— Quoi ?

— Hé, dis, j'ai apporté quelques steaks. Si on dînait ?

— Tu sais, dit Hunter en lui plantant un baiser sur la nuque, je ne crois pas avoir ouvert un seul bouquin depuis que j'ai commencé à te voir. »

*

A l'arrière de la Volkswagen de Johnno s'entassaient Lewis, Julia, Chicky et Rachel, juchée sur le genou de Chicky, tandis que la silhouette massive de Danny, à l'avant, leur obstruait la vue. Cramponnée d'une main au siège passager et de l'autre au siège conducteur, Julia regardait par-dessus l'épaule de Johnno ces rues qu'elle connaissait par cœur, ces arbres grossièrement étêtés et ces abris de voitures en ciment gris, pendant qu'à côté d'elle Chicky et Rachel se chuchotaient à l'oreille et que

Lewis lisait un fanzine de skate-board. Au niveau de chez les Mills, un camion trimballant sur sa plate-forme un amas de couleur sombre surgit devant eux. Avant d'identifier la cargaison, Julia pensa d'abord à un monceau de cadavres. Il s'avéra que c'étaient des bûches. Elle repensa aux tests de la tache d'encre évoqués par Miranda lors de leur discussion sur la psychothérapie : Miranda lui avait expliqué qu'il ne fallait pas forcément être déboussolé pour en suivre une, il ne fallait pas forcément être cinglé ou caractériel. « J'ai suivi une thérapie, lui avait confié Miranda, comme la plupart de mes amis », et Julia avait intérieurement décidé de ne jamais divulguer cette information aux autres. Ils l'auraient interprétée à mauvais escient. Pour quelle raison ? avait-elle alors demandé, mais son aînée avait simplement répondu : « Problèmes personnels », et Julia avait regretté son indiscrétion. Le camion avec son chargement de bois tourna à un coin de rue et disparut. Johnno les conduisit dans le centre-ville jusque sur les pavés de la zone piétonne, et ils poussèrent tous des hurlements en riant comme des fous, à part Julia qui ne cria avec eux que pour donner le change. A l'autre bout du quartier commerçant, ils se garèrent et Chicky sortit en courant pour aller chercher des milk-shakes. Les autres restèrent là une minute, sans rien trouver à se dire, puis Danny se mit à siffler en voyant la silhouette ronde et lourde de Tarin Verschoor émerger de la mercerie. Lorsqu'elle les aperçut, la jeune fille fit volte-face et s'en alla dans la direction opposée. « Elle achète sûrement du tissu en plus pour faire le tour de son gros bide », persifla Chicky, se penchant à la fenêtre et distribuant d'immenses gobelets en carton pleins à ras bord de glace bien chimique.

« Elle achetait peut-être de la laine pour des chaussons de bébé, murmura Rachel.

— Excuse-moi, dit Julia en repoussant la cuisse musclée de Lewis. Hum, est-ce que je peux descendre ? J'ai un peu mal au cœur. »

Ils traînaillèrent tous les six dans l'appart de Chicky à tirer sur leurs joints. Les trois filles n'étaient pour ainsi dire plus jamais seules : Chicky amenait Johnno, et Johnno venait avec Jason ou Lewis. Ils ne parlaient de rien, en plus... Julia n'arrivait pas à comprendre : elle avait passé une grande partie de sa vie à vouloir grandir, et maintenant qu'elle était plus âgée, elle avait la nostalgie du passé. A quatorze ans, elle et ses amies croyaient à la télépathie et aux fantômes ; à quinze ans, elles avaient découvert les garçons ; à seize, elle n'avait pas douté un instant que la malheureuse petite godiche qu'elle était allait laisser la place à un être tout neuf. Mais aujourd'hui on aurait cru qu'elle n'avait jamais rien attendu d'autre que cette incertitude qui était la sienne. Cet état de doute. « C'est une foutue perverse, si tu veux mon avis. » Quelqu'un avait cité le nom de Miranda. Julia tendit l'oreille.

« Ah, tu crois ? fit Lewis, occupé à tripoter un bouton sur son menton.

— Ouais. » C'était Danny. Avec sa crête de cheveux au milieu du crâne et le duvet qui repoussait de chaque côté, il ressemblait à un hérisson géant. « C'était bien un truc de tordue, l'autre soir. »

Johnno pouffa et protesta d'une voix rauque : « C'était un truc psychédélique, mec, allez, sois cool.

— Ouais, acquiesça Chicky. Elle est sympa.

— Bah. Une sale tordue. Je suis pas un pédé. »

Julia examinait ses pouces. « Bah... répéta Danny en décapsulant une autre canette de bière. On ferait mieux de se méfier de son cul maigrichon de petite pimbêche. »

Miranda ne pensait pas à son groupe d'élèves. Pas même à Julia. Elle était au bar, toute seule, désireuse d'échapper à la torpeur de son appartement et rechignant à solliciter Hunter encore une fois. Elle aurait aimé parler à quelqu'un, mais ne voulait pas jouer les pots de colle avec Mary. L'été était déjà avancé et elle n'avait toujours pas mené à bien le projet qu'elle avait entrepris, son expiation n'avait pas eu lieu. Sournoisement, une petite partie d'elle-même, celle qui n'avait pas été broyée par sa mésaventure, reprenait du poil de la bête, se laissait gagner par la colère. Sa robe lui tirait sous les bras, poisseuse d'humidité. Il n'y avait pas d'autres femmes dans le bar ; les seuls clients étaient deux vieux messieurs qu'elle avait déjà vus et qui portaient des vestes de chasse en dépit de la chaleur. Des gouttes de buée perlaient sur son verre. Le gin était frais, avec un goût de citron. Oliver n'était plus désormais qu'un creux dans son ventre, une blessure qui se refermait petit à petit. En fin de compte, il n'y avait pas eu moyen qu'elle se le rappelle autrement que comme ça, pas eu moyen qu'elle se souvienne avec précision des traits de son visage, du timbre de sa voix ou du contact de sa peau. Si le vrai Oliver en chair et en os était entré dans le bar à cet instant-là, elle aurait eu du mal à le reconnaître. Il n'était plus pour elle qu'une abstraction, une sensation de solitude, une image de ce qu'elle avait perdu. Tandis que Margot... c'était la voix de Margot, c'étaient les mots de Margot qui étaient avec elle tous les jours.

« Ça me plaît. L'idée maîtresse est intéressante et vous avez quelques bons arguments. »

Miranda soupira de soulagement. Elle était assise devant le bureau de Margot : c'était un après-midi à la fin de l'hiver ; le ciel était déjà strié de noir. *Nous devrions discuter de cela à la fac*, avait dit Margot, *pas chez moi.* Et Miranda avait été heureuse d'obtempérer, heureuse de ne pas se rendre dans l'appartement où Oliver et elle avaient été ensemble pas plus tard que la veille. « Vous le pensez vraiment ? demanda-t-elle, agrippant les accoudoirs de son fauteuil.

— Bien sûr. » Margot se renfrogna. La peau de son cou, remarqua Miranda, s'était légèrement relâchée avec l'âge. « Je ne dis jamais des choses que je ne pense pas.

— C'est juste que... je suis tellement contente. » Elle s'efforça de maîtriser son bégaiement d'excitation. « Croyez-vous que ça plairait à McKechnie ? Est-ce que ça pourrait convenir au *Journal* ? » Il était de notoriété publique que Margot disait à McKechnie, en théorie le rédacteur en chef de la revue, ce qu'il fallait publier ou non. Son assentiment était capital.

Les doigts fuselés de Margot allèrent caresser sa gorge

tandis qu'elle disait : « Nous n'avons pas grand-chose sur la poésie intimiste en ce moment. Vous pourriez en parler à McKechnie. Oui, n'hésitez pas à lui soumettre ce texte.

— Vous avez des suggestions ? Des modifications que je devrais apporter ? » Ses joues étaient rouges de plaisir. Son article paraissant dans le *Journal*, son nom imprimé pour la première fois... Elle serait la plus jeune universitaire jamais publiée par la revue ; plus jeune encore que ne l'était Margot quand elle avait fait irruption dans le milieu.

« Vous pourriez resserrer par-ci par-là. Et je ne suis pas convaincue que le passage sur Sexton fonctionne. Vous insistez trop sur cette préface de Vonnegut aux *Transformations*, ce n'est pas un point suffisamment fort.

— Attendez une minute. » Miranda ôta le bouchon de son stylo à encre et se mit à griffonner. « Voulez-vous dire que je devrais le supprimer complètement, ou juste le remanier ? »

Elle avait quitté le bureau de Margot deux heures et demie plus tard, ivre de paroles et surexcitée par la promesse d'être publiée. L'air devant le bâtiment d'anglais était froid et pur. Sa serviette en cuir serrée contre sa poitrine, Miranda se mit brusquement à courir, cheveux au vent, se fichant pas mal d'avoir l'air jeune et bête, jusqu'à la cabine téléphonique à côté de la bibliothèque. Celle-ci brillait comme un fanal à cause de la lumière à l'intérieur, et Miranda y entra et appuya sur les touches en argent, trop impatiente pour attendre d'être de retour chez elle. Quand il décrocha à l'autre bout, elle s'écria : « Oliver ? Oliver, devine ? »

Là maintenant, dans ce bar de province, un homme poussa la porte et Miranda, le barman aux oreilles décollées et les deux vieillards levèrent la tête. C'était Martin. Il braqua le menton dans la direction générale des autres clients, se hissa sur un tabouret au comptoir et annonça : « Comme d'habitude. » Alors qu'il attrapait ses cigarettes dans sa poche de veste, ses yeux reconnurent Miranda. « Bonsoir », dit-il.

Elle sourit. « Salut. »

Les choses se seraient arrêtées là si Miranda avait accepté ses signaux visuels : en effet, Martin détourna le regard en allumant sa cigarette, recracha un panache de fumée en direction du bar et se tripota l'oreille. « Je dois retrouver Aaron, dit-il au barman. Il n'est pas encore là ? »

Le barman secoua la tête et Martin hocha la sienne pour indiquer qu'il avait le temps d'attendre.

« Vous croyez qu'il finira par pleuvoir ? demanda Miranda depuis le box où elle était assise.

— La météo s'est trompée tout l'été, répondit Martin avec un haussement d'épaules. Qui sait ?

— Et Mary, où est-elle ce soir ?

— A une réunion du conseil.

— Ah ouais, fit le barman. J'en ai entendu parler. Ils discutent de la piscine.

— Quoi, pour la rouvrir ?

— Ça m'étonnerait qu'il se passe quoi que ce soit cet été, en tout cas.

— Bah... »

Miranda avait oublié cette histoire de piscine. « Elle devrait rouvrir, affirma-t-elle.

— Merde, c'est vrai. » La réaction de Martin la surprit. « Ça n'a pas de sens de la laisser fermée, perte d'espace, perte d'argent. »

Le barman s'esclaffa. « Ça, pas de doute, vous êtes minoritaires, tous les deux. Vous devriez être là-bas, donner votre avis.

— Peut-être, mais alors on ne serait pas ici à remplir votre tiroir-caisse. » Martin adressa un clin d'œil à Miranda. « J'ai cru comprendre que vous aviez votre franc-parler. Pourquoi ne pas y aller, et dire ce que vous avez à dire ?

— Je ne suis pas vraiment de la région, répondit-elle en souriant. Je ne tiens pas à m'impliquer. »

Aaron était en retard. Après encore cinq minutes, Martin quitta son tabouret pour aller s'asseoir sur la banquette en face de Miranda. Il apporta avec lui un deuxième verre pour chacun. Ils trinquèrent.

« C'est ici que vous retrouvez ma femme.

— Oui.
— Et ma fille ne jure que par vous.
— Ah bon ?
— Je devrais être jaloux.
— Mais vous ne l'êtes pas.
— Non. » Il exhala une longue colonne de fumée. « Mais je suis curieux.
— Ah oui ? Moi aussi. » Miranda faisait glisser son doigt sur la paroi humide de son verre. « Qu'est-ce qui vous fait avancer, Martin ? »

Martin jeta un bref coup d'œil au barman ; il tira à nouveau sur son oreille. « Moi ? Je suis un mec normal, c'est tout.
— Tiens, tiens. Et c'est quoi, un mec normal ?
— Vous savez bien. J'ai mon boulot, ma famille.
— Vous avez le sens de la famille.
— J'aime ma femme.
— C'est formidable.
— Et vous, miss Citadine ? Vous avez des petits amis qui se languissent là-bas dans leurs lofts de la grande ville ? »

Grâce au gin, le malaise de Miranda se dissipait. Martin, quant à lui, ne semblait pas du tout embarrassé par cette conversation. Miranda se fit soudain la réflexion qu'il devait avoir le même âge qu'Oliver. Elle résista à la tentation de le lui demander. « Non, répondit-elle, pas de petits amis qui se languissent.
— Une fille de votre âge ne devrait-elle pas penser à se ranger, à avoir des enfants ?
— Ne commencez pas. » Il regardait sa robe, et elle se demanda si les cercles de transpiration se voyaient sous ses bras. « Je ferais mieux d'y aller, dit-elle.
— Bon. D'accord. » Il leva les yeux. « Hé, j'espère que je ne vous ai pas vexée avec cette histoire d'enfants.
— Mais non, voyons. » Elle ne savait plus si elle devait se lever ou rester assise là.

« Vous êtes sûre que vous n'en voulez pas un autre ? » demanda-t-il.

Le temps passait, et la température ne baissait toujours

pas. Miranda s'éventa lentement avec la carte des boissons. Aucun signe d'Aaron. De la famille, la conversation dévia sur les livres : « Ce que j'aime ? » Il réfléchit une minute. « J'aime les bonnes histoires, les trucs avec un peu de punch. Vous avez lu *Tai-Pan** ? Excellent. » Puis les films : « On peut voir tout ce qu'on veut sur le câble mais je regarde surtout le sport. Steven Seagal ne me fait ni chaud ni froid, vous voyez ce que je veux dire ? Je suppose que vous êtes du style intello bien rasoir, avec sous-titres et compagnie, je me trompe ? » Et la musique : « Je ne comprends rien à ce qu'écoutent les jeunes. Ha ! Si on m'avait dit que je dirais ça un jour... Enfin, vous êtes bien d'accord, rien ne vaut un bon vieux Van Halen par un beau soir d'été pendant qu'on s'occupe d'allumer le barbecue. »

Ils étaient soûls à présent, mais Miranda n'avait pas l'impression de mieux connaître Martin que si elle lui avait fait remplir un questionnaire d'agence de rencontres. « Et les enfants ? demanda-t-elle, essayant de se souvenir de ce que Mary avait dit.

— Non. J'en raffole pas, en fait, répondit-il en secouant la tête.

— Pas même Julia ?

— Ecoutez... » Il se pencha au-dessus de la table : ses yeux étaient injectés de sang, et son haleine au parfum de tabac sortait par bouffées chaudes dans l'air plus chaud encore. « Quand Julia est née, putain, on aurait dit que Mary avait une liaison. Elle a mis des mois avant de me regarder à nouveau. Elle est obsédée par cette môme. »

Le pouls de Miranda battait dans sa gorge, rapide et léger malgré la chaleur. « Est-ce pour ça que vous n'en avez pas eu d'autre ? demanda-t-elle.

— J'ai fait ce qu'il fallait pour. »

Cette information lui fit l'effet d'un joyau, une chose précieuse à ranger et à conserver à l'abri, une pièce de monnaie étincelante. « Mais vous n'avez jamais eu envie de partir ? »

* Roman de James Clavell, de 1966 (*NdT*).

Il éclata de rire. « Quitter Mary ? Pas question, vous êtes folle ?

— Et quitter cette ville ?

— Ecoutez, mon chou, pourquoi pensez-vous que je sois resté tout ce temps-là ? Vous croyez que ça me plaît de glander dans ce bled paumé ? A votre avis, mademoiselle la Thésarde ? Ma femme voulait rester. » Il agita le doigt en direction de Miranda. Sa peau était rugueuse : il y avait une écorchure sur sa phalange. « C'est le meilleur coup du monde, et je l'aime.

— Comment le savez-vous ?

— Quand on aime quelqu'un, on le sait.

— Je veux dire, qu'elle est le meilleur coup du monde. J'ai l'impression que vous n'en avez pas essayé tant que ça. Après tout, vous êtes resté ici. » Ils se fixèrent du regard dans l'atmosphère brumeuse. Miranda s'esclaffa. Son rire reflétait son incertitude. « Je ne sais pas ce que je raconte. Il faut que j'y aille. »

Cette fois elle se leva bel et bien, et cette fois il n'essaya pas de l'arrêter. La porte vitrée pleine de traînées crasseuses se referma derrière elle, et Miranda tangua un instant dans l'air légèrement plus pur de la rue : elle avait l'impression de l'avoir échappé belle, mais aussi, et ce n'était pas la première fois, d'avoir suscité elle-même le danger en question.

Gretchen Mills apparut sur l'autre trottoir alors que Miranda, une main appuyée contre le mur en béton sali, s'efforçait de retrouver son souffle devant le bar. La réunion du conseil ne s'était pas bien passée. Dans la salle du conseil déjà étouffante, les McCabe s'étaient installés sur le devant, trônant sur leurs sièges beiges comme à un enterrement, leurs visages affligés constituant de vivants reproches à tous ceux qui osaient murmurer des paroles comme *reprendre le dessus* ou *passer à autre chose*, en fait à tous ceux qui osaient simplement murmurer. Mary avait tenté de revenir à l'ordre du jour après plusieurs longs et douloureux silences, mais personne d'autre n'avait l'envie ou la volonté de persister. D'après Gretchen, ça équivalait à essayer d'arracher une croûte sur une blessure encore à vif. En voyant la jeune femme vaciller sur ses hauts talons d'esclave sous un réverbère, Gretchen se souvint que l'idée venait de Miranda. Une camionnette passa, vitres ouvertes, avec de la musique rock à pleins tubes. Elle se demanda si l'un ou l'autre de ses enfants était à l'intérieur. Puis elle oublia, et traversa la rue. « Miranda. »

La jeune femme avait les yeux vitreux. Elle cligna des paupières, lentement. « Gretchen. Bonsoir.

— Je sors juste de la réunion du conseil.

— Oui.

— Les McCabe étaient très bouleversés. »

Miranda fronça les sourcils. « Qui ça ?

— Les parents d'Emma-Marie.

— Je suis désolée, qui ?

— Les parents de la jeune fille qui s'est noyée dans la piscine.

— Ah oui. » Miranda pointa un long doigt manucuré, mais vers rien de précis. « Non, en fait, j'avais l'intention de vous en parler. Toute cette histoire me semble soulever bien trop de problèmes. » Elle hocha la tête, comme si elle avait dit quelque chose de profond. « Mieux vaut laisser tomber, vous ne croyez pas ? »

Par la vitrine du bar, Gretchen aperçut l'époux de Mary qui riait avec le barman. « Où est Hunter ? » demanda-t-elle.

Au lieu de rougir, Miranda éclata de rire. « Chez lui, je suppose. Pourquoi n'allez-vous pas vérifier ?

— C'est que... » L'insolence de cette fille était insupportable. « Hunter est un homme absolument adorable, vous savez.

— Je sais, je sais. C'est un putain de saint. Ecoutez, Gretchen, c'est génial de vous avoir vue mais il faut vraiment que je file. » Elle posa une main sur le bras flasque de son aînée et le serra un instant. « Hé ! s'écria-t-elle juste avant de s'éloigner en titubant dans la nuit. Vous savez que vous avez raison ? Il est réellement formidable. »

Il y avait une silhouette sombre qui attendait sous l'arbre devant son immeuble. Miranda ralentit le pas. Elle ne fut pas étonnée de voir qui c'était. « Tu veux monter ? »

demanda-t-elle. Jusque-là, elle avait cru qu'il était tard, presque la fin de la nuit. A présent, il lui semblait que la soirée ne faisait que commencer. Ils se tenaient tout près l'un de l'autre, tandis qu'elle s'escrimait à introduire sa clé dans la serrure. Miranda sentait un souffle chaud contre sa nuque ; le frisson anticipé des caresses lui parcourut le corps. Le vestibule était noir, et elle ne se retourna pas. Derrière elle, il referma la porte d'entrée. Ils étaient là tous les deux, invisibles l'un à l'autre dans les limbes de cette maison, dans ce lieu qui sentait les cartons et le vide. Le cordon de la lumière effleura le visage de Miranda mais elle n'alluma pas. Johnno la suivit dans l'escalier, puis dans son studio à la blancheur immaculée.

⋆

Il n'y avait qu'un seul salon de coiffure en ville. « Sandra for Hair » était tenu par Bonnie Magner : si Sandra avait jamais existé, elle avait disparu depuis longtemps. L'endroit était spécialisé dans les mises en plis pour les femmes et les coupes bon marché toutes simples pour les enfants et les hommes. Par cet après-midi oppressant et lourd, Julia regarda bien des deux côtés de la rue avant de pénétrer dans la boutique pour son rendez-vous. Un ventilateur sur pied bourdonnait dans un coin de la pièce, avec des languettes en plastique qui cliquetaient sur son axe. Des senteurs de laque et de produit pour permanentes flottaient dans l'air, combinées à une vague odeur de chewing-gum ; Bonnie dégageait un fort parfum de talc, et toute cette suavité artificielle picotait le nez et les yeux de Julia.

« A nous, dit Bonnie quand elle eut fait asseoir Julia dans le fauteuil de vitrine, avec une raie au milieu assez disgracieuse et une bavette en polythène gris autour du cou. On ne fait que rafraîchir, c'est ça ?

— Hum, je... » Il y avait quelque chose qu'elle voulait, mais elle n'arrivait pas à le demander.

Bonnie posa ses mains douces et potelées sur les

épaules de Julia. Ses ongles ressemblaient à des griffes orangées et des bagues étincelantes, cadeaux de ses trois maris, encombraient ses phalanges. « Un dégradé ? s'enquit-elle. Tu serais adorable avec une minivague. Je peux te proposer une permanente très légère. »

Julia se renfrogna dans le miroir. « Comment avez-vous fait pour dégoter trois hommes à peu près potables dans cette ville ? » demanda-t-elle.

Bonnie soupira. « Ne va pas croire que les gens sachent toujours ce qu'ils font, mon chou. » Elle passa ses mains dans les cheveux de Julia. « Voyons... Tu pourrais mettre ton visage beaucoup plus en valeur. Tu n'as jamais essayé de te redessiner les sourcils ? C'est drôle, tu me fais penser à quelqu'un. Ah, bon sang, mais à qui ? »

Sous l'effet de ces doigts qui lui massaient délicatement le crâne, Julia se serait presque assoupie. Personne ne la touchait jamais.

« En fait, se lança-t-elle, il y a quelque chose que j'aimerais que vous fassiez. »

En remontant l'allée qui menait à la maison, Mary entendit le cri des mainates. C'étaient des cris stridents, malheureux – un bruit qui lui rappelait les rares fois où elle avait laissé Julia bébé dans la maison avec Martin. En rentrant de l'épicerie, elle redoutait de percevoir les vagissements d'une enfant bouleversée – sa mâchoire se contractait et son pas s'accélérait –, mais chaque fois Julia était en train de s'amuser tranquillement toute seule avec ses cubes de construction ou de contempler les taches de lumière dans les arbres. Martin, pour sa part, était occupé à écouter un match à la radio, ou bien à réparer un engin quelconque sur la table de la cuisine, mais elle ne pouvait jamais rien dire parce que le bébé allait toujours bien. Et maintenant, il y avait ces oiseaux... Une vraie famille de sitcom installée à demeure sous les avant-toits, avec ces rires enregistrés qui résonnaient à longueur d'été... Elle avait demandé à Martin de les en débarrasser, mais il lui avait simplement rétorqué qu'on n'avait pas le droit de toucher aux nids. « Faute de mainates, on mangera des merles », disait-il, ce qui la faisait rire à tous les coups.

La porte d'entrée était entrebâillée. Dans la cuisine, la bouilloire crachait de la vapeur et la porte moustiquaire était maintenue ouverte par un tabouret. Miranda était assise sur la véranda de derrière avec, sur la table en plastique à côté d'elle, une tasse et une soucoupe en porcelaine, pareilles à celles, délicates et fleuries, qu'on trouvait dans la boutique de Gretchen. Il n'y avait pas trace de Julia. Mary se demanda qui avait fait entrer Miranda. « Salut », lança-t-elle. Elle déposa son sac sur le comptoir de la cuisine et vérifia les messages sur le bloc près du téléphone. « J'arrive tout de suite. » Peut-être Martin était-il rentré de bonne heure, peut-être avaient-ils une liaison... cette idée lui traversa l'esprit, à tire-d'aile, comme un oiseau affolé, avant de s'évanouir. Et puis, lorsqu'elle eut retiré sa veste de tailleur et qu'elle se fut servi une tasse de thé avec la théière en émail rouge, lorsqu'elle eut emporté celle-ci dehors pour aller saluer son invitée-surprise, elle se rendit compte enfin que cette silhouette sur la véranda de derrière n'était pas Miranda. « Jules ! Mon Dieu ! s'écria-t-elle.

— Salut maman.

— Mais qu'est-ce que tu as fait ? » Posant sa tasse de thé sur la table, Mary tendit une main pour toucher les cheveux de sa fille. Ils étaient plus fins, plus soyeux, fragiles en quelque sorte. La crinière de Julia, autrefois épaisse et fauve, avait disparu. Elle était encore longue mais elle présentait désormais une frange à la garçonne et était d'une couleur aussi noire que l'ébène. Esquivant la main de sa mère, Julia s'empourpra, comme la rousse qu'elle était réellement. Elle avait crayonné ses sourcils en noir pour qu'ils soient assortis à ses cheveux. Mary remarqua par ailleurs qu'elle portait un vieux chemisier récupéré dans la pile de chiffons, ainsi qu'une jupe taillée dans un tissu familier : ces taies de coussin bleues décorées de roses cent-feuilles datant de l'époque où ses parents étaient encore en vie... Elle dévisageait sa fille l'étrangère sans trouver rien à dire.

« Quoi ? fit Julia, continuant à éviter son regard. Tu ne vas quand même pas piquer une crise, maman, ce n'est qu'une coiffure.

— Bien sûr, dit Mary, reprenant sa tasse de thé. Non, bien sûr. C'est une coiffure formidable. Elle te va bien.

— Ah ouais ? » Les yeux pleins de sérieux de Julia cherchèrent ceux de sa mère. « Tu le penses vraiment ?

— Mm-hm, fit Mary en hochant fermement la tête. Mm-hm. »

« Je suis restée sans voix », raconta-t-elle à son mari une fois qu'ils furent couchés ce soir-là. Elle avait trouvé plus agréable que jamais de se glisser dans la douceur des draps et de s'y pelotonner contre le corps de son mari. Les mainates s'étaient tus. Julia écoutait ses disques au rez-de-chaussée, mais à part ça la maison était silencieuse. « Et toi, de ton côté, qu'est-ce que tu en penses ? » Quand Martin était rentré, il n'avait fait aucun commentaire.

« De quoi ?

— De la coiffure de Julia.

— Dis-moi, est-ce que j'ai laissé le magazine télé aux toilettes ?

— Martin.

— Sa coiffure ? Quoi, sa coiffure ? »

Elle roula sur le côté, repliant ses genoux contre sa poitrine. « Enfin merde, t'es vraiment pas possible.

— Quoi, chérie ? Mon chou. Hé... » Il lui frotta les épaules avec ses mains d'homme.

« Elle fait tout pour ne pas me ressembler, grommela Mary dans les plis duveteux de la couette. Elle veut lui ressembler à elle.

— Quoi ? Je ne t'entends pas.

— Je ne comprends pas pourquoi elle ne veut pas me ressembler. » Elle sentait son ventre qui pesait sur le matelas. « Je suis trop grosse, reprit-elle. Miranda est toute maigre. » Mary se sentait ridicule mais c'était plus fort qu'elle. « Tu la trouves sexy ?

— Qui ?

— Miranda.

— Elle est pas mal. Quoi ? Où tu vas ? »

Mary avait bondi hors du lit et enfilait sa robe de chambre satinée sur son corps nu.

« Mary. Qu'est-ce qui se passe ?

— Je descends dans la cuisine me taper une putain de part de gâteau. » Sans même se retourner, elle sortit de la chambre, tenant ses bras bien serrés autour de sa taille.

*

« Tu sais, dit Miranda. Je ne suis pas sûre... qu'il faille nous interdire certaines occasions. »

Hunter mit un moment à comprendre ce qu'elle entendait par là. Il contemplait ses longs cheveux noirs, la façon dont ils tombaient sur le col de son peignoir. Son peignoir à lui, en fait. « Oh ! » fit-il soudain. Il sourit. « Est-ce que tu... t'autorises certaines occasions avec quelqu'un d'autre ? »

Elle avait eu l'intention de lui avouer. Cela ne rimait à rien de ne pas jouer franc jeu. Cela ne rimait à rien d'encourager ses fantasmes monogames. « Non, répondit-elle. Non. C'est seulement que je n'aime pas l'idée d'appartenir à quelqu'un.

— Pour pouvoir avec... te sentir libre de... quelqu'un d'autre. Le cas échéant. » Il en perdait sa syntaxe.

« Non. Pas même ça. C'est juste histoire de...

— Ne pas s'interdire des occasions.

— Oui. » Elle essaya de rire. « Juste histoire de savoir... entre nous. »

Il haussa les épaules. « Je pense que tu es folle. Mais si ça doit te rassurer. D'accord. » Il ouvrit le frigo et fronça le nez. « Beurk. Désolé. » Il tenait un plat à bout de bras qu'il déposa sur le plan de travail. De puissants effluves de vinasse et d'ail envahirent la pièce. « La Ballade de la vieille marinade... plaisanta-t-il. D'habitude, Rachel se charge de ces trucs-là.

— Tu veux que je fasse du thé ? » En allant à la bouilloire, Miranda passa à côté du saladier et elle le ramassa, prête à le vider dans l'évier. « Je peux jeter ça ?

— Non ! » Il avait carrément hurlé et elle tressaillit quand il la poussa en arrière, sauvant in extremis la marinade et s'empressant de boucher l'évier. « Je vais le faire. Désolé. Va donc prendre une douche. Je m'en occupe. »

Une fois qu'elle eut quitté la pièce, il vérifia tout de même le couloir et guetta le bruit de la douche. Lorsqu'il l'entendit couler, il retourna dans la cuisine, récupérer la marinade.

Mary avait envoyé Julia faire les courses et acheter de la poitrine de bœuf. Elle était sur le chemin du retour, avec le mince sac en plastique renfermant le morceau de viande enveloppé dans du papier. Sa tête lui semblait plus légère depuis qu'elle s'était fait teindre les cheveux, et elle marchait d'un pas délicat et fier sous le soleil matinal de plus en plus chaud. Elle venait de dépasser la boutique de vente à emporter lorsque Chicky et Rachel apparurent au coin de la rue. Julia s'arrêta net. Elles ne sourirent pas. Chicky dit quelque chose à Rachel mais elles étaient encore trop loin pour que Julia entende. Puis elles se rapprochèrent et : « Salut, dit Julia.

— Salut.

— Qu'est-ce que vous fabriquez, les filles ?

— Regarde tes cheveux. Ouaou, fit Rachel, c'est vraiment chouette.

— Ouais ? Merci.

— Tu nous avais pas prévenues que tu allais faire ça.

— J'en savais rien moi-même, répondit Julia avec une désinvolture affectée. Ça m'a prise comme ça.

— Tu ressembles à Miranda, dit Chicky. C'était ça le but ?

— Ah bon ? Non, non. » Julia porta une main à sa tête. « Je voulais juste quelque chose qui change. »

La dernière fois que Julia avait vu Chicky, elle portait un top au-dessus du nombril avec un col montant, une sorte de col roulé coupé en bas. Quand elle bougeait, son jean laissait voir une marque rouge enflammée sur le rouleau de chair molle qui lui enveloppait la taille. Hé, avait dit Julia pour la taquiner, alors, tu caches quoi sous ce col ? Rien, avait répondu Chicky, enfin de quoi tu parles ? Allez, avait repris Julia, je sais que tu as reçu un cadeau. Elle avait tendu la main et tiré sur le col de Chicky, lorgnant son décolleté. Mais elle n'avait rien vu, pas même le suçon violacé habituel. Ça va pas ? s'était écriée Chicky en la repoussant avec violence. Qu'est-ce que tu fous, espèce de perverse ? Désolée, avait dit Julia, car Chicky n'avait pas l'air de plaisanter. Je suppose qu'il ne te l'a pas encore donné. Donné quoi ? Oh ! avait dit Julia, Johnno est passé à la boutique l'autre jour et il a acheté un collier pour toi. Ah bon ? Chicky avait rosi avant de sourire. Et il est joli ? Ouais, avait dit Julia. Elle n'avait pas précisé c'est moi qui l'ai choisi, au cas où Chicky ne l'aurait pas aimé. L'humeur de Chicky avait toujours été imprévisible, mais ces derniers temps elle semblait plus hargneuse que jamais. A moins que ça n'ait été qu'avec elle. Julia éprouvait une sorte de gêne en présence de son amie, qu'elle n'avait jamais ressentie avant. Pardon d'avoir tiré sur ton haut, avait-elle dit, et Chicky avait dit Ouais, t'as raison de t'excuser, et là encore elle ne lui avait pas donné l'impression de plaisanter.

« Alors, qu'est-ce que vous fabriquez, les filles ? » répéta-t-elle. Son ton avait quelque chose de désespéré, comme si elle mourait d'envie de les suivre. « Moi je rentre à la maison faire quelques trucs pour maman.

— Ah ouais ? Ben nous, on traîne, c'est tout », dit Chicky.

Rachel gloussa. Le visage de Chicky se plissa et se contracta comme si elle essayait de ne pas rire.

« Très bien. » Julia se mit à balancer son sac en plastique d'un geste nonchalant. « A plus tard alors.

— C'est ça. A un de ces jours.

— A bientôt.

— Salut. »

En s'éloignant de ses amies, Julia avait l'impression d'être sur une scène de théâtre, ou d'être contrainte à marcher bien droit alors qu'elle avait bu : elle sentait leurs yeux brûlants qui la transperçaient, le jaune profond de la rue écrasée de soleil, les silences bruissants de leurs remarques contenues. Il lui semblait qu'à tout moment sa cheville allait céder, ou qu'elle allait trébucher et s'étaler de tout son long sur le bitume noir et bouillant. Elle ne reprit son souffle qu'après avoir atteint le croisement et disparu au coin de la rue.

Le studio de Miranda commençait à lui faire l'effet d'une cage. Où irait-elle après l'été ? Que ferait-elle ? Sans projet pour la première fois de sa vie, elle n'arrivait pas à se représenter l'avenir. Il dépassait son imagination. Elle se sentait perdue. Elle regarda par la fenêtre le facteur qui remontait la rue. Peut-être était-il en train de siffloter. Cet endroit avait fini par lui sembler totalement irréel. Le soleil perpétuel était inquiétant ; les silences de la ville terrifiants. Le facteur s'arrêta devant sa porte.

Miranda but une gorgée de thé et ramassa l'enveloppe, les yeux rivés sur l'emblème de l'université. La lettre l'avait suivie depuis son adresse de la grande ville. L'enveloppe était fermée avec du scotch. Elle la décolla et en retira un morceau de papier assorti d'une coupure de journal. Le titre de l'article annonçait : *Un couple d'universitaires nommés à des postes prestigieux.*

> « Le couple formé par Oliver Lowe et Margot Owen ne reviendra pas au Département d'anglais après les vacances d'été. »

L'article citait le nom de l'université réputée où ils allaient tous les deux. Margot avait le titre de Fellow Quelque Chose. Il y avait une photo, deux visages sérieux près des colonnades devant les bureaux de la faculté de lettres.

> « C'est un grand honneur pour notre université tout comme pour Mme Owen et M. Lowe, a déclaré aujourd'hui le doyen des lettres. Nous nous targuons d'employer les meilleurs professeurs et nous mettrons donc en quête des meilleurs pour remplacer ces excellents universitaires. »

« Oh, pitié ! s'écria Miranda dans le vide. Mais quel sale con... »

Le mot qui accompagnait l'article était de Lionel Ford.

> « Ai pensé que cet article pourrait vous intéresser et espère que vous le recevrez. Comment ça se passe où que vous soyez ? Margot et Ollie quittent la ville à la fin du mois. Les gens pourraient oublier les vieilles rumeurs, si c'est ce que vous voulez. Bien sûr il faudrait que vous jouiez finement votre retour. Je suis toujours surpris de constater l'importance que les gens attachent à mon opinion. McKechnie, par exemple, m'a demandé de me charger du remplacement de Margot au comité de rédaction. Réfléchissez-y, et appelez-moi.
>
> « L.F. »

Miranda aplatit la feuille de papier sur la table devant elle : elle était presque entièrement blanche, à l'exception du quart supérieur que recouvrait l'écriture pointue de Lionel. Elle la relut deux fois. Lionel Ford, avec ses yeux rapprochés. Lionel Ford. La possibilité du retour. L'université. Ses anciennes ambitions. Le téléphone sonna, la faisant sursauter.

« Allô ?

— Salut. » Hunter.

« Salut.

— Comment vas-tu ?

— Bien. Occupée, des trucs à faire.

— Es-tu toujours libre ce soir ?

— Oh ! je regrette. Je ne peux pas.

— Ah, c'est dommage. Tu me manques.

— Tu m'as vue pas plus tard que l'autre jour. »

Il y eut un silence. « Ouais, okay, pas... d'exclusivité, pas de pression, d'accord. Tu peux m'appeler demain si tu veux qu'on se retrouve. A la banque, à la maison. Quand tu veux.

— D'accord, Hunter. Je suis désolée pour ce soir. C'est juste le boulot.

— Oh ! pas de problème. J'ai un peu… j'ai un peu de lecture à faire. »

Le processus avait commencé. Elle avait beau essayer de l'ignorer, il était indéniable qu'elle n'était plus attirée par Hunter de la même façon qu'avant. Ce n'était pas un fait nouveau pour Miranda, le désir qui refroidit après seulement quelques semaines d'intensité, mais avec Hunter le détachement était survenu plus vite qu'avec la plupart des autres. Certes, elle aimait toujours regarder son visage fané de cow-boy, mais maintenant qu'elle le connaissait mieux elle interprétait cette usure de manière différente. C'était de la faiblesse qu'elle lisait dans les rides autour de sa bouche, pas de l'expérience ; son regard était plus fatigué que désabusé ; ses épaules étaient voûtées non pas à cause de la dureté de la vie mais d'une existence passée dans des fauteuils trop mous. Au début, le corps de Miranda avait réagi au sien automatiquement. Il s'était émerveillé de cette alchimie ; il était de toute évidence subjugué. Elle se sentait sensuelle, et désirée, et il n'était pas Oliver. Il n'était pas Oliver : après l'enthousiasme initial, c'était bien là le problème.

Elle se sentait coupable. Elle lui avait couru après. Il lui avait paru un personnage tellement plus romanesque qu'il n'était réellement. Et maintenant, maintenant qu'elle voyait en lui ce provincial minable et apathique, l'idée qu'il la touche lui donnait la chair de poule. Il fallait qu'elle se soûle pour pouvoir coucher avec lui. Qu'elle soit soûle et qu'elle se persuade qu'il était quelqu'un d'autre. Elle n'aimait plus l'embrasser : la moiteur de sa bouche lui répugnait. Elle fermait les yeux, fantasmait sur un autre et bouclait ça rapidement. Après l'amour elle était pleine de rancœur, comme si l'acte avait eu lieu contre sa volonté. Elle ne voulait pas qu'il la tienne dans ses bras. Hunter avait senti, bien sûr, que quelque chose n'allait pas. Il était perplexe. Cela faisait tellement longtemps qu'il était hors jeu qu'il était incapable de voir que les règles avaient changé. « Ça va ? » demanda-t-il alors qu'elle s'était écartée de lui pour la deuxième fois. Il lui avait caressé le dos, et elle s'était encore rapprochée du bord du lit.

« Oui, dit-elle. Juste sommeil.

— Oh !

— Tu devrais t'en aller, tu ne crois pas ? »

Il y eut un petit silence. Elle fit une grimace vers le mur. « Tu sais, Rachel pourrait se demander où tu es.

— Oh... Ouf, alors tu ne me jettes pas dehors. » Il essayait de se montrer enjoué.

« Non, bien sûr que non. »

Après son départ elle s'en voulait horriblement d'avoir été si brusque avec lui, d'avoir exploité ses angoisses. Mais elle lui en voulait aussi d'avoir des angoisses, d'être tellement en demande, d'avoir besoin d'elle. C'était trop de responsabilité. Si seulement elle pouvait lui passer un coup de fil et lui expliquer, lui dire qu'elle était désolée, qu'il vaudrait mieux pour eux qu'ils soient simplement amis. Mais elle ne pouvait pas. Elle ne pouvait pas être aussi présomptueuse, elle ne pouvait pas affronter une telle conversation, elle ne pouvait pas formuler ces mots-là. Ce type d'échange la dépassait. Elle avait donc contemplé la nuit par la fenêtre en fumant une des cigarettes qu'il lui avait laissées, et alors, envahie par cette étrange sensation mêlant soulagement et regret, elle avait su que la situation se dénouerait d'elle-même d'une façon ou d'une autre, et sans tarder.

Oliver se redressa dans le lit et posa ses pieds par terre. Il se tourna vers elle en souriant.

« Ne t'en va pas, dit-elle.

— Il le faut.

— Pourquoi ?

— Si je ne m'en vais pas maintenant je ne pourrai pas revenir.

— Je ne veux pas que tu reviennes. Je veux que tu restes. »

Il enfila sa chemise et chercha ses lunettes. « Je vais revenir.

— Tu vas rester. » Alarmée par le désespoir qu'elle ressentait, elle s'efforça d'en plaisanter. « Je vais t'attacher et te garder prisonnier.

— Comment fera-t-on pour manger ?

— J'irai au supermarché. Je t'achèterai des glaces. »

Il rit. Avec ses lunettes, son visage était déjà prêt à retrouver le monde, il ne lui appartenait plus. « Tu ne sais pas faire les courses. C'est à peine si tu manges. Je mourrais de faim.

— Non. » Elle se recroquevilla sur le flanc, loin de lui, comme une enfant.

Il se pencha pour l'embrasser. Elle ne bougea pas. « Tu ne vas pas me dire au revoir ? demanda-t-il en lui caressant le dos. Miranda ? Mon envoûtante Miranda ? »

Elle se déplia. « Reste avec moi. Encore une demi-heure. »

Il ne pouvait pas lui dire non. Mais il pouvait partir. « On se retrouve à l'endroit habituel ? » demanda-t-il en passant sa veste.

Elle se dit que s'il franchissait la porte elle allait disparaître : à l'inverse de sa conviction enfantine, s'il n'était pas là pour la voir, elle allait cesser d'exister. « Tu m'appelles ?

— Je n'aurai peut-être pas le temps. » Sa voix s'était-elle durcie ? « Retrouvons-nous à l'endroit habituel. Ou bien on se verra à la fac. » La mention de l'université la ramena un peu à la réalité. S'asseyant dans le lit, les draps en lin autour du menton, elle lui adressa un sourire. « D'accord, dit-elle, et elle se sentait tout à fait normale. L'endroit habituel. »

« Parle-moi de Lydia », dit-elle quand elle revit Hunter. Ils étaient assis à la table de son studio ; les fenêtres étaient ouvertes et une légère brise faisait voleter les rideaux.

Il n'avait pas envie de parler de Lydia. Miranda sentait bon les feuilles de géranium ; il n'avait pas envie de parler du tout. « C'est à peine si j'ai pensé à elle depuis que je t'ai rencontrée. C'est merveilleux. Je me sens tellement libre. »

Elle versa des biscuits salés dans un bol. « Mais quel genre de personne était-elle ? Quand vous êtes-vous rencontrés ? Vous étiez jeunes ? »

Il soupira. « Nous étions très jeunes. Je ne sais pas, vingt ans. Vingt et un. La plupart des gens de cette ville attendent déjà leur deuxième enfant à cet âge-là. Moi je suivais ma formation à la banque, j'étais pas mal occupé d'une certaine façon, je n'avais pas encore trouvé le temps. Et puis Lydia était partie.

— Où ça ?

— La grande ville. La fac. » Il lui prit le poignet et y déposa un baiser. « Vois-tu, j'aime bien que mes nanas aient de l'instruction.

— Hmmn.

— Hé, j'y pense, demain je ne travaille que le matin à la banque. On pourrait faire quelque chose.

— Parle-moi encore d'elle. Est-ce que Rachel lui ressemble ? Est-ce qu'elle était belle ? »

Cet interrogatoire le déconcertait. Il ne paraissait pas dicté par la jalousie. « Tu veux un verre de vin ? demanda-t-il.

— Tu sais, ça ne me gêne pas de parler de ces choses-là.

— Oh bien sûr. Evidemment. Au fait, je t'ai acheté quelque chose. » Il lui tendit un sac en papier.

Elle en sortit le livre qu'il contenait et embrassa Hunter sur la joue. « Emily Dickinson... Comme c'est mignon. »

La pancarte devant les portes à deux battants de la bibliothèque indiquait « Fermeture anticipée pour cause de pénurie ». Pénurie de quoi, le panneau ne le disait pas. La bibiothèque était encore ouverte mais quasiment vide. Après un signe de tête au bibliothécaire, Julia s'engouffra entre les deux étagères qui constituaient le rayon poésie. Elle prit dans son cartable la liste que Miranda lui avait donnée. Anne Sexton, Sylvia Plath, Stevie Smith, Elizabeth Bishop – le Club des Dames Disparues, comme les appelait la jeune femme. « Tu devrais essayer aussi Virginia, avait-elle suggéré. Même si elle a un jour comparé la poésie à un orgue de Barbarie. Ne te laisse pas rebuter par le côté suicide. » Julia n'avait jamais connu personne qui fasse référence aux auteurs par leurs prénoms. « As-tu réfléchi aux matières que tu vas choisir à la fac ? » Elles étaient assises dans le studio de Miranda et Miranda avait dit : « J'adore ta coiffure. » Elles buvaient du café que Miranda avait fait réchauffer dans une petite cafetière sur la cuisinière, tout en grignotant des sablés au gingembre délicieusement croustillants. Julia se disait qu'elle n'avait jamais été aussi heureuse de sa vie.

« Je ne sais pas trop, répondit-elle. Peut-être que je ne serai pas admise.

— C'est ridicule, se récria Miranda en fronçant les sourcils. Bien sûr que tu seras admise. Tu dois prendre la chose au sérieux, tu sais.

— Oh, mais c'est le cas, protesta Julia.

— Bon. Maintenant je vais te faire une confidence. Ne répète ça à personne. »

Elle va me dire quelque chose qu'elle ne dira pas à maman... Julia secoua la tête : « Je ne le répéterai pas.

— Je vais sans doute retourner dans la grande ville. A l'université. Je pense vraiment que tu devrais y aller. »

Là, dans la poussière baignée de soleil de la bibliothèque, Julia avait rassemblé tous les livres des dames disparues et contemplait leurs couvertures. Il y avait des univers entiers dans ces volumes-là, des pays, des enfants et des amants différents, des façons de vivre et des façons de mourir différentes. S'installant à la table près de la fenêtre, elle se mit à rêver de la grande ville, à rêver d'immeubles en pierre grise remplis de poésie, de phonographes, de fleurs coupées et du parfum de biscuits au gingembre. Miranda. *Je vais juste rendre visite à mon amie Miranda*, annoncerait-elle après un cours. *Alors, à tout à l'heure au bar...* Elle resta là dans la bibliothèque de longues minutes avant de perdre la notion du temps ; elle resta là, avec le silence, et les grains de poussière, et sa pile de livres même pas ouverts.

*

Mary était une jeune mère à l'époque, quel âge avait-elle, vingt ans, c'était le début du printemps et Julia commençait à marcher, allant d'un pas trébuchant et flageolant vers ses deux ans. Elles étaient au jardin public ; elles allaient souvent au jardin public. Mary aimait bien sortir de la maison, sortir des pièces où elle avait grandi, loin des fantômes de ses parents qui, à l'époque, hantaient encore les lieux. En ce temps-là, elles apportaient à manger aux canards, avant que les bassins n'aient été infestés par une algue qui avait tué tout le reste, et qu'on n'ait été obligé de les vidanger. Debout au bord de l'eau, Julia lançait au loin des morceaux de pain, et la cane brune suivie de son cortège de canetons se faufilait à travers les plantes aquatiques pour venir gober les croûtons détrempés.

Une femme plus âgée avec, elle aussi, une petite fille vint se tenir à côté d'elles. La petite fille était avachie dans sa poussette : elle avait une lippe boudeuse et une expression morose.

« Je ne comprends pas, dit la femme, elle voulait voir les canetons et maintenant pas moyen qu'elle descende.

— Quel âge a votre fille ? demanda Mary.

— Oh ! fit la femme. C'est tellement gentil à vous de dire ça. La plupart des gens me prennent pour sa grand-mère. »

Noeline, en effet, avait deux fois l'âge de Mary. C'était une femme à bout de nerfs, manifestement exténuée d'avoir à s'occuper de cette enfant cabocharde. « Nous avons quitté la grande ville, expliqua-t-elle, dans l'espoir d'une meilleure qualité de vie. » Mary décida immédiatement qu'elles ne seraient jamais amies, mais la fille de Noeline poussa un grognement agacé, se hissa hors de la poussette et alla se poster aux côtés de Julia. Là, après un petit cri joyeux, elle afficha soudain un immense sourire espiègle.

« C'est la première fois de la journée qu'elle a l'air contente », déclara Noeline, et Mary suggéra : « Pourquoi n'iriez-vous pas prendre une tasse de thé de l'autre côté de la rue ? Je vous rejoindrai avec elles quand elles en auront assez. »

Pendant quelques semaines Mary emmena les deux fillettes au square, et elle les observa tandis qu'elles s'attrapaient différentes parties du visage tout en pouffant de rire. Julia n'avait pas encore de sœur et n'en aurait peut-être pas avant un moment. C'était un réconfort de se dire qu'avec cette petite fille dans les parages il y aurait toujours quelqu'un sur l'autre siège de la balançoire. Petit à petit, elle se rendit compte qu'une autre femme la regardait se consacrer aux fillettes. Cette femme lui était familière, elle avait peut-être trois ou quatre ans de plus qu'elle, et elle était seule. La troisième fois que Mary la vit là, assise sur le banc à côté des jonquilles, elle prit son courage à deux mains et alla se présenter. De près, cette femme avait une beauté quasi immatérielle, comme arachnéenne, une beauté impossible à discerner de loin. Ses cheveux étaient longs, soyeux et bruns ; il y avait de petites rides aux coins de sa bouche charnue et des ombres grises sous ses yeux. Elle portait une longue veste de cuir, de celles qui avaient été à la mode un ou deux ans plus tôt, mais cependant trop chic pour avoir été achetée en ville.

« Est-ce que nous nous connaissons ? demanda Mary, après qu'elles eurent échangé leurs noms. Vous avez été à l'école ici ? »

Oui, répondit Lydia, elle avait grandi ici. A ce moment-là Mary se souvint d'elle : elle avait été quelques classes au-dessus d'elle au lycée, une fille gracile tout en jambes dont le physique lui avait assuré une certaine popularité bien qu'elle ne fût pas très sociable. Elle se souvenait vaguement, aussi, d'une rumeur, une histoire impliquant le prof d'anglais, une histoire comme quoi sa femme aurait découvert une lettre ou les aurait surpris dans les bras l'un de l'autre. Ensuite Lydia avait disparu.

« Vous étiez partie ? demanda Mary, curieuse.

— Oui. J'étais allée dans la grande ville, à l'université. Mais maintenant je suis revenue. » Au ton de sa voix, on devinait qu'elle regrettait ce retour. « J'ai une de ces choses-là, dit-elle avec un signe de tête vers Julia.

— Ah... » Mary n'avait pas l'habitude qu'on parle des enfants de cette manière. « Où est-elle ?

— A la maison avec son père. » Les yeux de Lydia se fermèrent lentement. « Je suis fatiguée.

— C'est fatigant, c'est vrai », acquiesça Mary. Elle resta là un moment, dans l'attente d'une réaction, puis elle comprit que la femme s'était endormie.

Peu de temps après, la mère de Rachel quitta la ville pour la deuxième fois. Martin avait un ami qui travaillait à la banque. En rentrant à la maison un soir, il lui raconta l'histoire d'un pauvre couillon dont la femme avait mis les voiles pendant la nuit, et qui ne s'en était aperçu que quand la gamine s'était mise à pleurer et que sa mère n'était plus là pour aller la voir. La pensée de cette scène effraya Mary : le lit à moitié vide, l'enfant en pleurs, le mot glissé sous un hochet poisseux sur la table de la cuisine. Elle se demanda s'il s'agissait de cette femme, Lydia, et elle poussa Martin à découvrir le nom de l'homme. Lorsqu'elle se rendit à la banque la fois suivante, elle alla lui parler. « J'ai une petite fille du même âge, lui dit-elle. Je pourrais vous aider. » Alors le visage de Hunter, ce visage vieilli avant l'heure, s'était brièvement éclairé. Jamais elle ne lui dit qu'elle avait rencontré Lydia. Jamais elle ne lui dit, je sais que votre femme n'était pas comme les autres. Je sais que vous avez le cœur brisé. Ce n'était pas dur de s'occuper de Rachel, parfois, dans la journée, et elle proposa de donner un coup de main à Noeline aussi. Petit à petit, les trois fillettes finirent par bien se connaître, et au bout de quelque temps elles étaient inséparables.

« Tout ça, dit Mary à Miranda, est une façon assez alambiquée de vous dire que je connais Hunter depuis longtemps. C'est un homme vraiment adorable. » Elle était en train de mélanger une préparation pour gâteau ; le temps d'éteindre la bouilloire, elle posa la cuillère en bois sur le bord du saladier, puis poursuivit : « Bien sûr nous aurions fini par nous rencontrer de toute façon, dans une ville de cette taille c'est inévitable. Et puis tout le monde est toujours au courant de vos affaires : ce n'est un secret pour personne qu'il boit. » Tandis qu'elle secouait la cuillère au-dessus de l'évier pour en faire tomber l'excédent de pâte, elle aperçut le visage de Miranda. « Oh mon Dieu ! s'écria-t-elle. Oubliez ce que je viens de dire. Oubliez ça.

— Evidemment, dit Miranda, reprenant contenance. Evidemment que je sais qu'il boit. Je veux dire, comme nous tous. Nous buvons tous.

— Absolument, dit Mary, c'est exact. Nous buvons tous. Candice et Aaron sont venus hier soir, Candice, vous savez, la fleuriste... eh bien, nous avons joué aux cartes, et nous nous sommes enfilé pas mal de gin. » Elle eut un rire forcé. « Martin avait une sacrée gueule de bois, je peux vous le dire.

— J'adore avoir des fleurs fraîches chez moi, pas vous ? » enchaîna Miranda, refermant ainsi le chapitre Hunter.

C'était donc ça, se dit Miranda une fois de retour chez elle. Hunter était un alcoolique, un ivrogne impénitent, une cause perdue. Elle avait trouvé sa porte de sortie... Elle lui téléphona et lui dit qu'il y avait quelque chose dont ils devaient discuter. « Il faut que nous ayons une conversation », déclara-t-elle, et Hunter raccrocha à l'autre bout, glacé d'appréhension. Il alla dans sa chambre, ferma la porte à clé, s'agenouilla et tendit le bras sous son lit.

Il était tard. Mary n'arrivait pas à dormir, elle guettait les cris des mainates. La poitrine de Martin se soulevait puis retombait ; il avait la bouche ouverte. Ils s'étaient disputés, durant le dîner, au sujet de Miranda. Martin était rentré à la maison cet après-midi-là au moment où Miranda s'en allait, et c'est à peine s'il lui avait dit bonjour. Après le départ de la jeune femme, Mary lui avait demandé si sa courtoisie était en dérangement, tout en sachant que si elle s'en prenait à lui c'était seulement parce qu'elle s'en voulait à elle. Bon sang, avait rétorqué

Martin, je ne peux pas blairer ces espèces de bonnes femmes sèches comme des coups de trique. Enfin merde, qu'est-ce que tu lui trouves ? Après quoi ils n'avaient pas arrêté de se bouffer le nez – pendant la vaisselle, au lieu de regarder la télé, pendant que Mary se démaquillait –, tout ça pour finir dans les bras l'un de l'autre et que Martin s'endorme illico. Les mainates se taisaient ces derniers temps, et ce silence angoissait Mary. Elle se rendit compte qu'elle n'avait pas non plus entendu Julia rentrer, et elle resta étendue là à essayer de se décontracter. Il allait vraiment falloir qu'elle laisse tomber le café l'après-midi. Le téléphone sonna : son pouls s'accéléra encore. « Jules ? » Martin se retourna dans le lit et se mit à ronfler. Il n'y avait rien à l'autre bout du fil, juste un bruit de friture. « Julia ? » Des visions d'accidents d'auto, de pare-brise éclatés, de phares dans le fossé défilèrent dans sa tête. « Jules ?

— Mary ? » C'était Rachel. « Mary, est-ce que tu peux venir ? »

Martin se retourna encore et lui glissa la main entre les jambes. Elle se déplaça vers le bord du lit. « Est-ce que ça va ?

— C'est papa. Je m'inquiète pour papa. »

Hunter était assis dans le noir sur la véranda de derrière, nu à part une serviette autour de la taille. La porte moustiquaire se referma derrière Mary avec un bruit sourd ; Rachel resta dans la cuisine, le visage tout pâle. Personne ne devrait voir son père dans un état pareil, songea Mary. « Salut Hunter », dit-elle. Il sentait le bourbon. Sa peau paraissait molle, grise, vulnérable, dans la pesanteur de l'air nocturne. Elle se sentait presque soûle elle-même : l'atmosphère était tellement lourde et épaisse, l'odeur de sa bouteille de Wild Turkey tellement forte.

« Mary », dit-il. Son visage se tourna dans sa direction, flou. « Mary, elle m'a quitté encore une fois.

— Que veux-tu dire ?

— Je savais que ça arriverait. La grande ville... elle a dû retourner dans la grande ville encore une fois.

— Qui a dû retourner dans la grande ville ?

— Lydia. » Il secoua la tête. « Je savais que ça arriverait.

— Tu devrais être couché Hunter, tu as l'esprit embrouillé, tu as besoin de dormir.

— Elle ne voulait pas du bébé.

— Allons, viens. » Mary tenta de lui attraper le bras mais il l'en empêcha d'un haussement d'épaules.

« C'est moi qui l'ai forcée à le garder, je lui ai dit qu'elle ne pouvait pas s'en débarrasser, qu'elle le paierait cher. »

Mary poussa la porte moustiquaire. « Rachel. Va te coucher. Je vais préparer du café à ton père.

— C'est au sujet de maman ? » La jeune fille pleurait. Les larmes gouttaient de son menton, déposant des traînées luisantes sur son visage délicat. « C'est ma faute, pas vrai ? Je lui ai parlé de maman. Je lui ai demandé quand elle allait revenir.

— Non, ma chérie. » Seigneur. Mary la serra très fort contre elle et embrassa sa tête soyeuse. « Je te promets que ce n'est pas ta faute. Maintenant toi promets-moi que tu vas dormir.

— Je veux lui dire bonsoir.

— Non. » Mary ne savait pas ce qui se passerait dans l'esprit confus de Hunter s'il voyait Rachel maintenant. La jeune fille ressemblait davantage à Lydia chaque jour. « Il ira mieux demain matin. » J'espère que c'est vrai, songea-t-elle.

Elle apporta deux mugs de café noir sur la véranda. « Est-ce que tu comptes rentrer, oui ou non ? » C'était une question ridicule. La bouteille à ses pieds n'était vidée qu'aux deux tiers : il avait encore de quoi tenir.

« Tu sais, dit-il en indiquant la clôture du voisin, personne dans ce putain de bled ne sait quoi que ce soit. Lydia, elle est intelligente. Tellement intelligente. Elle peut citer du Neruda. » Il regarda Mary, les yeux pleins de mépris. « Je parie que tu ne sais même pas qui est Neruda.

— C'est un poète, non ? » Il y avait eu ce film sur lui : Gretchen Mills et elle l'avaient regardé en vidéo.

« Tu comprends, reprit-il, on ne peut pas espérer

qu'une personne qui a de l'instruction reste dans cette ville. Un putain de diplôme universitaire. »

Mary buvait son café à petites gorgées sans rien dire.

« Et on ne peut quand même pas espérer de ces gens-là qu'ils renoncent comme ça à leur vie, qu'ils aient un bébé, et qu'ils croupissent ici. » Il rit. « Putain, ce serait vraiment absurde. Quand il y a le monde entier à voir, et les musées et les montagnes et les cafés et ce putain de théâtre ? » Il prit une grande gorgée de café qu'il recracha dans la tasse. « Bon sang. Quel genre d'idiot, quel genre d'imbécile aurait envie de passer ses jours ici dans ce bled paumé, ici dans ce trou perdu ? Il y a... » Il leva une main en direction des étoiles. « Il y a des endroits dans le monde où vous pouvez aller pour étudier le ciel, des observatoires, ou je ne sais quoi, et on voudrait me faire croire que la vie est intéressante ici ? Ici au milieu des crétins et des morts ? » Il essaya sans succès de se mettre debout. Mary espérait que la serviette ne tomberait pas. « Intéressante, la vie ici ? reprit-il. Minute après minute d'un néant sclérosant ? Des mômes qui se font tailler des pipes dans des ruelles et qui s'abrutissent de Playstation parce qu'il n'y a rien d'autre à faire ?

— D'après moi, c'est pareil partout », dit Mary.

Il ne voulait pas s'arrêter. « Tous tant que nous sommes, tous tant que nous sommes en train de nous dessécher et de nous décomposer, nos esprits bouchés à l'émeri, la monotonie de nos jours. Ces crétins de la quincaillerie. "Bon Dieu, je sais, et si on jouait au base-ball pour se distraire ! Et si on se tapait nos femmes respectives ! Et si on faisait croire à nos enfants que cette vie-là vaut la peine qu'on s'échine pour elle, qu'on se crève le cul année après année pour agrandir la maison et pouvoir caser sa collection de toutous en porcelaine." "Okay Bill, excellente idée. Au fait, est-ce que tu peux me vendre un morceau de corde assez résistant pour que je puisse me pendre dans mon nouveau garage ?" » Il pouffa, un simple « ha » chargé d'amertume.

« Tu as fini ? demanda Mary en posant sa tasse de café. Vois-tu, il faut que je dorme si je veux être en état de reprendre ma pitoyable existence demain matin... Je suis passée ici uniquement pour m'assurer que ta fille allait bien.

— Attends... » Ses mains tremblaient ; sa voix chevrotait. « Mary, je suis désolé. Ne pars pas. Il faut que je sache... dis-moi, il faut que je sache... est-ce qu'elle m'a quitté moi, ou est-ce que c'est cette ville qu'elle a quittée ?

— Je ne peux pas te dire, Hunter. Tout ce que je sais c'est que Rachel t'aime et qu'elle a besoin que tu ailles bien pour elle. » Merde, s'interrogea Mary, qu'allait-il donc se passer quand cette gosse partirait ?

« Quelqu'un lui a dit, reprit-il, secouant la tête, très calme. Quelqu'un a dit à Miranda pour l'alcool. »

Mary essaya de respirer à fond : l'air était trop moite.

« Cette ville, dit-il, encore plus calme. Ce putain de trou paumé. »

Elle lui posa une main sur l'épaule. Au loin elle entendit un grand crissement de pneus, puis la voiture qui repartait. Mary pensa soudain à sa propre fille. « L'orage va bien finir par éclater », dit-elle.

*

Il ne restait que quinze jours d'été. Le cricri sonore des cigales était omniprésent en ville, comme si une main gigantesque avait surgi du ciel surchauffé pour monter le volume. Presque tout le monde, partout, était bruni par le soleil : même dans la fraîcheur de l'air conditionné de la banque ou la pénombre du bar, les gens laissaient respirer leurs bras et leurs jambes desséchés. L'exception était Miranda : elle conservait sa pâleur citadine malgré les railleries des élèves qui la trouvaient bronzée comme une taularde, et l'inquiétude agaçante et sans doute hypocrite que Gretchen manifestait pour sa santé. Au moins, songeait Miranda, examinant une jambe mince et lisse alors qu'elle était étendue dans son bain, la brave femme était libre de récupérer Hunter. Cette histoire avec lui était bien contrariante. Elle n'avait pas voulu le blesser. Dans quelques jours elle l'appellerait pour voir s'ils pouvaient être amis. Mais, c'était fou, la peau de Miranda la démangeait, elle la chatouillait atrocement, ses nerfs, en dessous, palpitaient, comme si elle avait besoin de piquer un sprint et de sentir son cœur battre à tout rompre dans l'étau de sa poitrine. Elle se sécha avec la serviette rêche et se dit : je dois pousser le groupe plus loin aujourd'hui. Je dois leur faire découvrir un territoire nouveau. Elle retint son souffle à cette pensée, remplie d'excitation.

La matinée était encore douce : la nuit n'était finie que depuis quelques heures, et un peu de sa rosée persistait dans l'air. Julia se réveilla mais ses rêves ne la quittèrent pas : des images de rideaux, de tapisseries... l'atmosphère poussiéreuse empreinte d'amateurisme d'une pièce de théâtre scolaire. Vêtue d'un jean et d'un vieux chemisier de la brocante, elle contemplait son reflet dans la glace comme si elle essayait un costume. Avec leur frange, ses cheveux noirs avaient l'air d'une perruque, ils avaient l'air factices. Elle ressemblait à un de ces dessins dans un jeu de Cadavre exquis : la tête griffonnée par quelqu'un sur un papier que le joueur repliait, puis passait à quelqu'un d'autre pour qu'il rajoute le torse. Aucune des parties de son corps n'allait avec les autres : elle était un être irrésolu, ni tout à fait une chose ni tout à fait une autre. Il ne lui manquait plus qu'une queue de sirène, ou un short de sport, pour compléter son personnage dépareillé.

Le temps qu'elle arrive chez le carrossier, la chaleur s'était installée et le soleil commençait à taper assez dur. Elle demeura quelques instants de l'autre côté de la grande avenue, à simplement regarder la porte en tôle ondulée, entrouverte sur l'antre ténébreux que formait l'intérieur du garage. Mais enfin, qu'est-ce que je fiche ici, se demanda-t-elle, et à ce moment-là Lewis surgit au coin de la rue d'un pas tranquille, sa salopette pas accrochée retombant sur ses hanches, son bonnet repoussé trop en arrière sur ses cheveux graisseux. Il l'aperçut et, un instant, il parut troublé. Puis il lui fit signe. « Salut.

— Salut. Je faisais une promenade. »

Il plissa les yeux. Il avait une bombe aérosol à la main. « Uh-huh.

— Tu... tu fais encore des tags, tu fournis encore de la peinture à tout le monde ?

— Pas vraiment. Ça intéresse les mouflets maintenant. Nous, ça y est, c'est fini. »

Passant sous la porte à rouleau, elle le suivit dans l'obscurité du garage. Il y avait un calendrier avec la photo d'une femme qui ne portait que le bas de son bikini : elle tenait un tuyau d'arrosage et elle riait.

« Nous sommes en août, fit remarquer Julia.

— Quoi ?

— Tu es encore sur miss Juin... » Même dans la pénombre elle arrivait à voir l'acné qui abîmait ses joues. La pièce sentait la peinture et l'essence. « Où est ton boss ? demanda-t-elle.

— Il est allé à cet enterrement. Le mari de l'épicière, le dingue qui faisait du tai-chi, tu sais bien. » Lewis frottait un bout de tuyau qui n'avait pas l'air d'avoir besoin qu'on l'astique davantage.

« Tu es déjà allée à un enterrement ?

— Non.

— Moi non plus. »

Il était tout près. Le tuyau et le chiffon taché de cambouis dégringolèrent avec fracas sur le ciment. Julia avait la nuque en feu. Ils firent un pas l'un vers l'autre. La bouche de Lewis effleura la sienne : elle était salée. Il lui passa les mains dans les cheveux et, maladroitement, ils se mirent à genoux sur le sol froid plein de bosses.

« Pas question que je continue à aller à ces trucs-là. »

Rachel leva les yeux de son dessin. « Mais pourquoi, Chicky ?

— Je ne l'aime pas. C'est une snob. »

Il y eut un silence. « Tu crois ?

— Ouais. » Chicky vira le chat de ses genoux et se mit debout. « Et cette façon dont Julia... C'est gênant.

— Quoi, qu'est-ce que... » Elles avaient une règle, tacite, de ne jamais, quand elles étaient deux, dire du mal de la troisième. Ç'aurait été comme si quelqu'un insultait votre famille, même si vous veniez à l'instant de traiter votre mère de garce et que cette personne n'avait fait qu'acquiescer. Rachel se tirait une mèche de cheveux. « Elle est pas mal, tu exagères.

— Non. » Chicky était écarlate. « Tout a changé. Julia a changé. C'est vraiment gênant », répéta-t-elle.

Elles étaient incapables de se regarder. Rachel savait, même si ça lui donnait mal au cœur, que Chicky avait raison. Elle se sentait gênée elle-même, comme si on l'avait surprise en train de faire quelque chose de pas franc. « Je crois qu'on devrait y aller encore une fois, dit-elle. Allons-y rien qu'aujourd'hui. Après on pourra leur annoncer qu'on laisse tomber. »

« Je veux que vous réfléchissiez bien. Je veux que vous vous exposiez, que vous alliez plus loin que vous ne le feriez normalement, que vous divulguiez quelque chose d'important, quelque chose qui vous en coûte. » Miranda promena son regard dans la pièce. « Allez, les mecs, secouez-vous. Ça fait trop longtemps qu'on se la coule douce. Il faut bien savoir que la connaissance de soi repose sur une vigilance et une rigueur permanentes. Vous avez deux minutes pour réfléchir. Pas de censure : pas de mensonges. »

Lewis était entré dans la pièce au plus fort de ce discours. Julia arriva peu après comme une petite souris. « Qu'est-ce qui se passe ? chuchota-t-elle à Carol-Anna.

— On est censés avouer quelque chose qu'on ne veut pas que les autres sachent sur nous, dit-elle de sa voix timide de dessin animé. Quelque chose de grave. Et on doit parler chacun son tour. »

*Quelque chose qu'on ne veut pas que les autres sachent.* Julia ressentit la panique familière de celle qui ne trouve jamais quoi dire. Dans la pièce, le groupe était silencieux, contemplatif. Le ton de Miranda leur avait fait un choc, comme s'ils avaient été surpris en train de sécher un cours. Personne ne semblait réfléchir. Quelque chose que je ne veux pas que les autres sachent ? Bon sang, pourquoi irais-je faire un aveu pareil ? Julia eut honte qu'une pensée aussi lâche vienne s'insinuer en elle.

« C'est un exercice qui a trait à la confiance, déclara Miranda en la regardant bien en face. Nous avons déjà effectué un énorme travail préliminaire. »

Lewis pouffa. Toutes deux l'ignorèrent. « La confiance », répéta Miranda.

Julia avait la chair de poule sur les bras. La rassurante douleur de l'acte sexuel l'avait abandonnée, remplacée par un pressentiment glacial. Une chose infiniment importante était en train de se passer, et elle n'y était pas préparée. Il manquait un des Jason, mais tout le monde, Chicky, Danny, Carol-Anna, les autres garçons... ils avaient tous l'air très jeunes, subitement : des êtres pas tout à fait formés, des adolescents. Aucun d'eux n'était préparé. Quant au visage de Miranda, dissimulé derrière son minutieux maquillage, il était aussi parfait qu'indéchiffrable.

Danny se mit debout avec difficulté. Son T-shirt gris lui moulait amoureusement les seins et la bedaine. Il s'éclaircit la gorge. « Je ne veux pas que les gens sachent à quel point je déteste être gros », dit-il. Son visage se crispa : l'espace d'une seconde terrible, Julia crut qu'il allait pleurer. Il regarda Miranda. « Je déteste vraiment être gros. »

Miranda hocha la tête ; ses traits étaient sereins. « Merci », dit-elle.

Danny sourit. « De rien. » Son sourire s'élargit. « Ouaou ! Ce que je me sens soulagé ! Je veux dire, je peux vraiment pas supporter d'être gros, et j'ai horreur de devoir faire comme si ça me gênait pas. » Il regarda le groupe : tout le monde lui souriait. Il secoua sa grosse tête en brosse. « Merci les mecs, d'avoir écouté. Vous êtes tous super cool. » Alors qu'il réinstallait son corps massif sur sa chaise, Rachel tendit la main et lui tapota le genou. « On t'aime, mon pote », chuchota-t-elle, avant de lui envoyer un baiser.

Jason Mills se leva d'un bond. « Ouais, ben, je, euh...

Je... euh. Euh. Il faut que je réfléchisse encore. » Il se rassit.

Carol-Anna ne voulait pas que les gens sachent qu'elle était vierge. Personne ne le dit, mais aucun d'eux ne s'était imaginé le contraire. « Moi aussi, ma chérie », leur apprit Bryce, qui demanda alors si cet aveu pouvait entrer en ligne de compte, vu qu'au départ il n'avait pas eu l'intention de leur faire une confidence pareille. Zoé se leva lentement et déclara qu'elle n'était pas vierge. « Mais parfois je le regrette. » Il y eut un silence. Le visage de Chicky se rétrécit. « Parfois j'ai la sensation d'être une pouffiasse, pousuivit Zoé, et je ne veux pas que les gens le sachent parce que ce n'est pas une sensation agréable. Pardon. » Elle s'essuya les yeux avec colère. Ses épaules se voûtèrent et elle baissa la tête. « Pardon.

— Ce n'est rien, dit Chicky. Tu n'es pas plus pouffiasse que moi. » Elle alla vers elle et la prit dans ses bras.

« Merci, renifla Zoé. J'ai seulement peur qu'on puisse jamais m'aimer ni me prendre au sérieux à cause de ma réputation. C'est affreux, tu ne te détestes pas, toi ?

— Euh... non. » Le bras de Chicky quitta les flancs de Zoé. « Non.

— Eh bien, est-ce que tu as quelque chose à nous faire partager ? demanda Miranda.

— Pas pour l'instant, dit Chicky. Il faut que j'y réfléchisse.

— Est-ce qu'on peut faire une pause ? demanda Rachel. Je me sens fatiguée.

— Tu trouves que ce serait juste par rapport à ceux qui ont parlé ? »

Elle se recroquevilla. « Non. »

La voix de Miranda s'adoucit. « D'après toi, pourquoi te sens-tu fatiguée ? »

Rachel était presque inaudible. « Je ne veux pas parler de ces trucs-là.

— Hé, c'est pas juste ! J'ai avoué que j'étais une pouffiasse.

— Zoé, ce n'est pas une compétition. Pourquoi, Rachel ? Tu n'es pas heureuse avec le groupe ?

— Si... c'est juste que je n'ai pas envie de parler pour l'instant.

— Nous pourrions, suggéra Miranda, nous livrer à un exercice appelé "Faire la tournée". Il pourrait t'aider à clarifier l'origine de ton malaise.

— Non », répondit Rachel en secouant la tête. Julia connaissait ce côté entêté chez son amie, mais elle ne pouvait s'empêcher d'être d'accord avec Zoé, laquelle protestait à présent : « Mais enfin, c'est tellement injuste ! On est un groupe, voyons... on est tous dans le même bateau. » Elle pointa un doigt rongé vers Rachel. « Qu'est-ce que tu as de si extraordinaire, mademoiselle la Mijaurée ? On sait tous que ta mère s'est tirée, tu ne veux pas parler de ça ?

— Hé, hé, hé ! s'écria Miranda, levant les mains pour faire taire Zoé. Nous ne...

— Très bien ! » Rachel tapa du pied et se leva soudain, renversant sa chaise. « Eh oui ma mère s'est barrée ! J'en suis malade ! Elle me manque. Je n'ai même pas eu l'occasion de la connaître. » Elle se mit à pleurer. « Tout ce que je veux, tout ce que j'ai toujours voulu, c'est qu'elle revienne. Et j'ai peur, j'ai une peur bleue que ça n'arrive jamais. » Elle contempla la chaise sur le sol, les épaules tremblantes, les bras pendant mollement le long de ses flancs. Julia se leva et l'enlaça un moment. Elle avait désormais l'impression que Rachel ne surmonterait jamais l'absence de sa mère, que la tristesse était elle et qu'elle était la tristesse, que, dans l'attente du coup imaginaire qui retentirait peut-être un jour à sa porte, Rachel ne partirait jamais. Rachel prit une respiration hésitante. « Je me sens mieux maintenant », déclara-t-elle. Mais Julia scruta le visage de son amie et elle sut que c'était un mensonge.

Après s'être éclairci bruyamment la gorge, Johnno se mit debout. Il faisait très chaud dans la salle. Julia – impatience ou nervosité ? – se mit à compter ceux d'entre eux qui n'avaient pas encore pris la parole. « Je ne veux pas que les gens sachent que je vais à coup sûr foirer mes exams, dit Johnno. Non pas que je sois stupide, mais il y a certaines épreuves où je n'ai rien écrit du tout. » Il ricana. « J'étais trop défoncé pour ça.

— Bravo, mec, dit Danny.

— Un aveu plutôt triste, déclara Miranda. Merci, Johnno. » Julia se demanda pourquoi elle ne le maltraitait pas davantage, mais Miranda enchaîna aussitôt. « Chicky, pourquoi n'essaierais-tu pas ?

— D'accord. » Se plantant face à l'assemblée, Chicky roula des yeux. « Moi aussi, c'est au sujet de mes parents.

— Bien. » Le ton de Miranda était ferme, comme pour éviter que l'expérience ne vire à la rigolade.

« Voilà, mes parent sont vraiment vieux et ça me déglingue. Ça me fait rien que les gens le sachent parce que je l'ai déjà dit assez souvent. Mais ce que je vais vous dire va sans doute me faire passer pour une trouillarde, et je ne veux pas que vous me preniez pour une trouillarde. » Elle hésita.

« D'accord, dit Miranda. Vas-y.

— Ils sont tellement vieux que j'ai vraiment la trouille, enfin quoi, j'ai la trouille qu'ils meurent. » Avec son inflexion ascendante, sa phrase avait l'air d'une question. Elle regarda chacun tour à tour dans les yeux. La seule fois où Julia avait vu Chicky aussi directe, c'était quand elle s'était levée lors de l'assemblée scolaire pour demander qui avait volé les sous-vêtements dans son casier.

« Mm-hmm, fit Miranda, comme pour dire : "Et puis ?"

— Alors voilà. J'ai vraiment la trouille que mes parents claquent. » Elle était sérieuse comme un pape. « Je veux dire, je sais bien que c'est des nazes et tout ça mais voilà, je ne veux pas qu'ils meurent.

— Bien. Merci, Chicky. »

Chicky écarta les bras et se mit à rugir : « Alors, putain, on me fait pas un câlin, à moi ? »

Rachel éclata de rire et bondit. « Allons, pouffiasse de mon cœur, dit-elle en serrant Chicky très fort. Ils ne vont pas casser leur pipe tout de suite.

— Bien, dit Miranda. Jason... et puis Julia et Lewis. »

Julia leva vivement la tête. Est-ce qu'elle savait ? « Vous trois, vous êtes les seuls qui restez, précisa-t-elle.

— J'y vais », proposa Julia, uniquement parce qu'elle ne voulait pas être la dernière. En écoutant les histoires des autres, elle n'avait pas cessé de se triturer les méninges pour trouver ce qu'elle allait raconter. Que ne voulait-elle pas qu'ils sachent ? Et, plus important, qu'était-elle disposée à révéler ?

« Souviens-toi, Julia, il ne s'agit pas d'une chose que ça ne te gêne pas qu'on apprenne. Il s'agit d'une chose que tu ne veux pas qu'on sache. »

Elle lâcha d'une traite : « Je ne veux pas que vous sachiez que j'ai fait l'amour avec Lewis ce matin. Au garage. »

Tout le monde eut le souffle coupé. « Elle est pas dégoûtée », chuchota une des filles. Julia regarda Lewis, mais trop tard ; elle pensa à lui, mais trop tard. Elle se rendit compte, mais trop tard, qu'elle ne voulait vraiment pas que quiconque soit au courant de ça, maintenant ou jamais, or elle avait déjà vendu la mèche. Elle les avait humiliés tous les deux.

« D'accord, dit Miranda, c'est intéressant. » Et Julia s'aperçut qu'elle avait mal compris le jeu.

Lewis se leva tandis qu'elle se rasseyait ; il ne la regarda pas. Il y eut un long silence : elle brûlait de honte. Elle mourait d'envie de s'enfuir de la pièce. De plonger dans un lac. De se noyer. Obstinément baissés, ses yeux percèrent un trou dans le sol dallé de liège. « La chose, commença lentement Lewis, la chose que je veux que personne ne sache. » Allez, dis-le, songea-t-elle, vas-y dis quelque chose sur moi, quelque chose de terrible, n'importe quoi, je m'en fiche. « La chose que je veux que personne ne sache, répéta-t-il, c'est... » Il porta un doigt à un sourcil, prit sa respiration et dit : « Mon oncle. » Ce fut soudain comme si chaque molécule de la pièce se figeait. Ils comprirent ; instantanément, ils comprirent tous. Toutes les révélations précédentes étaient dérisoire à côté de ça. « Depuis que je suis petit, reprit-il, et il semblait incroyable que Lewis parle avec sa voix normale, avec sa voix habituelle. Depuis que je suis petit, mon oncle... » Il se ferma comme une huître. La lèvre supérieure de Julia était froide, ses paumes moites. Elle regarda en direction de Miranda ; ils regardaient tous en direction de Miranda. Il n'y eut pas de bond en l'air ; il n'y eut pas de câlin. C'était trop grave. Personne ne savait quoi dire. Lewis se tenait seul au milieu de la salle, se balançant d'une façon à peine perceptible sur ses plantes de pied. Miranda paraissait pétrifiée, incapable de parler. Ils demeurèrent dans cet état de stupeur plusieurs secondes, chaque seconde plus longue et plus insoutenable que la précédente. « Très bien, dit enfin Miranda. L'exercice est terminé. » Lewis releva la tête, la regardant avec des yeux pleins de larmes. Puis il tira sur son bonnet, fit demi-tour et s'éclipsa à la hâte.

« Lewis ! » Julia l'avait suivi, autant pour sortir de cette salle – cette terrible salle impersonnelle – que pour s'assurer qu'il allait bien. « Lewis ! » appela-t-elle, mais il se mit à courir. Elle lui courut après, dévalant le perron, traversant la rue et galopant sous les arbres, leurs pieds martelant le sol, leurs cœurs battant à grands coups, le sang palpitant dans leurs veines, cet atroce bruit sourd résonnant à leurs oreilles. Mais lorsque Lewis atteignit la rue principale, cette rue qui sortait de la ville, cette rue qui partait vers nulle part, il accéléra encore, et elle eut beau persister jusqu'à ce que ses poumons lui semblent déchirés par des éclats de verre, elle ne réussit pas à tenir le rythme.

Après l'avoir perdu Julia n'eut plus qu'à retourner à la salle communale. Carol-Anna pleurait ; Chicky vociférait ; Johnno et Danny étaient assis dans un coin la tête rentrée dans les épaules. « Pourquoi vous n'avez pas dit quelque chose ? hurla Chicky, le doigt pointé sur Miranda. Vous auriez dû lui dire quelque chose.

— Et toi, pourquoi tu n'as pas dit quelque chose ? riposta Miranda, glaciale. Tu fais partie de ce groupe, toi aussi.

— Groupe... Il n'y a pas de groupe, nous n'étions même pas amis avant.

— Alors qu'est-ce que vous êtes les uns pour les autres ? Qu'est-ce qui vous donnait le droit de rester là à écouter ?

— Et vous, qu'est-ce qui vous le donne, ce putain de droit ?

— Chicky, laisse tomber. » C'était Rachel. « C'est trop tard.

— Oh, excuse-moi, mademoiselle Où-Est-Ma-Mère ? » Chicky fit semblant de pleurnicher : *a-bh-bh-bh...* « Tu crois être la seule à savoir faire du cinéma ? "Oh ! je suis tellement triste à longueur de temps, oh, pauvre de moi, où est ma maman ?"

— Si tu prends tout ça pour du cinéma, je ne suis pas étonné que tu n'aies rien dit à Lewis, intervint Bryce. C'est la vraie vie, ici, pas un de tes putains de soap-operas.

— Ecoutez, tout le monde. » Zoé éleva la voix pour couvrir le vacarme. « On se sent tous coupables après ce qui s'est passé. On ne devrait pas s'agresser comme ça.

— Ah ouais ? s'écria Chicky, s'en prenant à elle. Moi je ne me sens pas coupable, je me sens complètement truandée. Et au fait je trouve que tu es une pouffiasse, une pouffiasse bien pire que moi, parce que d'après ce que je me suis laissé dire tu n'es même pas douée.

— Merde, j'espère que tes parents vont crever du sida, parce que c'est sûrement ce qui va t'arriver à toi, contre-attaqua Zoé. Pourquoi tu n'as pas dit au groupe que tu avais de l'herpès génital ? C'est parce que tu te fiches pas mal qu'on soit au courant ?

— Pauvre petite pétasse ! intervint encore Bryce, lançant à Zoé un regard noir. Pauvre petite garce boutonneuse sans rien dans le citron !

— Pédé !

— Et puis après ?

— Et toi, là-bas ? » Zoé avait repéré Julia dans l'embrasure de la porte. « Tu l'as *baisé* ce matin et puis tu nous le racontes comme si c'était un truc que tu voulais que personne ne sache... A ton avis, qu'est-ce qu'il a ressenti après ça ? »

Julia n'avait rien à dire mais Bryce n'en avait pas encore fini avec Zoé. « Espèce de petite bigote scrofuleuse, espèce de petite commère bourrée de préjugés, je suis tellement au-dessus de toi et de ton refus mesquin d'apprendre quoi que ce soit, je sais que c'est toi qui as affiché ces photos, espèce de sale petite truie...

— Laisse-la tranquille, espèce d'infâme tantouze. » Danny se leva et se dirigea vers Bryce, énorme et menaçant. « On en a tous ras le bol de devoir supporter ton baratin de pervers, ces immondes saloperies dont tu nous gaves tous les jours.

— Oh ! espèce de grosse goudou poilue, j'ai vraiment la frousse, oooh ! » Bryce haussa un sourcil vers Julia. Il allait conclure par un « Débile de macho ! » lorsque les phalanges charnues du poing droit de Danny vinrent brusquement heurter sa mâchoire avec un bruit macabre. Rachel hurla, Bryce chancela, et sa tête repartit en avant juste à temps pour que Danny lui flanque un coup de poing en plein sur le nez. Du sang gicla sur le sol. Bryce était à quatre pattes. Julia s'élança vers Danny pour s'agripper à la chair flasque de son bras. Un éclair d'argent surgit de nulle part. Un couteau. Lame tremblante, Danny avait l'air d'un porc, tout de peau rose et de poils hérissés, et Julia se tenait devant Bryce qui rampait affolé sur le sol, et il y avait des cris et des hurlements, et Danny qui soufflait tellement fort avec cette chose dans sa main, et Miranda qui n'était pas là, elle avait disparu, elle était partie. Les deux mains sur sa figure, Bryce se rua vers la porte. « C'est ça, tire-toi, pédé », hurla Danny après lui, avant de se retourner, haletant, avec devant lui le couteau court et terrifiant. « Tu n'es qu'un porc ! » cria Julia. Elle jeta des regards éperdus dans la pièce mais personne ne bougeait. Chicky et Rachel se tenaient raides comme des poupées ; Johnno avait les yeux braqués sur le sol ; Jason, dans l'angle de la salle, affichait un sourire tordu. Julia s'aperçut qu'il n'avait pas révélé son secret. Danny respirait fort, il soufflait comme un bœuf. Zoé reniflait. « Vous êtes tous tarés », dit Julia qui sortit en courant une deuxième fois, la dernière fois, la seule fois qui restait. Ses pieds tonnant sur le plancher, elle dépassa Chicky, Rachel, tout le monde, et s'enfuit en courant.

Miranda téléphona à Gretchen Mills pour lui annoncer que les cours étaient terminés. « Je repars pour la grande ville plus tôt que je ne croyais, expliqua-t-elle. » Elle ne laissa pas à son aînée l'occasion de demander pourquoi. Elle vida un verre de vin et alluma une cigarette. Puis elle appela Lionel Ford. Aussitôt qu'il décrocha, elle sentit l'ombre de sa présence qui obscurcissait la pièce.

« Où êtes-vous ? » Sa voix était persuasive, veloutée.

« Très loin. » Elle eut un petit rire. « Un endroit terriblement ennuyeux, si vous voulez savoir. Je travaille mon bronzage.

— Vous n'êtes quand même pas dans une cabine d'UV, ma chère ? »

Miranda regarda par la fenêtre les feuilles frémissantes de l'arbre et expira. « J'ai reçu votre lettre.

— Il y a du travail pour vous ici si vous voulez. Je parlerai au doyen.

— Merci.

— Ne me remerciez pas. J'exigerai une rétribution. A un moment ou un autre.

— Oh, s'il vous plaît, épargnez-moi votre numéro à la Gilbert Osmond*.

— Attention, dit-il, cassant. Ne me fâchez pas.

— Désolée, Lionel. » Elle mit autant de douceur dans sa voix qu'elle en fut capable. Ce salopard de vieille folle... « Je vous suis reconnaissante, sincèrement, vous savez bien que je le suis.

— N'est-ce pas malin de la part de Margot et Oliver d'avoir décroché des postes comme ça ? » Il allait en faire des tonnes là-dessus.

« Extrêmement habile, acquiesça-t-elle, avant de tirer

* Mari mystérieux et manipulateur d'Isabelle Archer dans *Un portrait de femme* de Henry James (*NdT*).

une autre bouffée de sa cigarette. Je suis vraiment contente pour eux.

— J'ai donné une petite réception pour fêter leur départ. Un petit truc, quelques dizaines de personnes. Dexter Andrews est venu. Son dernier roman est extraordinaire. On parle du grand prix.

— Ah oui ? Quel beau coup pour vous, Lionel. »

Il gloussa. « Le doyen était littéralement vert.

— Oh ! voilà mon masseur qui me fait signe. Je suis en retard pour un rendez-vous.

— Comment s'appelle cet endroit où vous êtes ?

— Mon chéri, il faut que je file. » Miranda se surprit à hocher la tête dans la pièce vide comme s'il y avait bel et bien quelqu'un avec elle. « Je vous appelle dès que j'arrive en ville. Je vous inviterai à dîner. »

Elle aurait volontiers tout passé au lavage après avoir dit au revoir : le téléphone, ses cheveux, sa bouche. Mais le plus important était fait. Elle revenait. Et Lionel veillerait à ce que ça se passe bien pour elle.

Installée à la table de la cuisine tandis que dehors la nuit tombait, Julia s'appliquait à déchirer de petits bouts de papier en morceaux plus petits encore, éparpillant les confettis sur le formica puis les rassemblant en tas avec l'arête de sa main. Le plafond craquait et grinçait : Mary, en train de bricoler à l'étage. Du coin de l'œil, Julia aperçut quelque chose par la fenêtre de l'évier, puis Miranda surgit à la porte de derrière. La jeune fille leva la tête, demeurant sans dire rien alors que son aînée poussait la porte moustiquaire, entrait dans la cuisine et s'asseyait.

« Tu vas bien ? » demanda Miranda.

Julia fit oui de la tête tout en se mordant la lèvre. Puis : « Où étiez-vous ? lâcha-t-elle. Pourquoi êtes-vous partie ?

— L'exercice était terminé. » Miranda posa ses mains à plat sur la table. « Il était terminé.

— Ce que Lewis a dit...

— Il s'est enfui. » Elle examina Julia, la tête penchée sur le côté. « Est-ce que tu es contrariée à cause de Lewis ? »

Julia fixait des yeux le monticule de bouts de papier. « Oui, bien sûr. C'est terrible, épouvantable. » Elle hésita. « Je ne sais pas quoi faire. Je regrette d'avoir dit... ce que j'ai dit.

— Je sais. » Un bruit sourd se fit entendre à l'étage, suivi d'une exclamation étouffée. « Est-ce que tu vas l'appeler ? »

Julia planta son doigt au milieu des confettis puis elle le fit tourner, si bien que le trou ne cessa de s'agrandir. Mary se tenait à la porte. Dans sa main elle tenait un miroir, un de ces miroirs pour se voir en buste : une grande fêlure le barrait d'une diagonale argentée. « Vous arrivez à y croire ? » dit-elle.

La maison de Lewis était vide. Pour la deuxième fois ce jour-là, Julia se posta en face de chez le carrossier et chercha des yeux la maigre silhouette du jeune homme dans l'obscurité du garage, mais il n'était pas là. Le soleil commençait à descendre sur les toits bas des vieilles maisons de cheminots, et durant tout son trajet par le quartier commerçant, le parc et jusqu'au pont, elle ne vit absolument personne. Pas de Danny, pas de Chicky, pas de Rachel, pas de Bryce. Elle avait envie de demander aux autres s'ils avaient remarqué que Jason Mills n'avait rien dit, s'ils avaient remarqué son petit sourire narquois. Une chaude lumière orangée baignait les troncs d'arbre courtauds et les pylônes en béton brut à proximité du pont. Il y avait de nouveaux tags sur le mur, exécutés par quelqu'un dont elle ne reconnut pas l'écriture : sans doute un des petits... Le tas habituel de cendres de carton brûlé, que jonchaient aussi des canettes de soda, des sacs à sniffer, une capote usagée, des restes de bouffe et des briquets vides, suppurait au milieu du gravier qui s'étalait sous le pont. Quelqu'un avait laissé là un sac de couchage : son enveloppe en nylon était déchirée aux extrémités comme si un animal l'avait mâchonnée. Croyant entendre un bruit de pas, Julia se retourna vivement, mais seules bougeaient les pointes des hautes herbes. Elle s'assit sur les petits cailloux tranchants et attendit.

Le ciel était d'un noir bleuté et la lune s'était levée, fine et brillante, lorsque les phares jaunes d'une auto apparurent sur la vieille route dans un grand raffut métallique. Julia se redressa, les genoux et les hanches ankylosés, frissonnant dans son mince chemisier. Elle cligna des yeux à l'approche de la lumière. La voiture s'arrêta mais les phares et la radio restèrent allumés. Elle entendit un DJ qui parlait d'un programme de chansons d'amour prévu jusqu'à minuit. Lewis sortit de la voiture.

« Salut, dit Julia. Ça va ? »

Il se contenta de la regarder.

« Je suis désolée. » Sa voix était toute petite dans l'immensité de la nuit. Des papillons allaient se cogner contre les phares. « Je suis vraiment désolée pour ce qui s'est passé. »

Il haussa les épaules. « C'est bon, dit-il.

— J'étais paumée. Je le suis, je veux dire. Paumée. » Elle ne savait trop comment enchaîner. « Est-ce que... est-ce que tu veux parler ?

— Pas vraiment. » Il tira sur son bonnet. « Je suis plutôt venu ici pour m'évader, tu sais.

— Ah. D'accord. Désolée. »

Il y eut un silence. Tous deux regardaient leurs pieds.

« N'empêche, reprit-elle. Je voulais te dire... Je vais m'en aller. Je vais partir pour la grande ville, c'est décidé. »

Lewis hocha la tête. « C'est chouette.

— Tu devrais venir. » Ça y était, elle l'avait dit.

Le garçon la dévisagea. « Avec toi ?

— Si tu veux. » Sa peau la brûlait de l'intérieur, son sang battait à toute allure dans la nuit froide.

« Qu'est-ce qu'on ferait ?

— Je ne sais pas. J'aimerais bien suivre des études. Mais je pourrais travailler.

— On habiterait dans la grande ville ?

— Oui.

— On partirait d'ici ?

— Oui. » Elle lui souriait ; ils souriaient tous les deux, ils souriaient comme des idiots dans le faisceau des phares. « Viens avec moi », insista-t-elle. Son ton était pressant. « Laisse tomber ce bled. »

Il y eut un instant, une seconde, où elle pensa que ça allait peut-être se faire. Puis il secoua la tête, et cette chose indéfinissable qui s'était produite entre eux s'évanouit. « Je ne peux pas. » Il évitait de la regarder. « Je ne peux pas partir d'ici. Il y a... trop de choses.

— Tu es sérieux ?

— Oui. » Il secoua encore la tête. « Il y a une raison. »

Le bébé de Tarin Verschoor... La gorge de Julia se serra : oui, cet élément était incontournable. L'enfant de Lewis.

Elle fit un pas vers lui. Il ne broncha pas. Julia tendit la main pour lui toucher le bras tout en sachant pertinemment que ce geste était plus réconfortant pour elle que pour lui. Il la laissa faire. Son corps était chaud sous son blouson en jean. « A un de ces jours », dit-elle. Et elle ne se retourna pour le regarder qu'après être sortie de la flaque de lumière autour de la voiture, après avoir dépassé ce cercle lumineux pour rejoindre le cercle plus vaste de l'obscurité. Lewis était assis sur le bord du siège du conducteur. Une main tenant une barrette de shit, l'autre sur le volant. Pendant une longue minute, elle l'observa et il ne bougea pas. Elle mourait d'envie d'aller le rejoindre. Pourtant elle se détourna, remontant la colline de gravier en direction des mornes petites lumières de la ville.

⋆

Gretchen Mills fredonnait un air en se rendant à la banque, une cassette vidéo de *Crimes du cœur* dans son sac. La chaleur abrutissante de l'été était passée, les mômes ne tarderaient pas à retourner à l'école, et Pam Walker lui avait annoncé que Hunter était à nouveau célibataire. Dans quelque temps, il faudrait organiser le bal du conseil municipal. Tiens, pourquoi pas, elle allait lancer un concours du meilleur thème de déguisement...

Les fils téléphoniques bourdonnaient des bavardages

entre Chicky et Johnno, qui discutaient sexe, amour et projets d'avenir. Pour la fête des dix-huit ans de Chicky, ils convinrent qu'un DJ serait mieux qu'un orchestre *live* : de cette façon, elle pourrait entendre toutes ses chansons préférées. Chicky ne dit pas à Johnno qu'elle s'était entraînée au yard-glass*. Elle voulait lui faire la surprise.

Allongée avec Julia au sommet de Tree Hill, Miranda lui racontait des anecdotes sur la grande ville. Elle essayait d'imaginer cette ville sans Oliver, mais en vain. Elle chuchotait à l'oreille de la jeune fille alors que les nuages bouillonnaient au-dessus de leurs têtes mais que la pluie n'arrivait toujours pas.

Sous un ciel cuivré qui se reflétait sur les arêtes métalliques du capot, Lewis et Bryce parcoururent toute la forêt morte dans chaque sens, des bouteilles de bière pendouillant au bout des doigts, de la musique rock résonnant dans les airs.

Hunter reposa *Comment nous vivons* d'Anthony Trollope, s'empara de son verre de whisky et le but. Attrapant *Lace 2*** sur la table à côté de lui, il commença à lire.

Dans leur lit familier un peu défoncé, Martin et Mary se mirent lentement l'un sur l'autre, leurs corps nus brûlants, fatigués mais persévérants, les grincements et les soupirs du mari, de la femme, du sommier et des cloisons s'élevant légers dans l'air chaud et doux.

Scrutant sous sa porte le mince trait de lumière provenant du couloir, Rachel remonta sa couverture sous son

---

* Verre à bière étroit et haut resserré au milieu. Pratique consistant, lors de certaines fêtes importantes, à boire la bière d'un trait sans en laisser couler (*NdT*).

** Roman historique grand public de Shirley Conran, faisant partie d'une trilogie (*NdT*).

menton. Une brochure universitaire reposait sur son ventre au-dessus des draps. Dans le noir, promenant ses doigts sur les reliefs du blason ornant la première page, elle attendait que la lumière s'éteigne.

⋆

Lors des dix-huit ans de Chicky, c'était la première fois que le groupe se retrouvait dans le foyer communal depuis l'épisode de Danny et du couteau. Julia croyait que ce serait horrible, mais tandis qu'elle se rapprochait avec Miranda de la masse sombre du bâtiment situé au bout de la rue, elle ne ressentait rien. Elles s'étaient préparées ensemble pour la fête. « C'est comme d'avoir une sœur », avait dit Miranda. De la musique rock leur parvenait depuis la salle et une lumière orange, filtrant par les interstices des planches, se dissolvait dans le bleu du crépuscule. A côté du panneau indiquant Pas de grosses bottes Pas de talons aiguilles, les parents de Chicky avaient disposé une autre pancarte. Pas de pieds nues, lisait-on, Cravates pour les Messieurs SVP, Disponible à l'intérieur.

« Seigneur, je renonce ! dit Miranda alors que Julia et elle gagnaient la porte rouge sur le côté de l'immeuble.

— Je croyais qu'il ne fallait jamais renoncer, dit Julia en souriant.

— Très bien, alors, je désespère. Je désespère de cette ville et de ton éducation.

— Je connais l'orthographe. Ne vous inquiétez pas. » Les talons hauts que lui avait prêtés Miranda étaient un véritable enfer pour marcher. Accrochées l'une à l'autre, pouffant comme des sottes, elles entreprirent l'ascension de l'escalier en bois.

Quelques ballons qui n'avaient pas été gonflés à bloc dansaient mollement le long des murs de la salle. Julia et Miranda furent accueillies par le père de Chicky. « Bienvenue, bienvenue. Il faut juste que j'aille changer la diapo. Excusez-moi. » Elles levèrent les yeux et aperçurent, projetée de travers sur le mur du fond, la photo d'une Chicky toute potelée âgée de dix ans environ, affichant un sourire forcé au-dessus de son cardigan scolaire. Julia jeta un coup d'œil à Miranda. Elle espérait que le père de Chicky n'avait pas de diapos susceptibles de la compromettre, des photos d'une adolescente boutonneuse, avec des traits inachevés flottant dans un visage pas encore définitif. Dans les albums familiaux, il y avait des quantités de clichés d'elle bien godiche avec le nez trop rouge, et Julia se crispait chaque fois que Mary les sortait. Mais la photo suivante montrait Chicky avec son bras autour de Rachel, toutes les deux habillées en sorcières, souriant de toutes leurs dents. Les couleurs des diapos étaient fanées, avec cette qualité brumeuse des souvenirs un peu flous. Le père de Chicky surveillait le projecteur avec enthousiasme, et Julia regardait ces images appartenant à sa vie défiler une à une dans la salle communale. Chicky et une Rachel à la tignasse énorme en robes d'été sous un parasol à fleurs ; Chicky au centre de la photo de l'équipe de touch rugby*, les bras croisés et le menton bien ferme ; Chicky installée un genou replié contre la portière passager de la VW de Johnno... Miranda se pencha pour coller sa bouche écarlate contre l'oreille de Julia : « Quel rite d'humiliation inutile, murmura-t-elle, avec son haleine fraîche. Heureusement qu'il n'y a pas de photos de toi... » Alors, Julia regarda à nouveau : Chicky et Rachel dans des sacs de couchage, sous la lumière orange d'une tente ; Chicky et Rachel avec des bigoudis dans les cheveux ; Chicky et Rachel dansant le french cancan... et elle comprit soudain que c'était vrai. Elle avait été coupée au montage.

Avant qu'elles aient eu l'occasion de pénétrer plus avant dans la salle, une bande de garçons, au milieu, se mirent à scander : « Chicky ! Chicky ! Chicky ! » A travers la forêt de têtes permanentées que constituaient la mère de Chicky et ses amies, Julia réussit à apercevoir un bout de bras nu et un rayon de lumière se réfléchissant sur la

* Rugby où les plaquages (ou autres formes violentes de blocages) sont interdits, ainsi que le jeu au pied (*NdT*).

paroi du grand verre tandis que Chicky le portait à sa bouche, basculait la tête en arrière et commençait à boire. Elle se débrouillait bien : Jason l'aidait à tenir la base du récipient, soulevant lentement le verre. Chicky siffla toute la bière d'un trait, puis elle fut prise de nausée et sa tête disparut. Les garçons reculèrent d'un seul coup, bousculant Julia. Elle regarda autour d'elle mais Miranda s'était envolée. Noeline la poussa sur le côté, serrant un torchon contre son tailleur turquoise : ses lèvres étaient pincées et ses boucles grises semblaient raides de désapprobation.

Julia dut patienter vingt minutes avant de pouvoir approcher Chicky avec son cadeau, vingt minutes qui lui parurent des heures, vingt minutes ballottée dans les remous de la salle, perdue entre les amis des parents de Chicky et les mauvais garçons de la ville, toute seule sans ses amies, toute seule sans Miranda. Rachel n'était jamais loin de Chicky : elle voletait autour d'elle tel un joli papillon, miraculeusement restée intacte malgré les renvois de bière mal digérée et la fumée de cigarette. Quant à Chicky, à l'étroit dans sa magnifique robe de bal, elle s'amusait comme jamais, resplendissante malgré ses haut-le-cœur, de grands rires jaillissant de sa gorge. Julia se tint derrière elles un moment, puis elle toucha le bras de son amie. « Bon anniversaire. » Chicky ne se retourna pas. « Bon anniversaire, répéta-t-elle.

— Quoi ?

— Je voulais juste te souhaiter un bon anniversaire. » Elle lui tendit le paquet bleu. Ne flatte pas ses désirs, l'avait avertie Miranda quand Julia lui avait demandé conseil pour le cadeau. Elle peut avoir envie d'un rouge à lèvres bien vulgaire ou de préservatifs parfumés à la cerise, mais ça ne veut pas dire que tu dois les lui offrir, toi. Un dix-huitième anniversaire, c'est important. Je suggérerais de la poésie. Tiens, d'ailleurs, je pourrais te donner un coup de main... Avec un « Merci », Chicky prit le livre des mains de Julia, tout en jetant un coup d'œil aux alentours de son oreille gauche.

« Tu es toute belle », dit Rachel. Elle s'apprêtait à suivre

Chicky qui elle-même se dirigeait vers le tonneau de bière, lorsque Miranda apparut brusquement.

« Salut Chicky, bonjour Rachel, lança-t-elle, les embrassant toutes les deux sur la joue avant même qu'elles aient pu se dérober. Félicitations, dit-elle en souriant à Chicky. Dix-huit ans... Dans certaines cultures tu serais déjà mère de trois enfants, or te voilà avec toute ta vie devant toi. Tiens, qu'est-ce que c'est ? Ça n'a pas l'air d'être un bijou, on dirait ? Bien sûr, c'est là qu'on aimerait voir si Johnno a de la ressource... Pourquoi ne l'ouvres-tu pas ? »

Tout doucement, comme si elle se pliait aux exhortations d'un hypnotiseur, Chicky retira le papier de soie. Plus tard, sur le chemin du retour, Miranda commenterait : « Papier de Noël recyclé... le chic des boutiques caritatives, j'adore », et Julia noterait cette formule sur le chic des boutiques caritatives en espérant avoir l'occasion de la réutiliser. Mais pour l'heure *Les Poèmes choisis d'Emily Dickinson* reposaient, insolites, dans les mains dodues de Chicky. Julia regretta d'avoir accepté le volume de Miranda plutôt que d'avoir acheté du savon ou des sels de bain.

« Une des grandes solitaires de la littérature, dit Miranda. Un gage d'amitié très intéressant. »

Chicky paraissait perplexe. Quelqu'un cria son nom, et ce fut seulement quand elle se retourna vers le cri en dodelinant de la tête que Julia comprit que Chicky était très éméchée.

« Un discours ! » réclama quelqu'un, et le père de Chicky se hissa sur un banc en bois, tenant sa main paume ouverte devant lui. Sa figure était luisante. Pardessus le boucan de Johnno et de ses amis, on avait du mal à entendre ce qu'il disait. « Silence, s'il vous plaît, commença-t-il d'une voix sonore mais tremblante. Silence. »

« Bon sang, papa, ce que t'es naze, dit Chicky, assez fort pour que des gens se retournent.

— Noeline et moi sommes très fiers de notre petite

fille, dit le naze. Mais nous avons peine à croire que la voilà majeure.

— Hé, Chicky, mate un peu ton vieux ! » lança un des Jason, en insistant sur le mot *vieux*.

Chicky n'en fit rien. Elle se mit la tête dans les mains en la secouant comme si elle avait honte.

« Une fille plus prévenante, plus gentille et plus aimante...

— Telle était Lucrèce Borgia aux yeux de ses parents... compléta Miranda.

— Alors, levez avec nous vos verres à Annabel, ou à Chicky comme l'appellent ses jeunes amis, afin de lui souhaiter un très heureux anniversaire.

— Joyeux anniversaire ! » cria la foule rassemblée, à part un des garçons qui profita du vacarme ambiant pour hurler : « C'est moi qui l'ai sautée en premier ! »

Le vieil homme tripota son sonotone comme si l'appareil lui jouait des tours. « Et maintenant, poursuivit-il, Annabel voudrait vous dire quelques mots personnellement. »

Julia repéra sa mère à l'autre bout de la salle, en train de rire avec la femme de la supérette qui venait de perdre son mari. Comment pouvait-elle rire ? se demanda Julia. Comment peut-on rire si près de la mort ? Mary et elle ne s'étaient pas parlé de toute la semaine ; il y avait un mot collé à la pâte adhésive sur sa porte de chambre disant A ce soir bisous. Mary leva la tête, aperçut Julia et lui fit signe de venir. Mais Julia ne bougea pas. Miranda avait passé son bras mince et dépourvu de poils sous le sien.

« Ouais salut, fit Chicky. Avant tout, hum, merci papa. Et maman, super, la bouffe. Eh ben, j'aimerais dire que c'est génial d'avoir dix-huit ans, continuez à vous éclater, et merci à tous et en particulier à mes meilleurs potes Rachel, euh... et... » Le banc se balança et elle écarta les jambes pour être plus stable. « Et Johnno » – elle lui envoya un baiser et quelqu'un poussa un « hou ! » enthousiaste –, « mon petit ami, ouais, t'es cool comme mec, alors vous tous... ». Un rugissement émana soudain du groupe de garçons réunis autour du projecteur de diapos. Là sur le mur, bien plus grande que nature, il y avait une photo de Chicky : son sweat-shirt était remonté jusqu'au cou, elle n'avait pas de soutien-gorge, ses yeux étaient clos, sa bouche riait aux éclats et ses seins énormes aux aréoles rose pâle étaient tendus vers l'objectif. Il y eut un hoquet de surprise générale.

« Charmant », déclara Miranda, claire et intelligible dans le silence qui suivit.

La voix qui se fit entendre alors était celle de Chicky. « Vous... allez vous... allez tous vous faire foutre, bande de salopards. » Elle descendit du banc en flageolant pour se diriger d'un pas furieux vers les garçons, mais elle fut arrêtée par son père qui lui agrippait le coude de sa vieille main pleine de taches. Il murmura quelque chose si bas que personne n'arriva à distinguer ce qu'il disait. Chicky se tourna vers lui avec son rictus habituel ; son père bougea sa main, d'une manière presque imperceptible, et elle tressaillit.

« Je n'avais jamais vu ça avant », dit Julia à Miranda. Elles se tenaient sous la lumière de la véranda devant sa porte d'entrée. Un papillon de nuit gris pâle tournicotait autour de la tête de Miranda.

« Ça n'avait pas l'air d'être la première fois, fit-elle remarquer. J'ai l'impression que Chicky ne nous a pas vraiment tout dit lors de ce dernier cours.

— Vous croyez qu'on aurait dû rester ? Peut-être que ça aurait fait plaisir à Chicky. »

Miranda soupira. « Un ami à moi dirait : ce qui compte surtout, c'est de connaître l'importance véritable d'un dix-huitième anniversaire, et de savoir si on peut réellement dire que quelqu'un entre dans l'âge adulte lorsque le rituel est marqué par un comportement aussi bestial et puéril. »

Julia ne sut que répondre. « D'après toi ? »

Le papillon se prit dans les cheveux de Miranda et elle le chassa. « D'après toi, si son discours n'avait pas été interrompu, est-ce que Chicky aurait fini par parler de toi ? »

Cette nuit-là Julia, couchée dans son lit à une place, essayait de se rappeler les qualités qui lui avaient tant plu chez Chicky. Chicky vous donnait l'impression de n'avoir jamais peur de rien. Il y avait eu la fois où le prof de gym lui avait lancé un ballon à la figure quand il l'avait surprise en train de fumer et où elle le lui avait aussitôt renvoyé d'un coup de tête avant de lever les bras en l'air comme une vedette de football. Une fois, elle avait encouragé Rachel à appeler les renseignements pour trouver le numéro de sa mère, installées là au comptoir de la cuisine avec une liste de toutes les villes de la région où elle aurait pu aller. Et il y avait eu la fois où elle avait masturbé Johnno à l'arrière de la voiture de ses parents alors qu'ils les conduisaient en colonie de vacances. A en croire Miranda, il fallait apprendre la différence entre le courage et la bêtise, mais comment ? Est-ce que Chicky et elle n'étaient amies que parce qu'elles avaient toujours été là ? Mary lui avait raconté l'histoire du square tellement souvent qu'elle se figurait que toutes les trois se seraient à tout jamais indispensables. « Pour compenser votre statut d'enfants uniques », voilà ce que disait sa mère. Pouvait-elle imaginer une vie sans Chicky ? Cette pensée s'ouvrit dans son esprit telle une énorme porte pivotant sur ses gonds. Elle s'empressa de bien la refermer.

Mary se tenait dans la cuisine vivement éclairée, une bouteille de bière fraîche à la main. Elle l'appliqua contre son cou, espérant combattre la chaleur débilitante, puis en but une gorgée. Martin poussa la porte moustiquaire et entra.

« J'essaie de ne pas me sentir rejetée par ma fille, dit-elle.

— Whisky ? proposa-t-il.

— Non merci. »

Il y eut un silence. Le frigo bourdonnait.

« Tu sais, reprit-elle avec une énergie nouvelle

empreinte de colère, en tournant au coin de la rue ce soir, je les ai vues qui se tenaient sur la véranda comme un couple de jeunes amoureux. »

Martin prit une chaise sur laquelle il s'assit à l'envers. Elle sentit une odeur de parfum. « Est-ce que... » commença-t-elle, alors que lui-même disait : « J'ai ramené Aaron et Candice chez eux. Qui ?

— Qui quoi ?

— Qui était sur la véranda ?

— Julia et cette fille, Miranda. »

Il rit. « On vient de la voir. On était juste, euh, en train de se faire une dernière partie de billard au bar quand elle a débarqué toute fringante. Je veux dire, les femmes ne viennent jamais dans ce bar toutes seules, ça n'a pas de sens, quel intérêt ?

— Eh bien, les femmes devraient pouvoir y aller seules, exactement comme les hommes. »

Il la dévisagea d'un air étonné. « Donc elle s'approche de nous, salut, salut, il s'avère qu'elle connaît Candice à cause de la boutique.

— Ah bon ?

— Oui, apparemment, elle achète des fleurs fraîches toutes les semaines, d'après Candice. Alors on lui propose, asseyez-vous, mais non elle ne veut pas s'asseoir avec nous non merci, elle attend quelqu'un. Et alors tu sais ce qu'elle dit à Aaron ? Elle regarde les tatouages sur ses phalanges, ceux qu'il avait quand il est revenu de prison, et elle dit : “Vous avez déjà vu *La Nuit du chasseur* ? C'est un film merveilleux.” Tu te rends compte ? Merveilleux. » Il rit à nouveau. « J'ai cru qu'il allait lui flanquer un marron. Mais avec quelle main, “amour” ou “haine”, ça je n'étais pas sûr.

— C'était qui, son rendez-vous ?

— Elle ne l'a pas dit. »

Mary résista à l'envie de courir à l'étage pour vérifier si Julia était toujours dans son lit. L'ampoule au-dessus de la table de la cuisine grilla et la pièce sombra dans l'obscurité. Elle entendit Martin qui se levait pour se rapprocher d'elle.

*

Johnno attendait Chicky au restaurant, dans leur box habituel à l'heure habituelle. Levant les yeux de la salière qu'il était en train de dévisser, il vit Miranda se glisser sur la banquette en face. Johnno eut un rapide mouvement de tête – Chicky n'était pas encore arrivée –, puis dit : « Qu'est-ce que vous fabriquez ici ? » Son genou se mit à tressauter malgré lui.

« Bonjour à toi. » Elle portait une robe bleue décolletée et, autour de son cou, la chaîne en argent qu'il lui avait offerte brillait sous les rayons du lustre. « Alors comme ça j'apprends que Chicky et toi allez emménager ensemble. »

Ouaou. Droit au but... « Euh, eh ben on va prendre un truc ensemble un jour ou l'autre, ouais.

— Tiens, tiens, donc c'est bien la vérité. » Elle se releva pour aller chercher sa tasse de café au bar. « Merci Dawn.

— No problemo. » Dawn lança un regard à Johnno, du genre Pas question de semer le foutoir ici.

« Ça alors... » Miranda se rassit. « C'est une sacrée décision. »

Johnno s'efforçait de rester tranquille et de ne pas trop gigoter sur la banquette en skaï. Chicky risquait d'entrer d'un instant à l'autre. « Sans doute », répondit-il, surveillant la porte.

— Une raison particulière ?

— Non, pas vraiment. » Son cœur eut un raté lorsqu'une fille petite et voluptueuse passa dehors devant le bar. Ouf, pas Chicky...

« C'est juste que tu es prêt à t'engager, c'est ça ?

— Mm-hmm.

— Johnno. » Il y avait des lames de rasoir dans sa voix. « Regarde-moi. » Il s'exécuta. « Tu aurais dû me le dire toi-même. C'était à toi de t'en charger.

— Je ne pensais pas que ça vous ferait quelque chose. »

Elle rit. « Ça ne me *fait* rien. Mais nous avons un lien à part, toi et moi. C'était à toi de me le dire. »

Et tout ce baratin sur la liberté ? fut-il tenté de répliquer, mais il se douta que ce n'était pas la chose à faire.

« Voyez-vous... » Il ne savait plus trop où il en était. « Voyez-vous, Chicky est enceinte.

— Oh ! » Elle était étonnée. Les deux autres filles devaient l'ignorer, sans quoi elle l'aurait appris. Miranda étudia le visage de Johnno : il disait la vérité. « Et vous allez garder le bébé.

— Ouais. Je veux dire, on veut pas le faire adopter ni rien.

— Et un avortement ? »

Il se redressa sur sa banquette. « Pas question. C'est contre la religion. On peut pas tuer un bébé.

— Ce n'est pas encore un bébé, Johnno, c'est un groupe de cellules. » Miranda plongea sa cuillère dans le sucrier et en souleva quelques grains. « Un tout petit groupe de cellules.

— On va garder le bébé. On va sans doute se marier.

— Et le lycée ? Tu redoubles ta terminale.

— Pas si je me case. Papa me filera un boulot à l'abattoir.

— Bon sang. Vous êtes trop jeunes, tous les deux, vous avez toute la vie devant vous.

— Ecoutez. » Si Chicky le voyait discuter avec Miranda il allait avoir de foutues emmerdes. Snobinarde maigrichonne de la ville, si seulement elle voulait bien fiche le camp... « C'est notre vie. On fait ce qu'on veut.

— Vous faites ce que vous êtes programmés pour faire. »

Un petit sourire narquois apparut sur le visage de Johnno. « Je sais. Vous êtes jalouse.

— Pardon ?

— Vous êtes tout simplement jalouse parce que je suis avec Chicky et qu'elle va avoir un bébé de moi.

— Je refuse de croire que tu penses une chose pareille. » Elle posa sa tasse et le breuvage marron déborda sur la soucoupe. « Mais si je refuse de le croire, c'est peut-être parce que je refuse de penser que j'ai perdu mon temps avec quelqu'un d'aussi stupide. »

Petit coq, Johnno sentit une bouffée d'assurance l'envahir. « Vous ne trouviez pas que vous perdiez votre temps quand vous me demandiez de vous baiser l'autre soir... »

Miranda se leva, puis se pencha vers lui au-dessus de la table. « Si tu ne veux pas que Chicky apprenne ce qui s'est passé entre nous tu as intérêt à faire attention à la façon dont tu me parles. Je suis très déçue. Tu vas moisir ici exactement comme tous les autres.

— Ah ouais ? Eh ben, tant pis... »

La porte s'ouvrit. C'était Chicky. « C'est quoi, ce bordel ? Johnno ?

— Bonjour, dit Miranda avec un sourire. Bon déjeuner. Au revoir Johnno. » Elle tripota son collier. « Souviens-toi de ce que je t'ai dit. »

« De quoi elle parlait ? demanda Chicky alors que Miranda sortait du restaurant. Qu'est-ce qu'elle voulait, cette squelettique ?

— Rien, répondit Johnno, à nouveau tout sourire à la vue des seins gonflés de Chicky. Elle nous chie une pendule pour que dalle.

— Je meurs de faim, dit Chicky. Tu as un peu de fric ? »

*

Les résultats arrivèrent. Des enveloppes avec « Bureau des Diplômes » imprimé en haut à l'encre rouge reposaient dans les boîtes aux lettres et sur le sol des vestibules. Certains s'étaient précipités pour les ouvrir, ou les cacher dans une taie d'oreiller pour plus tard, ou bien voir, le cœur sur les lèvres, leur père ou leur mère se redresser d'un coup, avec à la main le rectangle de papier fatidique. Une quantité d'autres ouvrirent leurs enveloppes avec désinvolture, avec indifférence, sans espoir particulier. La ville, dans l'ensemble, ne se débrouillait pas très bien aux examens. Ses habitants ne détenaient pas de diplômes universitaires ni aucune autre sorte de diplôme supérieur. Ils n'avaient pas été des élèves exceptionnels ; ils n'étaient pas des champions ; ils ne ratatinaient jamais leurs adversaires et ne battaient jamais de records. Tout au plus, chaque saison, arrivaient-ils à se disputer un trophée de football avec la ville la plus proche. Mais la ville n'enfantait pas de héros, ni d'inventeurs, ni de vedettes.

Julia avait réussi. Elle avait réussi ses examens de dernière année, elle avait terminé sa scolarité et était assise dans la cuisine inondée de soleil à boire du café, avec Mary qui lui pressait l'épaule avec fierté. Elles avaient rapporté des muffins et échangeaient d'immenses sourires : la cuisine baignée de jaune fleurait bon le linge propre, le petit déjeuner et l'amour. Le téléphone sonna. Julia se raidit au cas où il se serait agi de Chicky ou de Rachel. Mary annonça : « Ce doit être papa », et constatant que c'était bien lui, elle rayonna de plaisir. « Julia a réussi, s'écria-t-elle, notre bébé a réussi.

— Réussi quoi ? »

Elle ne cessa pas de sourire. « Ses examens.

— Formidable. Dis, je sors avec Aaron tout à l'heure. Je ne rentrerai pas dîner.

— D'accord. Je lui dirai. »

Mary raccrocha et, serrant Julia dans ses bras avec force, elle dit : « De la part de papa. Il est très, très fier de toi. »

Il n'y eut aucune surprise sous le toit de Chicky. Elle passa devant le solarium où ses parents trônaient tous deux dans leurs fauteuils assortis, revint sur ses pas, s'arrêta dans l'encadrement de la porte et dit : « Les résultats sont arrivés. J'ai réussi Anglais et Science de la communication. »

Son père leva les yeux de son *Readers' Digest*. « Deux matières. Pas assez pour la fac...

— Non », avait répondu Chicky. Elle avait tapoté le chambranle, deux fois, puis continué sa route.

Rachel l'attendait au bout de l'allée. Elle tenait un sac en papier à la main, dans lequel il y avait une bouteille. « Qu'est-ce qu'il y a dans la bouteille ? demanda Chicky.

— De la vodka. »

Elles marchèrent directement jusqu'au pont. Elles n'appelèrent pas Julia, qui ne les avait pas appelées. Au pont, elles retrouvèrent Johnno, ainsi que les deux Jason, Zoé, Tarin, Lewis et d'autres, mais les anciens groupes sociaux ne comptaient plus car ils avaient désormais une chose en commun : ils avaient tous raté leurs examens. Aucun d'eux ne s'attendait à voir Rachel. La nouvelle se répandit rapidement qu'elle était là pour la même raison que les autres. Elle n'avait pas l'air dans son élément, elle paraissait complètement à vif. « Et puis merde », s'exclama-t-elle, s'asseyant sur le gravier à côté d'un des Jason et de son sac à sniffer à l'endroit précis où Julia et elle s'étaient assises pour la première fois il y a tant d'années. Cette fois-ci elle ne s'allongea pas pour contempler le ciel, pas plus qu'elle ne rit à une blague entendue au loin, ni qu'elle ne rougit sous l'œil concupiscent d'un garçon plus âgé. Cette fois-ci elle regarda le gravier sous ses jambes, puis la bouche cerclée de blanc de Jason, et elle dit : « Qu'est-ce qu'on en a à foutre, de toute façon ? »

On la retrouva le lendemain matin, vêtue uniquement de sa culotte et du maillot de rugby de Jason Mills, souffrant d'insolation et de déshydratation. Elle avait vomi tripes et boyaux. Hunter était dépassé. Hunter était manifestement soûl, quand on l'avait retrouvée, et il était 7 heures du matin. Quand Julia les guida, lui et Miranda, jusqu'au pont, et qu'ils aperçurent Rachel endormie à l'ombre d'une pile en béton, ses jambes blanches dénudées sur les cailloux sombres, Hunter trébucha et tomba ; il s'écorcha les mains si profond qu'elles saignèrent. Miranda demanda à Julia de se mettre au volant et s'installa avec Rachel à l'arrière, lui couvrant les cuisses avec son cardigan, maintenant sa tête moite. Avait-elle pris les commandes, se demanda Julia, ou dirigeait-elle la situation depuis le début ? Hunter suintait l'alcool par tous les pores et Julia s'efforçait de respirer le moins possible, tandis qu'elle roulait prudemment dans les paisibles rues matinales et que Miranda parlait de couvertures, de bains chauds, et affirmait que les choses allaient finir par s'arranger. Au volant, Julia essayait de se rappeler la vie avant Miranda, et d'imaginer ce qu'ils deviendraient sans elle.

C'était le soir de ce même jour. Hunter dormait encore pour récupérer. Rachel s'était réveillée, dans une chambre aux rideaux tirés, et avait aperçu la silhouette de Miranda en train de verser un flot de café noir dans une tasse. Son ventre lui faisait mal et sa bouche avait un goût amer. Saisissant la tasse et la soucoupe avec des mains tremblantes, elle adressa à Miranda un sourire tout aussi tremblant. « Je les ai ratés, dit-elle, avant de se mettre à pleurer. J'ai raté mes exams. »

Miranda étendit la main sur le bureau encombré de peluches et alluma la lampe : la pièce s'emplit d'une lumière rosée. « Reviens sur terre, Rachel. Tu n'es quand même pas bouchée à ce point-là ? Pourquoi, d'après toi, ton père ne t'a-t-il jamais cassé les pieds avec tes notes ?

— Ce n'est pas son genre, répliqua la jeune fille, impassible.

— Et c'est quoi, son genre ? s'énerva Miranda, ses longs ongles tambourinant sur la coiffeuse. Ton père est soulagé que tu n'ailles pas à la fac, Rachel. Il est ravi que tu ne sois pas assez brillante pour ça. Et tu sais pourquoi ? Parce qu'il n'a pas les moyens de t'y envoyer. »

Rachel remonta ses genoux sous les couvertures. « Mon père travaille à la banque. Il a les moyens.

— Tu sais ce qu'il a fait de l'argent de tes études ? Tu sais où il est passé ? Il l'a bu.

— Quoi ? » Des ombres dansaient derrière les rideaux de la chambre. Dans la faible lumière, Rachel scrutait Miranda, sans comprendre.

« Seigneur, vous alors, les mômes... Le monde n'est pas en coton. Vous n'êtes pas en coton, même si vous vous comportez comme si c'était ça que vous aviez entre les oreilles. » Elle posa sa tasse par terre et vint s'asseoir tout près de Rachel, la regardant droit dans les yeux. « Hunter est un ivrogne, mon chou, c'est un alcoolique. Je suis désolée d'être celle qui te le dit, mais il faut que tu grandisses. Il faut que tu grandisses. »

Rachel secoua la tête. Un petit sourire flottait sur ses lèvres mais ses yeux étaient comme obscurcis. « Je ne vous crois pas. Mon père ne boit pas, pas plus que la majorité des gens.

— Et toi ? Est-ce que tu bois plus que la majorité des gens ?

— Taisez-vous. » Rachel se mit les mains sur les oreilles. « Taisez-vous.

— J'essaie de t'aider. » Elle attrapa les poignets de la jeune fille et, sans les lâcher, elle tint son visage près du sien. « C'est on ne peut plus sérieux, ma puce. Réfléchis-y. »

Rachel secouait lentement la tête, des larmes dans les yeux. « Vous êtes une menteuse. Une menteuse.

— Demande donc à ton père ce qu'il y a dans cette bouteille dans le réservoir de la chasse d'eau. Goûte donc la bouteille d'eau qui se trouve sous son lit.

— C'est de l'eau minérale, de l'Evian, vous êtes une horrible menteuse.

— Il t'a dit que la bouteille dans les toilettes se trouvait là pour un problème de plomberie ? Essaie de l'enlever, tu verras ce qui se passe.

— Allez-vous-en ! » Elle essaya de repousser Miranda. « Allez-vous-en ! Espèce de sale menteuse. Allez-vous-en d'ici, allez-vous-en, je vous dis ! »

Alors Miranda se leva, et Miranda s'en alla, et Miranda laissa le père et la fille tout seuls dans la maison silencieuse. Et ce ne fut que bien plus tard cette nuit-là, quand le ciel devant la fenêtre fut noir comme de l'encre, que Rachel se rendit dans le garage au sol en terre battue et sortit une bouteille d'eau en plastique du carton que Hunter y gardait, afin de goûter le liquide transparent qu'elle contenait. La pièce sentait la terre, le bois de construction et l'essence. Rachel s'accroupit contre le mur, la bouteille à côté de ses pieds nus et froids, et elle pleura.

*

Miranda avait fait ses bagages. Elle n'irait pas dire au revoir à Hunter. Ça ne servirait à rien : trop de gâchis, trop de malentendus, pas assez d'empire sur soi. Elle ne voulait pas repenser à ses bonnes intentions du début de l'été. Elle voulait seulement s'en aller. Toutes ses affaires étaient chargées dans la voiture, parées au départ. Tandis qu'elle roulait vers la maison de Julia et Mary pour une ultime parlote avant son voyage, Miranda songea que son plus grand regret était sans doute Johnno. Non seulement la bêtise qu'ils avaient faite, encore que cette incartade ait été bien stupide, symptôme de sa panique par rapport à Hunter... mais le garçon lui-même, l'occasion perdue qu'il représentait. Chicky et Johnno étaient comme des chrysalides qui ne s'étaient pas ouvertes, des membranes derrière lesquelles il y avait eu un jour une ombre de mouvement, un infime soubresaut, un frisson plein de promesses – et puis rien. L'embryon ne s'était pas développé. Elle repensa à Johnno dansant dans la pénombre de la salle, à ses yeux fermés derrière ses paupières fardées de bleu, au rouge à lèvres sur sa bouche, et au splendide papillon qu'il aurait pu être.

Dans la cuisine de Mary, les trois femmes étaient assises en silence, perdues dans le matin laiteux. Au bout d'une minute Miranda annonça : « Il faut que j'y aille », mais Julia protesta : « Pas tout de suite », et personne ne bougea. Le téléphone sonna. Mary se leva lentement pour aller répondre. « Oh, dit-elle. Hunter. Bonjour. » Elle regarda Miranda qui fit non de la tête. « Non, elle n'est pas ici. » Elle fit une grimace et haussa les épaules. « Non. Hm. Non je ne sais pas. Désolée. Oui. Désolée. Oui. Au revoir. » Elle raccrocha. « Vous êtes sûre que vous ne voulez pas passer là-bas ? Vous n'auriez pas besoin de rester des heures.

— Non, dit Miranda. Je n'ai pas le temps. »

Quelqu'un à table renifla.

« Oh, Jules, s'écria sa mère, ma chérie, tout ira bien.

— Ça va être tellement horrible ici sans vous, dit la jeune fille qui releva son visage zébré de larmes. Je ne veux pas que vous partiez. »

Mary attrapa sous l'évier les gants en caoutchouc

jaunes et se mit à faire couler de l'eau chaude pour la vaisselle du petit déjeuner.

« Tu vas venir dans la grande ville, dit Miranda, debout derrière Julia, caressant ses cheveux teints en noir. On se reverra bientôt. »

La poitrine de la jeune fille se soulevait et retombait par saccades. « J'ai peur, dit-elle. J'ai peur.

— Il n'y a pas de raison. » Miranda jeta un coup d'œil vers Mary près de l'évier. Il y avait une fenêtre emplie d'un jour radieux derrière elle et elle avait hâte de prendre la route. « Il n'y a aucune raison d'avoir peur. Tout se passera bien.

— C'est vrai, renchérit Mary, tu reverras bientôt Miranda. Mon cœur. Tout ira bien. » Il y a intérêt, songea-t-elle en soutenant le regard de Miranda. Il y a intérêt. Le soir précédent, dans l'intimité enfumée du bar, Miranda et elle avaient réaffirmé leurs positions : « Vous ne comprenez pas, avait-elle dit à un moment à sa cadette, savourant cette conversation, ses échanges avec Miranda lui manquant déjà, nous sommes tous attachés les uns aux autres, on ne peut rien y changer.

— On naît seul et on meurt seul. Voilà ce à quoi on ne peut rien changer. » Miranda avait souri et fait tomber dans le cendrier la cendre de sa cigarette.

« Nous sommes liés, inextricablement. Vous vous trompez. »

Dehors, un des hommes de la famille Verschoor avait crié à sa femme de ramener son putain de gros cul paresseux de pouffiasse dans la voiture. « Le monde n'est pas un lieu très sûr. » Elles entendirent le bruit de portières qui claquaient, d'un moteur qui démarrait.

Maintenant c'était au tour de Mary de sourire. Elle se pencha en avant, serra le poignet plein de bracelets de la jeune femme. « Il est plus sûr que vous ne pensez. »

Et tandis qu'elle se tenait là, un bras autour de la taille de sa fille dans la rue devant sa maison ; tandis que les feuilles sur le tulipier commençaient – avaient déjà commencé – à virer insensiblement ; tandis que la jeune femme qui les avait changées aussi inéluctablement qu'une saison succède à la précédente leur faisait au revoir et s'éloignait dans sa voiture, Mary se répéta cette phrase dans sa tête, pour se réconforter. Il est plus sûr que vous ne pensez. Il est plus sûr que vous ne pensez. Depuis le toit, derrière elles, leur parvint l'âpre croassement de la famille de mainates. Martin ne les avait pas délogés des avant-toits mais les oiseaux ne tarderaient pas à s'en aller. La brise était douce et fraîche. La rue était vide. Mary repensa à quelque chose que Hunter avait dit, cette nuit de désarroi sur la véranda derrière chez lui, il avait dit : « Comment est-ce qu'on est censés vivre, avec tous ces trucs qui nous tombent dessus ? » Et elle avait répondu : « Je ne sais pas. Mais, d'une façon ou d'une autre, on y arrive. » La respiration de Julia était plus calme à présent. Tirant avec douceur sur les pointes des cheveux trafiqués de sa fille, Mary pivota sur elle-même et guida lentement Julia vers l'intérieur de la maison.

*

Julia émergea d'un sommeil peuplé de rêves sombres et psychédéliques – un salmigondis d'oiseaux, de becs, de griffes et de brindilles, un cygne se changeant en chauve-souris passant du blanc au noir, du plumage à la fourrure, avec de petits yeux rouges et un cri plein de menace. Il fallait qu'elle voie Chicky, se dit-elle. Miranda était partie ; Mary était au bureau ; il n'y avait personne sur qui se reposer, personne d'autre auprès de qui puiser un peu de force. Elle irait chez Chicky lui parler face à face. Chicky lui manquait. Elle voulait retrouver son amie. Elle avait sans doute intérêt à préparer un laïus, mais en même temps elle ne savait pas quoi dire.

La journée était plus fraîche que les précédentes : le vent était un peu âpre et le soleil blême, lointain et anémique. Julia passa par le parc pour se rendre chez Chicky. Tarin Verschoor se tenait près des balançoires, un T-shirt remontant sur son ventre énorme et un corsaire en coton à pompons lui boudinant les genoux. Comme elle se rapprochait, Julia remarqua les petits poils durs qui repoussaient sur les jambes rouges de Tarin, ainsi que ses chevilles enflées épaisses comme des poteaux. Elle la salua et s'apprêtait à la dépasser sans s'arrêter lorsque l'autre fille l'interpella. « Est-ce que tu vois encore Lewis ? » demanda Tarin.

Julia secoua la tête. « Pas vraiment.

— Quand tu le verras, reprit-elle exactement comme si Julia n'avait pas répondu, tu voudras bien lui dire que je veux lui parler.

— D'accord. » Elle se tut un instant. « Tu vas bien ?

— Ouais. » Les yeux de Tarin étaient aussi ternes que de vieilles pièces de monnaie. « Tu as une cigarette ?

— Non. »

Tarin redressa brusquement le menton. « Alors tire-toi. »

Lorsqu'elle fut presque à la sortie du parc, Julia entendit Tarin lui crier à nouveau : « Tu n'oublieras pas de l'avertir. »

Noeline dit à Julia de traverser la maison pour rejoindre le studio de Chicky. Des cartons étaient empilés devant le mur extérieur, aux côtés d'une mini-chaîne, d'un téléphone sans fil et d'un sac en plastique bourré de cintres. « Ohé ? appela Julia. Chicky ? »

Celle-ci sortit de sa chambre et, cillant dans la lumière du jour, elle foudroya Julia du regard. « Qu'est-ce que tu fous ici ?

— Tu déménages ?

— Je m'installe chez Johnno.

— Vous avez un appart à vous ?

— Non, chez sa mère et son père. » Elle avait un regard de pierre. « Ils sont cool. C'est mieux qu'ici. »

Noeline appela de la cuisine : « Vous voulez un jus de fruit, les filles ? »

Elles ne répondirent ni l'une ni l'autre.

« Ça ne te fait pas peur ? demanda Julia.

— Quoi donc ? demanda Chicky en haussant les épaules.

— D'attendre un bébé.

— Non. J'ai de la chance. J'ai Johnno, et le bébé m'aimera aussi. » Chicky se mâchonna le pouce. « Et toi, qu'est-ce que tu as ? »

Julia contempla l'allée en ciment entre la maison et le studio de Chicky. Elles s'y étaient assises un million de fois. L'écœurant parfum à la fraise de Chicky se mêlait à l'odeur de lessive émanant du linge propre. « Ça ne t'inquiète pas, l'idée que, si ça se trouve, tu ne t'en iras jamais ?

— Je ne veux pas partir. On est bien ici. » Chicky avait la chair de poule sur les bras. Chez les voisins, quelqu'un mit un opéra rock, à plein volume. Quelqu'un d'autre leur cria de baisser.

Julia détachait des lambeaux de peinture du mur qui s'écaillait. « Comment peux-tu savoir qu'un endroit est bien si tu n'es jamais partie ? »

Chicky imita la voix de Julia : « Comment peux-tu savoir ce que c'est de vivre vraiment quelque part si tu passes ton temps à bouger ?

— Je sais ce que c'est de vivre ici. Et je ne tiens pas à prolonger l'expérience. »

Chicky ricana. « On n'a jamais été vraiment amies, tu le sais ? J'ai toujours préféré Rachel.

— Ce n'est pas vrai. » Ça faisait mal. Les choses ne se passaient pas comme elle l'espérait. Repensant à quelque chose que Miranda avait dit, Julia bredouilla : « Peut-être que tu as la phobie des relations trop intimes.

— Peut-être que j'ai la phobie du baratin. » Chicky passa une main dans ses cheveux mal peignés. « Je n'ai plus rien à te dire. » Franchissant à nouveau la porte de son studio, elle s'engouffra dans la pénombre sans même se retourner.

« Tu es sûre que tu ne veux pas que je t'emmène en voiture ? Ça pourrait être amusant, comme aventure. » C'était le matin et elles étaient à la gare. Le soleil brillait dans les herbes folles le long de la voie ferrée. Achetées à la brocante, les vieilles valises de Julia – un assortiment de bagages couleur crème ornés d'une bande bleu marine

– étaient entassées sur le quai entre elles deux. Le train devait arriver dans quelques minutes.

« Maman. Ne dis pas n'importe quoi, protesta Julia en riant. J'ai mon billet. »

Mary respira un grand coup. Que s'était-il passé, pour que sa vie soit si subitement arrivée à ce stade-là ? Comment était-elle devenue cette femme entre deux âges debout sur un quai de gare en train d'être quittée par sa fille aux yeux tellement vifs ? Elle dévisagea Julia, rêvant de l'avaler, de l'aspirer à nouveau dans son corps, de lui faire réintégrer la matrice d'où elle était sortie. Tout à coup Julia la serra dans ses bras, comme si elle n'en revenait pas elle-même de constater qu'elle s'en allait, qu'il ne s'agissait pas d'une simple absence d'un jour mais d'un voyage beaucoup plus long, qui les éloignerait bien plus qu'elles ne l'avaient jamais été, peut-être même trop pour jamais revenir.

« Je t'aime, chuchota Mary dans le creux du cou si lisse de sa fille. Et papa aussi. » Même s'il n'avait pas pu prendre quelques heures au boulot pour venir à la gare dire au revoir à son enfant unique. Elle l'agrippa, la serra très fort.

« Tu vas me manquer maman », dit Julia. Mais sa voix était légère et, dedans, il y avait l'avenir. « Je vous écrirai.

— Ou bien tu téléphoneras en PCV. Aussi souvent que tu voudras. » Dès que tu arriveras, eut-elle envie de dire ; appelle du train ; ne t'en va pas. Oh, le jeune corps de sa fille, son visage de dix-sept ans aux traits inachevés, ses vêtements ridicules, ses merveilleux cheveux noirs. Mary se maudit d'avoir élevé le genre de fille à vouloir voir le monde. Tel un policier approchant lentement, le train apparut au détour de la voie. Elles s'étreignirent à nouveau. Le train était là. Les portières s'ouvrirent, Julia hissa sa valise sur les marches du wagon. Un contrôleur en uniforme l'aida à la traîner dans le compartiment. Son visage rayonnant s'encadra dans la fenêtre ; elle posa une main contre la vitre sale et articula les mots *Moi aussi je t'aime* alors que le train s'ébranlait. Il allait vite, trop vite pour Mary qui s'obligea à rester rivée sur le sinistre béton du quai jusqu'à ce que le train ait disparu, comme si Julia pouvait la voir se tenir là, comme si c'était à cette place qu'elle se tiendrait encore, à l'attendre, lorsque sa fille serait prête à rentrer à la maison.

# 4

## *La piscine, la mer*

C'est avec un sifflement et un long grincement que le train ralentit, alors qu'il pénètre dans la gare centrale de la grande ville. Le soleil de fin de journée dessine de longues traînées d'or sur l'entrelacs rouillé des rails de chemin de fer. Julia émerge d'un sommeil peuplé de vide, la bouche pâteuse et le cou endolori. Elle est ici. Son cœur bat à toute vitesse. Elle ressent dans son organisme cette montée d'adrénaline que connaît le dormeur de jour. Une voix dans les haut-parleurs demande aux voyageurs de s'assurer qu'ils n'ont rien oublié dans le train et leur annonce qu'ils sont arrivés à destination. Le contrôleur aide Julia à décharger ses valises démodées. Elle se tient sur le quai de la grande ville, alors que des voyageurs la doublent de chaque côté, et elle contemple les chariots non loin de là, se demandant s'il est prudent de laisser ses bagages sur place le temps de courir en chercher un. Elle aperçoit une femme qui tient un morceau de carton au-dessus de sa tête, avec les mots « Novo House » inscrits à l'encre noire. S'élançant pour aller prendre un chariot, Julia hisse ses valises dessus et s'arrête devant la femme. Le flot des banlieusards continue à s'écouler autour d'elle. La femme porte un sweat-shirt arborant l'emblème de l'université sur le sein gauche, ce même emblème qui figurait sur la lettre d'admission de Julia.

« Novo House ! » crie la femme, regardant au loin par-delà la tête de Julia. Elles sont bientôt rejointes par quelques jeunes gens. Julia les juge ordinaires, incurablement normaux. Leur habillement décontracté les rend indifférenciables. Ils viennent sans doute de petites villes exactement comme la sienne. Sacs à dos, valises et cartons s'empilent, et lorsque la femme a enfin l'assurance qu'il ne manque plus personne, elle guide ce petit monde en direction de la sortie. Le hall de la gare, immense, résonne du bruit des annonces au haut-parleur et de la clameur des conversations. Sous son toit pareil à un squelette, on a l'impression de se trouver dans le ventre d'un animal mythique. Des vendeurs à la sauvette crient des noms de journaux ; des gens porteurs d'attaché-cases et de tasses de café gardent les yeux fixés sur des panneaux électroniques qui changent sans arrêt ; des pigeons picorent des mégots de cigarettes ; des voyageurs se propulsent à travers la foule le long de droites invisibles, parvenant par miracle à s'éviter mutuellement. Les futurs compagnons de Julia au foyer étudiant observent la scène bouche bée, aussi atterrés qu'elle. Elle pousse son lourd chariot en essayant de ne bousculer personne, s'efforçant de suivre le groupe.

Au fond de l'autobus, près de la fenêtre, Julia regarde une journée de travail en train de se terminer : des grilles en fer forgé se baissent sur des devantures de magasins, des lumières de boutiques s'éteignent, des réverbères s'allument. Bus, taxis et autos progressent lentement au gré des feux de signalisation ; vélos et scooters rejoignent en flèche le devant des files ; les piétons traversent les rues par grappes de plusieurs dizaines. Même à l'intérieur du bus l'air est saturé de gaz d'échappement. Julia aperçoit un serveur en tablier blanc qui dispose un tableau noir devant un restaurant. Il y a une dizaine de restaurants, une centaine de panneaux dans des langues différentes qui font la réclame de différentes cuisines, française, thaï, italienne, nord-africaine. Elle aperçoit une pharmacie ouverte vingt-quatre heures sur vingt-quatre, un homme qui mendie, une fille plus jeune qu'elle assise sous un porche avec un sac de couchage sur les jambes. Les feux changent et le bus redémarre. Ils dépassent un théâtre, un néon rouge et jaune, des bandes de gamins des rues qui ont l'air d'avancer en rythme, une femme qui invective le ciel, d'une couleur marron sale. Des immeubles colossaux se dressent comme des murailles de chaque côté des avenues, elle voit des tours en verre fumé, une gigantesque cathédrale de pierre, la grande ville, la grande ville, la grande ville...

Ils franchissent une rivière. Des rangées de maisons accolées se déploient en accordéon, parfois interrompues par une bâtisse à façade couleur crème, plus ancienne et plus élégante. A l'est, des tours d'habitation se dressent au-dessus des toits. Il y a un parc : une pelouse uniforme derrière de grandes portes en fer. Il y a des rues résidentielles, des enfants qui jouent derrière des voitures garées, un terrain de basket communal. Il y a des arbres couverts de feuilles qui s'obscurcissent et un ciel qui s'obscurcit lui aussi. Les deux inconnus installés devant Julia engagent la conversation. Elle appuie son front contre la vitre, soudain envahie par le mal du pays, et continue à regarder dehors. Il lui semble que cet univers magique dont elle rêvait jeune fille quand elle était dans le parc, là-bas dans sa petite ville, vient de prendre vie dans un grand chatoiement, et qu'elle se retrouve catapultée dans la splendeur de ce monde nouveau, sans aucune carte pour se repérer.

L'immeuble de la résidence étudiante est grand, en béton, et fonctionnel. La chambre de Julia, au troisième étage, est comme toutes les autres. Elle comporte un lit à une place, un bureau intégré, un lavabo et une armoire encastrée. On ne peut rien déplacer à part le lit, mais la disposition des autres éléments interdit de le faire. Il y a une petite fenêtre qui donne sur une cour sans arbres. En rejoignant ses quartiers, Julia est passée devant des chambres qui ont d'ores et déjà été investies et décorées par leurs occupants : un poster d'une star du rock, tout en boucles rétro-éclairées et rictus féroce ; un autre d'un culturiste tenant un bébé ; une ombrelle chinoise ; une peluche violette de taille géante. Le palier héberge un téléphone public, une alarme d'incendie et un extincteur, sans oublier une poubelle et un panneau d'affichage sur lequel est déjà punaisée l'annonce d'une réunion des Etudiants pour le Christ qui a lieu ce soir dans une des autres résidences. Les étages alternent, filles garçons filles garçons, et de la musique heavy metal retentit dans le couloir, en provenance du dessous.

Julia se tient au centre de sa petite chambre. L'air est sec ; il ne sent rien, si ce n'est une odeur de vide et d'inoccupation prolongée. Comme elle ouvre sa valise, le bruit des serrures qui claquent se répercute sur les murs d'un blanc trop cru. Elle en sort les draps en lin anciens qu'elle a trouvés à la brocante et elle prépare son lit, puis elle place une bougie sur l'étroite tablette de l'appui de fenêtre. Dans sa grande valise, au-dessus des vêtements, repose une enveloppe sur laquelle est écrit « Pour Ta Chambre » de la main de Mary. Julia la déchire et en sort la photo qu'elle contient. On l'y voit assise au début de l'été dans la cuisine de sa mère, Chicky et Rachel à sa droite, toutes les trois bien vaseuses après la soirée de fin d'année, une coupe de fruits sur le comptoir devant elles. Julia examine la photo un moment puis s'esquive dans le couloir pour la jeter à la poubelle. De retour dans sa chambre, elle enroule ses bras autour de sa taille, et serre de toutes ses forces.

« Hum, savez-vous où je pourrais trouver les messages qu'on a peut-être laissés pour moi ? »

Le délégué du foyer est une étudiante de troisième année qui, aux yeux de Julia, paraît d'un âge canonique. Elle a des cheveux frisottés qui, maintenant qu'elle secoue la tête, semblent rebondir sur son crâne. « Mais enfin, les mecs, vous ne lisez donc *jamais* la feuille d'information ?

— Je...

— Okay, pure rhétorique... » Reposant les yeux sur son livre, elle récite, d'une voix chantante : « Tous les courriers et autres messages écrits sont déposés à votre étage dans le plateau à côté de l'extincteur d'incendie. » Elle dévisage Julia. Julia aimerait beaucoup voir quel livre elle lit, mais elle n'ose pas baisser le regard. « Je t'en supplie, dis-moi que tu sais où ça se trouve. Nous avons déjà eu deux déclenchements d'alarme et il est – elle hausse la voix en direction de filles qui passent – *interdit par le règle-*

*ment* de fumer dans ce bâtiment. D'accord ? » Elle regarde à nouveau Julia. « Tu peux y aller maintenant.

— Euh... et les messages téléphoniques ? »

Cheveux Frisottés a un sourire narquois. « Ecoute, si un jour quelqu'un prend bel et bien un message téléphonique pour toi je fais une pipe au doyen. Cela dit, ils sont parfois griffonnés sur le mur à côté du téléphone. Mais si tu vois quelqu'un faire ça, tu me préviens. Je dois trouver une victime pour nettoyer les douches des mecs. »

Il n'y a rien dans le plateau du courrier et aucun message sur le mur. Peut-être Miranda ne sait-elle pas encore qu'elle est arrivée. Julia envisage d'aller à la recherche du club des enseignants, ou de simplement trouver la fac d'anglais et de s'y balader – elle entrerait peut-être dans une salle de TD et Miranda serait là –, mais il se fait tard et tout est sûrement fermé, alors elle s'assoit sur son lit et se demande quoi faire.

« Ohé. » Ce n'est pas Miranda. C'est une fille blonde qu'elle a déjà vue, celle qui a l'affiche du culturiste et du bébé dans sa chambre. Elle porte un jean et un sweat-shirt avec le nom de la revue de la fac écrit en travers. Julia se demande comment elle se l'est procuré aussi vite.

« Salut.

— Salut ! » Guillerette. Blonde. « Je m'appelle Natasha. Dis, on est une petite bande à aller chez Krasny écouter du super rock. Ça va être génial. Tu veux venir ? » Un peu qu'elle veut.

« Bien sûr. » Euphorique à la pensée de ne pas passer la soirée toute seule, Julia sourit à la fille. « Je prends juste mon sac. »

Krasny est un bar du genre bière et sciure, où les étudiants de première et deuxième année se réunissent en plusieurs groupes pour faire la fête, boire leur argent de poche et imaginer qu'ils prennent part à la vie citadine. Ce que Julia découvre, lors de cette première soirée déroutante, c'est qu'il y a peu de chance qu'elle porte jamais un sweat-shirt avec le logo de l'université imprimé où que ce soit dessus. Alors qu'elles marchent vers le bar, Natasha lui demande pourquoi elle porte cette drôle de robe et est-ce qu'elle s'imaginait que ce premier jour allait être, ben quoi, habillé ? Et ces chaussures qu'elle a, ben quoi, est-ce qu'elles ne lui esquintent pas complètement les pieds ? La fille n'attend pas la réponse, mais enchaîne en disant que son frère dirigeait autrefois la revue de la fac et c'était un mec vraiment charismatique et elle est un peu nerveuse de marcher sur ses traces mais pas vraiment, parce qu'elle est une fille, et tu sais, il y a tout un tas de clubs formidables sur le campus et c'est vraiment facile de devenir un leader si c'est ce que tu veux, et ben quoi, et ça c'est clair, et patati patata. Quand elle marque une pause pour respirer Julia dit : « Je ne suis pas très clubs », et Natasha la regarde et dit : « Ben quoi, tu serais pas un peu du style branlette solitaire ? » et elles ne soufflent plus mot ni l'une ni l'autre avant d'arriver chez Krasny, où chacune part de son côté.

Elle dort plutôt bien mais elle ouvre les yeux de très bonne heure, comme s'il y avait une différence de fuseau horaire entre la petite ville et la grande ville. Julia se souvient de Miranda citant une pièce de théâtre où il était dit que le temps constituait la plus grande distance qui puisse se creuser entre deux personnes. Elle est étendue dans ce tout petit lit inconnu, les cheveux sentant encore la cigarette après chez Krasny. Convaincue que Miranda ne fréquentait pas ce genre d'endroits, Julia n'était pas restée longtemps. Cheveux Frisottés était là, et Natasha connaissait plein d'autres étudiants. Julia les avait vus jouer à un jeu à boire qu'elle ne connaissait pas ; ils avaient tous semblé en comprendre les règles. Ce matin elle se frotte les yeux, dans cette chambre sans caractère, sa peau est desséchée. Arrivée depuis moins de vingt-quatre heures et déjà accusée de pratiquer la branlette solitaire... Ça fera rire Miranda, se dit-elle. Il y en avait qui étaient rentrés tard cette nuit et qui avaient fait un barouf du diable, rigolant comme des bossus, sortant bruyamment des assiettes et claquant des portes de placards. Elle avait senti l'odeur de miel du pain qu'on fait griller. Julia était restée étendue dans son lit et ce n'était pas elle qui avait crié « Moins fort ». Cette injonction avait été accueillie par des ricanements sarcastiques. Julia décide de faire de son mieux pour éviter les conflits. Ce qu'elle n'arrive pas à trancher, toutefois, lors de sa première matinée solitaire dans la grande ville, c'est si elle voit les choses différemment parce qu'elle se sent en dehors des événements, ou si elle se sent en dehors des événements parce que la manière dont elle voit les choses est différente.

Nous sommes dimanche. La fac ne reprend que demain, et son premier cours magistral a lieu mardi. Le tract posé sur le nouveau bureau de Julia promet une journée de Chaos Archi-Dingo pour les Petits Nouveaux ! Il y a des orchestres prévus, et des visites du campus, des concours de bière et une Super Mega Fiesta Ce Soir. « Ne t'embête pas avec tous ces rituels étudiants à la noix, avait dit Miranda. A côté, l'anniversaire de Chicky, c'était de la gnognotte. Il sera bien plus intéressant pour toi de passer du temps avec Lionel et moi, ou même toute seule. » Julia emporte sa tasse en porcelaine dans la cuisine commune où Natasha et deux autres filles boivent du café, leurs lunettes de soleil sur le nez. « Bonjour », lance Julia, et Natasha se contente de grommeler. *Une solitaire*, les a-t-elle sans doute prévenues, *une adepte de la branlette solitaire...* En attendant que la bouilloire siffle, Julia examine le Règlement intérieur :

INTERDICTION DE FUMER
INTERDICTION DE METTRE LA MUSIQUE FORT
INTERDICTION DE SE DROGUER
INTERDICTION DE CHAHUTER
ET INTERDIT DE RIGOLER !

Tandis qu'elle sort du foyer, Julia jette un œil dans la salle commune où une bande de garçons désobéissent à toutes les règles à la fois. Elle s'arrête dans l'embrasure :

l'un d'entre eux porte un bonnet au crochet et ressemble à Lewis comme deux gouttes d'eau. Il la voit qui le fixe. Il est plus beau que Lewis, il paraît aussi plus âgé et plus intelligent. Il donne un coup de coude à son pote et, le temps que les autres garçons lèvent la tête, Julia s'est déjà esquivée. Le mal du pays lui étreint la poitrine comme un étau glacial. Mais pas question de s'interroger sur ce que Lewis est en train de faire en ce moment. Il faut qu'elle trouve Miranda.

Le club des professeurs est encore fermé pour les vacances. Un homme âgé qui balaie l'escalier lui explique que, Dieu merci, il ne rouvrira pas avant la semaine prochaine. Elle est en partie soulagée : elle ne s'imagine pas franchissant les imposantes portes en bois, ni ce qui peut se cacher derrière. Bien qu'on soit le week-end, les étudiants envahissent peu à peu le campus. Autour d'elle des jeunes gens flemmardent en groupes épars, déambulant par deux ou restant assis à discuter sous un de ces grands platanes feuillus qui se dressent tous les quelques mètres. Un petit Japonais à tête rasée portant des jambières de cow-boy la rattrape en rollers et lui lance un « Bou ! » malicieux. Outrée, Julia promène ses yeux alentour pour voir si quelqu'un s'esclaffe, mais personne n'a remarqué. Elle pivote sur ses talons pour le regarder filer, se frayant un chemin entre les autres étudiants. Il lui fait au revoir de la main sans se retourner, et elle sourit.

Après avoir étudié son plan du campus, elle se dirige nonchalamment vers les locaux administratifs. La matinée est fraîche, automnale. Julia resserre son cardigan autour d'elle et inspecte le hall. Pas de Miranda, juste une longue file de gens en fauteuil roulant qui attendent, furibonds, l'allocation d'invalidité qui ne leur a toujours pas été versée. « Hé ! l'apostrophe-t-on. Toi ! Qu'est-ce que tu regardes ?

— Rien », répond Julia.

La personne qui l'a interpellée est une fille obèse avec des piercings et une chemise en flanelle. « Alors, comme ça, je suis rien ? »

Cette réplique-là, Julia l'a déjà entendue. « Ce n'est pas

ce que je veux dire. Désolée... » La scène a un côté rengaine et Julia n'a pas peur. « Il faut que j'y aille », dit-elle, mais la fille hurle : « C'est ça, défile-toi !

— La paix ! lance une des autres personnes qui attendent. Tu la fermes.

— Viens un peu ici me répéter ça ! » Pendant ce temps, Julia détale et sort retrouver le soleil.

Elle décide de se rendre au centre d'activités. Peut-être Miranda fait-elle partie du Club de Théâtre. Mais le centre est fermé aujourd'hui lui aussi, et sur le panneau d'affichage on ne trouve aucune mention d'un club de théâtre, seulement l'annonce d'épreuves de sélection visant à constituer des équipes de volley, ainsi que les horaires d'un cours d'escrime. Julia meurt de faim. Elle cherche le réfectoire sur son plan. Se peut-il qu'elle soit la seule étudiante de première année sur ce campus – la seule étudiante, point – à ne connaître personne ? Dans toutes ses visions de l'université, dans toutes ses rêveries, jamais elle n'avait envisagé l'éventualité de la solitude. Elle s'était toujours imaginée en compagnie de Miranda, elles deux remontant les couloirs à grandes enjambées, discutant avec conviction de... eh bien, les sujets ne manquaient pas. Par exemple elles étaient là, de l'autre côté de la cour, leurs têtes penchées comme des conspiratrices tandis que passait à côté d'elles un de leurs ennemis idéologiques. Ou là-bas sous cet arbre, à badiner avec de splendides étudiants de licence au sujet de l'excellente pièce de théâtre applaudie la veille au soir. Ou encore là-bas au bord de la rivière, à flâner ensemble sous les ponts le long du chemin de halage, à faire escale près d'un mur de pierres sèches histoire de s'y adosser, de reprendre haleine, et puis de s'embrasser. Non, rectifie Julia. Elles n'étaient pas du tout au bord de la rivière. Elles étaient à un concert avec leurs petits amis, et celui de Julia – un grand échalas aux cheveux noirs mais aux traits indistincts – avait sa main sur son genou et c'était merveilleux, tout à fait merveilleux d'être là avec lui.

Le réfectoire n'est pas ouvert non plus. Julia n'arrive pas à comprendre pourquoi tous ces gens se trouvent là si tout est encore fermé. Et elle n'arrive pas non plus à comprendre pourquoi Miranda n'a pas encore fait son apparition. Un garçon lui tend un prospectus pour un petit concert qui a lieu ce soir chez Krasny. Tandis qu'elle regagne le foyer, une bande d'étudiants en bikinis et perruques de carnaval la dépassent à toute allure, en hurlant : « Libérez les clowns ! Libérez les clowns ! » Derrière eux galope un groupe plus restreint de policiers à la Keystone Cops*, chargés de pancartes où on peut lire « Envoyez les clowns ». Plaquée contre le mur de brique d'un bâtiment de la fac de droit, Julia observe la scène. Quoi qu'il en soit, se dit-elle, elle est toujours mieux ici qu'à la maison...

Julia a plus de mal à se dire la même chose à la nuit tombée, lorsque Natasha et les autres occupantes de son étage disparaissent par grappes hilares de deux ou trois pour se rendre à diverses réunions d'accueil aux étudiants. Julia se demande si elle n'a pas eu tort de se mettre si vite à l'écart de ces filles-là. Peut-être est-il préférable d'avoir quelques amies qui ne pensent pas exactement comme vous plutôt que pas d'amies du tout. Miranda, Julia le sait, ne serait pas d'accord, mais Miranda n'est pas là. C'est cette pensée quasi rebelle qui incite Julia, toujours vêtue de sa « drôle de robe », à quitter le foyer et à aller chez Krasny.

A peine a-t-elle pénétré dans cette salle enfumée et bruyante, et ses pieds ont-ils foulé ce sol poisseux tout inondé de bière, qu'elle se sent moins seule. Il y a quelque chose d'inédit et en même temps de rassurant dans ce bar. En levant la tête en direction de la musique, ces textes aux accents cyniques et cette guitare aux accords menaçants, elle reconnaît les musiciens de son bal de fin d'études. Elle reconnaît le bassiste. Il a la même allure, maigre et juvénile, il paraît même plus jeune, et elle se demande comment la chose est possible quand pour sa

* Policiers maladroits et grotesques ridiculisant l'image de la loi dans une série de films produits par la compagnie Keystone et dirigés par Mack Sennett (*NdT*).

part elle se sent tellement différente. Brusquement, ils terminent le set, abandonnent leurs instruments et s'empressent de rejoindre une table à côté des toilettes où une fille aux longs cheveux les attend avec des pintes de bière. Julia se fraie un chemin jusqu'à eux parmi la foule braillarde des étudiants. De près, le bassiste est un peu en sueur. Il parle au batteur, lequel se fait masser comme un boxeur par la fille. Julia se tient en retrait une minute, avant que la fille ne l'aperçoive et ne lui lance un regard interrogateur. Elle tend alors le bras et tapote l'épaule du bassiste. « Salut. »

Un instant, celui-ci affiche une expression perplexe, puis, au grand soulagement de Julia, il la reconnaît. « Ah, salut ! Alors, comme ça, tu y es arrivée...

— Ouais. Salut. Julia, lui rappelle-t-elle.

— Mais oui, bien sûr, c'est vrai. Euh... hé les mecs, je vous présente Julia. »

Le batteur dresse le menton en signe d'acquiescement. Sa petite amie promène un œil sur la tenue de Julia en souriant d'un petit air narquois.

« Alors comment s'est passé votre été ? demande Julia au bassiste. Comment c'était, la plage ? »

Le batteur ricane. Le bassiste hausse les épaules. « Ça n'a pas vraiment marché, dit-il. Des problèmes avec la flicaille. On nous a fait dégager, et on est allé chacun de son côté pendant quelque temps.

— Ouais, renchérit le batteur. Et il y en a qui se sont retrouvés déguisés en pizzas à distribuer des prospectus à la fête foraine. » Sa petite amie et lui éclatent d'un rire plein de sarcasme.

« Je vous emmerde, les mecs, dit le bassiste. Au moins je me suis fait un peu de fric et je me suis pas retrouvé à pieuter à la gare.

— Hé. » Le chanteur arrête de baratiner une fille qui a l'air mineure pour indiquer de la tête l'attirail de l'orchestre. « Il faut qu'on y retourne. » Il remarque Julia. « Tiens. Salut. Tu sors avec nous après ? »

Elle regarde le bassiste, qui hausse les épaules. « D'accord », dit-elle.

Même les types de l'orchestre n'ont pas l'air de se repérer dans la grande ville. Le batteur a entendu parler d'une fête à laquelle ils pourraient aller ; le chanteur veut aller jeter un œil à un club underground. Ils se tiennent sur le parking de Krasny pendant plusieurs minutes à débattre de la prochaine étape. Julia repense à cet autre parking, au lycée, et à Chicky en train de pincer la chair des bras mollasses de Tarin Verschoor. Le bassiste ne fait pas attention à elle : il examine les voitures et peste dans sa barbe contre ces foutus étudiants gosses de riches dont il bousillerait bien quelques moteurs. La petite amie du batteur secoue ses longs cheveux et offre une cigarette à Julia.

« Merci.

— Cette ville est nulle, déclare la petite amie du batteur. Je veux retourner dans l'ouest, mais Joey Ramone ici présent prétend qu'on est sur le point de décrocher la timbale.

— C'est bien.

— Ha ! Donner des concerts de bienvenue dans des bouges pour des crétins de petits étudiants n'est pas exactement le sublime tremplin qu'on m'avait promis.

— Tu es dans l'orchestre toi aussi ? »

Elle pouffe. « Tu es idiote ou quoi ? Tu me prends pour une idiote ? Au fait, comment tu les connais, ces types-là, d'ailleurs ?

— On vient du même bled.

— Ah ouais, c'est vrai. Ça me revient. » La fille roule des yeux. « Plouc-Ville, c'est ça ? Alors ça y est, t'es une crétine de petite étudiante toi aussi ? »

Julia hausse les épaules. « Pas encore.

— Allons, allons, mesdames, dit le chanteur en les poussant vers une camionnette blanche, pouvez-vous respecter le programme ? On s'arrache d'ici. »

Elles s'assoient à même le plancher à l'arrière de la camionnette, là où il n'y a pas de fenêtres, et ils traversent la grande ville. Ils roulent à n'en plus finir, et après avoir roulé largement le temps qu'il aurait fallu, au pays, pour faire cinq fois le tour du patelin, ils sont toujours en train de rouler sous des réverbères, de s'arrêter à des feux rouges, et de rester coincés dans les files qui n'avancent pas. Une musique tonitruante s'échappe des enceintes, résonnant si fort dans le véhicule qu'il est inutile de parler. La petite amie du batteur propose une pilule à Julia. Ne sachant pas ce que c'est, celle-ci fait non de la tête. Le batteur tend la main mais sa petite amie remue les lèvres : « Pas pour toi. »

« Je crois qu'on est perdus », chuchote le bassiste à l'oreille de Julia.

Ce qu'il y a de bizarre, se dit-elle – entre les moments où elle se dit *Attends un peu que je raconte ça à Miranda*, et ceux où elle se dit *J'espère que je ne suis pas en train de faire quelque chose de dangereux*, – ce qu'il y a de bizarre, c'est que manifestement il ne m'attire plus comme avant.

Ils ont opté pour le club underground. La camionnette s'immobilise en tremblant, et la porte coulissante s'ouvre sur une rue pavée obscure bordée d'immeubles en pierre de chaque côté. Dans le sillage des autres, Julia passe devant un videur puis monte un escalier pour pénétrer dans une pièce rouge où un homme parle lentement dans un micro une langue qu'elle suppose être de l'allemand. A côté de lui une femme effectue des signaux avec les bras. Julia reconnaît les gestes du cours de défense passive féminine auquel elle allait après le lycée il y a trois ans, bien qu'elle soit incapable de les décoder.

« Qu'est-ce que c'est que ces conneries ? » persifle le bassiste avant de disparaître dans la foule du comptoir. Julia le regarde s'en aller. Il est amer aujourd'hui, il n'a plus rien du doux personnage irrévérent d'autrefois. De toute évidence, un été passé déguisé en pizza à distribuer des prospectus peut produire cet effet-là.

« C'est incroyable, dit le chanteur. Ouaou, les mecs. Vous trouvez pas que ça balance ? »

Peu de temps après cette déclaration, la petite amie du batteur embarque Julia dans les toilettes et lui demande : « T'as déjà pris du speed ? »

C'est le matin. Ou si ça se trouve l'après-midi. En tout cas, il fait jour. Une ardente lumière blanche transperce la fenêtre pour venir lécher son visage. Elle remonte les couvertures sur sa tête, éternue et frotte son nez brûlant. Pourquoi se sent-elle tellement patraque ? Il y a des voix, fortes, dans le couloir. Elle jette un œil par-dessus ses couvertures pour constater que sa porte de chambre est ouverte. Au moins, c'est sa chambre.

« Elle m'a réveillée en faisant un boucan d'enfer, ben quoi, je sais pas quelle heure il pouvait être, est en train de dire quelqu'un.

— Vous avez vu les fringues qu'elle *porte* ? dit quelqu'un d'autre : Natasha. Elle est vraiment nulle. Elle connaît *pas* un chat. Tu sais ce qu'elle m'a dit sur les clubs ?

— Oui, répondit l'autre fille avec un “pff” méprisant. Tu m'as dit. N'empêche, elle pourrait au moins fermer sa porte quand elle rapplique complètement défoncée. Je veux dire, est-ce qu'on a vraiment besoin d'assister à ça ? »

Julia commence par vérifier qu'elle n'est pas toute nue puis, en soutien-gorge et collants, elle se lève d'un bond, lance un grondement hargneux aux filles et leur claque la porte à la figure. Des tambours dans la tête, elle regagne son lit, se rallonge et attend que ça passe. Elle essaie de reconstituer sa soirée. Le bassiste l'avait ignorée jusqu'au moment où elle avait annoncé qu'elle devait s'en aller, alors il avait essayé de lui fourrer sa langue dans la bouche. A un moment donné, cette nana, cette groupie aux cheveux longs aux poches pleines de came, avait sorti d'autres drogues. Ils étaient allés ailleurs – dans un appartement avec de la moquette sur les fenêtres –, le soleil s'était levé – le bassiste l'avait ramenée ici, maintenant elle s'en souvient, il s'était disputé avec elle dehors et l'avait traitée de putain de lesbienne. Pourquoi avait-il dit ça ? Sans doute, songe-t-elle, frictionnant sa peau douloureuse sous les draps, parce que cette fois elle ne l'avait pas laissé l'embrasser. Etait-ce bien ça, s'étonne-t-elle, était-ce bien la seule raison ? Elle a passé toute la nuit tantôt dans une pièce obscure tantôt dans une camionnette obscure. Elle n'a rien vu d'autre de la ville.

Comme elle le découvre en faisant surface pour prendre une douche et se préparer un petit déjeuner, Julia est désormais *persona non grata* à son étage. Deux autres filles blondes, deux nanas qu'elle n'a jamais vues avant, arrêtent de parler aussitôt qu'elle entre dans la cuisine. La vitesse à laquelle son statut de paria a été établi la surprend, mais elle se rend compte qu'elle s'en fiche un peu. En fredonnant, Julia verse le marc de café dans l'évier et s'en prépare du frais.

Par-dessus sa robe légère elle enfile une vieille veste en laine de la brocante et quitte le foyer pour partir à la recherche de Miranda. Aujourd'hui, les boutiques le long de la rue entre le foyer et le campus principal sont ouvertes, et des étudiants entrent et sortent, achetant des livres, des fournitures, du chocolat ainsi que des T-shirts avec sur le devant des slogans publicitaires détournés. Julia sourit ; en même temps que l'air automnal piquant et vif, elle absorbe toute l'énergie environnante, l'immensité et l'effervescence du campus, le remue-ménage qui y règne. Elle a laissé sa liste des bouquins à lire dans sa chambre, mais elle pourra les acheter plus tard. Miranda sera forcément là aujourd'hui : elle doit lui mettre la main dessus.

La faculté d'anglais se trouve dans un grand bâtiment moderne : murs en béton et châssis de fenêtres en alu. Julia gravit en courant les quatre étages jusqu'à l'accueil.

« Les TD ne commencent que la semaine prochaine, lui annonce d'un ton pincé la secrétaire surmenée alors que Julia se tient devant elle à bout de souffle. Cette... Miranda ? » Elle fait courir un doigt sur la page d'un registre. « Ah oui, elle a un TD mercredi en huit, et après ça tous les lundis, mercredis et vendredis. »

Huit jours à attendre... « Y a-t-il moyen de la contacter ? C'est urgent.

— Nous ne communiquons pas les numéros personnels des professeurs.

— Mais c'est une amie.

— Elle fait partie des professeurs. Je suis désolée. Non. » La femme dévisage Julia comme si elle était une de ces désaxées qui persécutent leurs idoles. Une file d'attente commence à se former derrière elle. « Excusez-moi, dit un type qui a la même voix que Bryce, est-ce que vous comptez passer la journée ici ? » La secrétaire tend le cou pour regarder derrière Julia, niant son existence. « Que puis-je faire pour vous ? » demande-t-elle.

Julia se tient à côté d'un téléphone public, une poignée de pièces dans la main. Lundi, heure du déjeuner, Mary est sans doute à la maison, peut-être dans le jardin, ou en train de manger un sandwich en lisant son bouquin. Julia entre dans la cabine au sol jonché de mégots et décroche le combiné. Elle imagine la voix familière et pleine d'affection de sa mère. Elle repose le combiné.

⋆

On frappe à la porte des coups sonores et persistants. Mary émerge de sa sieste sur le canapé, encore étourdie de sommeil, et va ouvrir. *Je suis désolé,* lui dit l'homme qui se tient là. *J'ai une mauvaise nouvelle.* Elle a à nouveau dix-neuf ans. Elle regarde derrière lui les inscriptions sur sa voiture. Il a le visage de son père. *Je suis désolé. Il y a eu un accident. Votre fille.*

Elle se réveille en prenant brusquement sa respiration : elle a la figure plaquée contre les coussins rêches et moisis du canapé, il y a du soleil dans la pièce mais pas la moindre chaleur. Le rêve – son petit somme – lui laisse la sensation d'une main de fantôme sur son épaule, la caresse d'un esprit maléfique qui, après lui avoir imposé cette image, regagne la porte à reculons. Elle regarde autour d'elle, une main sur sa gorge, persuadée qu'elle n'est pas seule.

⋆

Huit jours. La première partie de la semaine passe relativement vite, la nouveauté des cours et la nécessité de se repérer éclipsant la douloureuse absence de Miranda. Les dîners au foyer ne sont pas si mal : dans la lente file d'attente qui serpente parmi d'énormes plats de haricots en salade, de jambon visqueux et de purée instantanée, elle en vient à parler à deux étudiants en sciences, des types dont la passion pour les bandes dessinées et l'aversion pour les T-shirts de la fac sont assez faciles à flatter. Mark et Mike, ils s'appellent, et Julia se prend à les guetter chaque fois qu'elle entre dans la salle à manger. Il arrive que Chicky ou Rachel lui manquent terriblement, que lui manquent aussi ces petits plaisirs de filles que sont bavarder assises en tailleur sur un lit, boire du café soluble avec plein de lait et fumer des cigarettes interdites. Mais sa nouvelle vie, c'est celle-là, se sermonne-t-elle. Elle vit dans la grande ville maintenant.

Elle est émerveillée par les cours. Etre dans un amphi avec une foule d'autres étudiants – avoir des polycops, et un bloc-recharge, tandis qu'un homme ou une femme arpente le devant de la salle en déclamant sur le vieil anglais, sur Piero della Francesca ou sur le monde hellénique –, ces heures-là sont magiques. Une fois que les discours préliminaires sont terminés et que le travail proprement dit commence, Julia prend des notes et étudie les textes correspondants avec un intérêt farouche. Un après-midi, alors qu'elle rentre au foyer, elle aperçoit une machine à écrire d'occasion, une machine mécanique avec un boîtier gris et des touches noires et rondes, exposée dans la vitrine d'une boutique d'antiquités. Au moment où elle pousse la porte, une clochette retentit, exactement comme celle de la brocante où elle travaillait. « Combien ? » demande-t-elle à la fille à lunettes derrière le comptoir, stupéfaite de se trouver aussi naturellement à cette place-là, de l'autre côté.

Le prof à sa chaire s'échauffe tellement au sujet de Coleridge qu'il a des marques de transpiration sur le devant de sa chemise rouge tomate. De là où elle est au fond de la salle, Julia arrive à voir les gouttelettes qui dégringolent de sa tignasse hirsute. La fille à côté d'elle s'est endormie : sa tête repose sur ses bras croisés, son souffle s'échappe de ses lèvres molles avec un petit sifflement. « Apparemment, est en train de dire le prof d'une voix rieuse, lorsqu'il a enfin pris la mer, Coleridge a été un tantinet déçu : il l'a trouvée un peu trop tranquille et plate. Plutôt amusant, non ?

— Non, s'insurge tout haut le garçon de l'autre côté de Julia. Coleridge, ça craint. » Il se penche vers Julia sans la regarder. « Tu es frigide ?

— Seulement pour les étudiants de première année », réplique-t-elle.

Le garçon hausse les épaules. « J'attendrai.

— Ne te donne pas cette peine. »

Le prof en nage lance un regard dans leur direction. « Voilà une chose que je ne supporte pas, s'écrie-t-il. Tenez-le-vous pour dit. » Une centaine de têtes pivotent et se tendent pour les dévisager d'un air amusé ou réprobateur. Julia s'écarte le plus possible de son voisin. « Espèce d'agitatrice, chuchote-t-il. Je serai au club d'escrime ce soir. Je t'y verrai.

— Tu peux rêver », lui chuchote-t-elle en retour.

Il y a une affiche sur le panneau du foyer qui vante les services du conseiller socio-psychologique du campus. Au-dessous de *Solitaire ? Déprimé ? Paumé ?* une des filles blondes a griffonné *Gouine ? Julia ?* Deux d'entre elles, debout à côté du panneau, répriment un gloussement au moment où Julia les dépasse. Je m'en fiche, se répète Julia, refermant doucement la porte de sa chambre et se délestant de ses livres et de ses papiers. Elle s'installe à son bureau et se met à fredonner, histoire de se sentir moins seule. Ses crayons ont beau être disposés en rangs bien réguliers, elle les aligne à nouveau, fredonnant, fredonnant pour réchauffer le vide qui est en elle. Cette phase douloureuse sera bientôt terminée. Elle est à même d'affronter toutes les difficultés, car elle va retrouver Miranda.

Le jeudi matin elle traverse la cour au grand galop, d'ores et déjà en retard pour son cours de 10 heures. « Miranda ! » Ce cri lui a échappé avant même qu'elle soit sûre que cette mince silhouette brune en trench-coat marron clair est bien Miranda. Mais évidemment que c'est elle : les jambes gainées de bas, les chaussures démodées, la démarche gracieuse... évidemment que c'est Miranda. Elle l'appelle à nouveau, la gorge frémissant d'un doux battement d'excitation, les paumes tremblantes. Miranda ne l'a pas entendue ; elle disparaît dans un bâtiment. Julia lui emboîte le pas. Le hall est vide. Les cours ont commencé. Julia monte l'escalier quatre à quatre, trébuchant, se rattrapant in extremis à la rampe. Miranda n'est pas non plus au deuxième étage, ni au suivant. Les pas de Julia résonnent sur le lino de l'escalier tandis qu'elle grimpe puis redescend à fond de train, négociant les tournants sur les chapeaux de roue, sautillant sur les marches comme des doigts sur les touches d'un piano, cherchant partout une femme qui n'est pas là.

A bout de souffle, elle décide d'essayer les salles du rez-de-chaussée. La première est totalement vide. La deuxième aussi. Dans la troisième salle, plusieurs personnes sont assises sur des chaises, en cercle. Julia repense aux séances avec Miranda et à leur configuration. « Excusez-moi, dit une femme entre deux âges, mais il y a un écriteau sur la porte. Pourriez-vous sortir, je vous prie ? »

« Pardon », répond Julia qui referme doucement la porte derrière elle, sans trop savoir ce qu'elle a vu ou qui elle a vu, sans trop savoir si Miranda était dans la salle ou non. Par conséquent, une heure durant, elle reste là sur le perron en pierre du bâtiment, tandis que le vent d'automne se lève et fait virevolter la poussière autour de son visage, et elle attend. Durant de longues, longues minutes, pas une seule personne ne sort, et puis soudain, alors qu'une cloche retentit dans le lointain, les portes s'ouvrent à la volée et une foule en jaillit d'un seul coup, tellement de têtes qu'il lui est impossible de les voir toutes, tellement de cartables, de vestes, de blousons en cuir, d'écharpes... Elle ne voit pas Miranda. Peut-être n'était-elle pas parmi eux.

C'est le soir. Julia appelle à la maison. Martin répond.

« Papa ?

— Tiens, salut. Comment va l'étudiante ?

— C'est Jules ? » entend-elle en arrière-plan, avant que sa mère s'empare du combiné. « Ma chérie, bonjour. Bonjour. Comment vas-tu ? » Mary s'est promis de la jouer cool. Il semble qu'elle ait déjà raté son coup.

« Je vais bien, maman. Tout est super. » En entendant sa mère, le mal du pays la transperce soudain comme une flèche. Elle sent sa gorge se contracter et elle fait tout pour maîtriser sa voix. « Ouais. Tout est absolument génial.

— Comment est le foyer ? Tu as une jolie chambre ?

— Ouais.

— Tu as déjà eu beaucoup de cours ? Lequel c'est, ton préféré ?

— Ouais. Ils sont tous super.

— Et est-ce que tu as retrouvé Miranda ?

— Ouais. » C'est venu comme ça : plus facile que de répondre non. Encore un mensonge. « Tout va bien.

— Oh je suis tellement contente. » Plus de détails, Mary veut plus de détails ; elle agrippe le téléphone comme si l'appareil pouvait lui faire don d'un petit morceau de Julia, un petit morceau de son bébé. « J'ai vu Rachel hier.

— Bien. Maman, il faut que j'y aille. Quelqu'un a besoin du téléphone. Je te rappelle bientôt. Je t'aime. Au revoir. »

A l'autre bout du fil, dans la petite ville, Mary raccroche le combiné et va s'asseoir sur le canapé à côté de Martin devant la télé grand écran. « Tout va bien ? demande-t-il, sans quitter des yeux son documentaire de voyages.

— Ouais, répond-elle dans cette maison qui, depuis peu, paraît vide et trop grande. Ça va.

— Extra. » Martin lui tapote le genou.

Vendredi matin, et le centre d'activités est plein d'un joyeux tintamarre et de l'odeur de caoutchouc noir des balles de squash. Partout des gens se promènent avec des raquettes et des sacs de sport, bavardant gaiement deux par deux, exhalant une fraîche odeur de pomme de pin et respirant la bonne humeur. Décalée avec sa coiffure gothique et ses vêtements de mémé, Julia examine les panneaux d'affichage en quête d'un indice quelconque concernant Miranda. Volley-ball chrétien, tennis mixte en salle et cardio-training sont proposés. Cours d'escrime à 14 heures, spectateurs bienvenus. Julia vérifie la grande horloge numérique au-dessus des portes des vestiaires : 14:10. Elle demande son chemin à un homme portant de grandes chaussettes blanches et un sifflet autour du cou. Sa réponse est brusque, et sa façon d'étudier sa mise de bas en haut a un côté méprisant. Elle se répète, comme elle l'a fait de nombreuses fois cette semaine, que ce que les autres pensent d'elle n'a pas d'importance, qu'elle s'en fiche.

Par le carré de vitre grillagée ménagé dans la porte, Julia observe la salle d'escrime. Elle est petite comparée aux salles d'aérobic et de basket. Le mur du fond est recouvert de panneaux de liège criblé de trous. Deux silhouettes en tenue crème dansent d'avant en arrière sur un étroit rectangle au sol, l'une en face de l'autre, des fleurets aussi fins que des fouets frémissant devant elles. Julia pousse la porte et rejoint les trois ou quatre personnes assises sur des bancs le long des murs. Les pieds des escrimeurs font à peine de bruit alors qu'ils enchaînent avec grâce leurs positions de danseurs classiques. Comme des pièces d'échecs, ils se déplacent à raison de petites distances circonscrites, en arrière, à gauche, en avant, à droite, leurs poignets dans leurs gants à crispin tournant de-ci de-là, la lame de l'un raclant la lame de l'autre avec un son tremblant. Julia repense à Miranda ce jour-là à la brocante, à la rangée de bracelets en métal qui glissaient sur son bras, au léger tintement de grelots qu'ils émettaient. « Tu ne seras jamais belle, lui avait dit son aînée, mais tu seras intéressante. Et c'est beaucoup mieux. » Alors Julia écoute le clic-clic des fleurets mouchetés contre les plastrons des duellistes, et leur respiration de plus en plus rauque sous les mailles de leurs masques, et elle s'efforce de puiser là aussi un peu de réconfort.

C'est en repassant devant les panneaux d'affichage pour se rendre à un cours sur Snodgrass et Lowell* qu'elle croit l'apercevoir à nouveau. Une femme brune qui croise en coup de vent son angle de vision, avant de disparaître dans les vestiaires. Julia la suit. Une voix demande : « Vous avez votre carte ? » mais Julia se faufile dans un étroit couloir envahi par les casiers en pin et la vapeur des douches, elle cherche, elle cherche. Une femme trapue portant les mêmes chaussettes hautes que l'homme qu'elle a vu tout à l'heure lui empoigne l'épaule en disant : « Réservé aux membres. Vous avez votre carte ?

— Je cherche une amie.

— Non. Désolée. Vous allez devoir attendre dehors. »

Julia va donc au cours, et tout du long, durant toute l'introduction à la poésie confessionnelle, elle pense à son insaisissable amie et se demande s'il s'agissait bien d'elle au gymnase. Peut-être est-elle tout simplement sujette aux hallucinations. L'horloge au fond de l'amphi fait tic-tac. Peut-être que Miranda est malade : si ça se trouve ce n'était pas elle, si ça se trouve elle n'est pas encore arrivée à la fac, elle est peut-être chez elle, mal en point. Elle est peut-être même à l'hôpital. Julia se représente un instant une scène de cimetière – l'enterrement de Miranda, une élégie, un voile, des larmes silencieuses –, puis se reproche ce batifolage. Plus que cinq jours. Elle peut, elle doit être patiente. Soudain des éclats de rire retentissent, et les étudiants autour d'elle se mettent à applaudir. Le cours est terminé. Julia reste assise en attendant que ses camarades aient ramassé blocs-notes et crayons, et évacué la salle. Il n'y a nulle part où elle soit pressée d'aller.

* W.D. Snodgrass et Robert Lowell, représentants du mouvement dit « confessionnel » de la poésie américaine, auquel appartiennent Sylvia Plath et Anne Sexton (*NdT*).

Le week-end se profile, long et paisible. Natasha et les autres filles ont des fêtes de clubs où aller et des rites d'initiation à passer. Allongée sur son petit lit le samedi matin, Julia écoute les pépiements et les bruits d'eau en provenance des douches, ainsi que la chaîne stéréo de Natasha, à côté, qui diffuse la toute dernière guimauve à la mode. Sa réputation, ternie par son aversion pour les clubs et entachée encore plus par l'épisode shooté de dimanche dernier, n'a guère été redorée par son isolement constant au cours de la semaine. Mark et Mike ont beau être des compagnons de table tout à fait agréables, elle ne tient pas plus que ça à traîner avec eux, même si le fait que les filles de son étage les méprisent les rend à coup sûr plus attirants.

« Où tu vas ce soir, la nullarde ? demande la fille qui est devenue la meilleure amie qu'ait jamais eue Natasha au fil des cinq derniers jours. Le club de physique organise une grande fête de ringards ? Et tu es l'invitée d'honneur, c'est ça ?

— Va te faire foutre », dit Julia en allant à la cuisine.

La fille fait tss tss. « S'il te plaît. Et les bonnes manières alors ? On ne te les a pas enseignées à Trou-du-cul-ville, ou quel que soit le trou d'où tu viens ? »

Julia se retourne brusquement, un mug serré entre ses doigts aux phalanges blanchies. « J'ai dit : va te faire foutre. »

Natasha se tient derrière sa meilleure amie. « Tu sais, le doyen a dit qu'on devait signaler toutes les insultes ou remarques agressives proférées par un occupant du foyer. »

Ignore-les, se persuade Julia. Laisse glisser. Ce n'est pas grave. Quand Miranda sera là tout sera différent. Elle emporte une tasse de café dans sa chambre et, derrière la porte fermée, imagine Miranda en train de lui demander d'emménager dans son vieil appartement un peu bohème. Elles sont là, toutes les deux, à boire du vin près de la cheminée, à organiser des dîners sous leur toit et à traverser des places enneigées pour aller voir des films en noir et blanc avec des amis. Elles sont là, à fumer des cigarettes sur l'escalier de secours, à lire par terre dans le salon et à musarder dans un bain éclairé à la bougie. Non : elle est là avec son petit ami, un des collègues de Miranda, à côté de lui sur le canapé, pendant que Miranda leur raconte par le menu le dernier scandale du département. Elle est là, avec son petit ami.

*

Elle prend une robe dans son armoire et la tient contre elle devant la glace en pied fixée derrière la porte. Elle voit son visage, sa peau parsemée de taches de son, ses cheveux noirs aux racines roussâtres, elle est tellement naturelle et ordinaire. Elle voudrait être sophistiquée, fabriquée, autre chose que Julia. Elle voudrait devenir une créature des enfers, un être ambivalent rempli d'exotisme, un reptile ou une chauve-souris. La soie de la robe tombe avec fraîcheur sur ses épaules. Le tissu présente un motif : des losanges qui ondulent autour de son corps, qui enserrent la courbe de sa taille et enveloppent ses hanches comme une seconde peau. Examinant son reflet derrière des paupières à demi fermées, Julia échafaude un plan. Elle s'empare de son maquillage, de ses bas et de ses chaussures.

C'est une créature transformée qui émerge de sa cellule une demi-heure plus tard. Ses cheveux en train de repousser sont dissimulés sous une cloche en feutre noir qui lui cache aussi les yeux ; la robe à losanges noire et verte est surmontée d'un cou poudré et d'une bouche cramoisie ; des bas fumés et des chaussures vertes à talons complètent le tableau. La créature ainsi accoutrée se cramponne à un petit sac noir contenant de l'argent et des cigarettes. Elle s'y cramponne de toutes ses forces, pour empêcher ses mains de trembler. Des papillons battent des ailes dans sa poitrine et des vipères se tortillent dans son ventre, mais elle le fait, elle quitte sa chambre, elle entre dans l'ascenseur et gagne la sortie sans que ni Natasha ni Cheveux Frisottés ni personne d'autre la voie et fasse, une fois de plus, remarquer sa bizarrerie en haussant les épaules.

Elle prend le bus en direction du centre et, ayant mémorisé le plan de la ville, elle se dirige vers ce bar dont lui avait parlé Miranda, lors de ces longs après-midi, il y a des semaines, sur Tree Hill. Le tumulte du samedi soir l'environne ; les gens paradent en masse dans les rues, les restaurants répandent leurs somptueuses lumières, les bars sont vibrants de gaieté et de lascivité. Naviguant dans les rues, évitant les caniveaux et la foule bouillonnante, Julia se sent à la fois terrifiée et heureuse, elle se sent ici. Il y a des mannequins dans les boutiques de vêtements qui ont l'air plus excentriques qu'elle ; il y a d'autres gens qui marchent seuls. Et voilà qu'elle arrive devant le bar, pas encore trop bondé, l'endroit dont Miranda a parlé, l'endroit qu'a fréquenté Miranda.

Elle n'est pas à l'intérieur. Julia s'efforce de tenir cette absence pour un avantage, même si ses nerfs sont mis à rude épreuve par cette obligation de patienter. La première chose qu'elle fait est d'aller aux toilettes vérifier l'allure qu'elle a. Elle se remet du rouge à lèvres, puis tamponne l'excédent à l'aide d'un mouchoir en papier qu'elle a pris dans la boîte à côté du lavabo. Des iris fraîchement coupés se dressent dans un vase. Ce bar n'a rien à voir avec Krasny. Ce bar ne ressemble à aucun bar où elle soit allée avant. Julia se rassoit sur le siège des toilettes et compte son argent.

Au bout du comptoir, un grand tabouret aux pieds tarabiscotés lui paraît le poste le plus stratégique. Elle peut facilement guetter les gens qui arrivent grâce au grand miroir derrière le barman, et pivoter tout aussi facilement pour qu'on ne remarque pas ses dix-sept ans. Le barman se tient devant elle. Tout à coup, elle se sent gênée, telle une jeune fille surprise en train de fouiller dans le coffret à bijoux de sa mère. Sa tête la démange sous ce chapeau ridicule. « Je vais prendre un scotch *on the rocks*, s'il vous plaît. Mais sans glace. »

Le barman arrête de frotter le verre qu'il s'applique à

faire briller et dit : « *On the rocks*, ça veut dire avec de la glace...

— Ah oui, c'est vrai, dit-elle. Euh, alors, d'accord, je veux bien de la glace. S'il vous plaît. Désolée.

— Quelle marque, le scotch ? »

Oh, Seigneur... « N'importe laquelle. »

Il énonce un mot qu'elle n'a jamais entendu avant.

« Oui. Merci. »

Pendant qu'il lui prépare son verre, Julia allume une cigarette. Le puissant goût ambré lui brûle un peu la bouche. Elle a les lèvres sèches. La porte s'ouvre et trois hommes entrent dans le bar. Ils la dévisagent d'une manière à laquelle elle n'est pas habituée : lentement, sans détourner les yeux, tout en prenant place dans des fauteuils autour d'une table. Elle boit son verre. Elle attend.

Le bar se remplit. De petits groupes d'amis, des collègues de boulot, des couples amoureux. Un deuxième barman prend son service et le premier barman lui sert un autre verre, puis encore un autre. Il s'écoule peut-être une heure. Elle a la tête qui flotte. Une cigarette reste collée à ses lèvres desséchées : ses doigts ripent dessus jusqu'à la cendre rougeoyante et elle ressent une douleur subite. Elle panique, la cigarette dégringole sur ses cuisses, elle la chasse avec la main et elle doit étirer sa jambe depuis le grand tabouret pour pouvoir l'écraser. Le tabouret bascule mais elle empoigne le rebord du comptoir et évite de se casser la figure. Une femme qui se tient à proximité dit quelque chose sur elle, ou peut-être à elle, mais Julia n'en est pas sûre et, comme elle n'entend pas, elle ne peut pas répondre. Le barman lui sert un autre verre.

Alors qu'elle se demande comment elle va rentrer au logis, et où peut bien se trouver ce fameux logis, elle sent une main sur son dos. Une voix dit : « Miranda... » Elle se retourne. C'est un homme, plus âgé, avec un visage de corbeau et des cheveux noirs fins et doux comme du duvet. Il bouge, et Julia constate que ses cheveux grisonnent sur les tempes. Elle baisse le regard, au ralenti, sur la main maigre et bronzée de l'homme, la main qui l'a touchée. Puis elle lève le regard, toujours au ralenti, sur ses yeux rapprochés pétillants de malice.

« Pardon, dit-il, en se penchant. Je vous ai prise pour quelqu'un d'autre. » Puis il disparaît dans la cohue des buveurs.

Julia se lève de son perchoir. Elle tangue, se cogne contre quelqu'un et retrouve l'équilibre. Des visages, des bras, des coudes surgissent, indistincts, dans l'atmosphère enfumée. Elle a laissé son sac sur le comptoir, mais quand elle essaie d'aller le récupérer, le chemin qu'elle s'était ouvert parmi la foule s'est refermé derrière elle. Alors elle s'aventure au hasard, par toutes les brèches qu'elle peut trouver, les pieds martyrisés par ses talons hauts, le crâne qui la démange sous son chapeau, le visage en feu. Et soudain elle la voit. Pas son dos, pas son profil : Miranda, le visage de Miranda dans la pénombre ; le visage songeur et attentif de Miranda, et l'homme-corbeau qui lui parle. « Miranda. » Le regard de Miranda se pose un instant sur elle, puis se détourne comme si elle n'avait pas enregistré. « Miranda. » Rien. « Miranda. »

L'homme-corbeau a cessé de parler, un sourire hésitant sur les lèvres. « Qui est-ce ? » demande-t-il.

Qui est-ce ? « Miranda, bonjour. » C'est moi.

Miranda hausse les épaules. Elle finit par regarder Julia ; elle la regarde dans les yeux. « Bonjour Julia. Comment vas-tu ?

— Je vous ai cherchée partout. » Elle a envie de rire tant elle est soulagée. « Je veux dire, je vous ai vue, à l'université, mais nous n'arrêtons pas de nous louper, alors – me voilà. » Elle écarte les bras au maximum dans le bar bourré de monde et lui adresse un sourire radieux. « C'est formidable, non ? La grande ville, enfin !

— Oui, dit Miranda. Je suis contente pour toi. » Un silence. « Comment est le foyer ?

— Oh, vous savez. Un foyer, mais pas beaucoup de chaleur... » Julia pouffe. « Ce sont des connards, en fait. Mais ça ira en attendant. »

L'homme-corbeau observe la scène, ses yeux brillant comme des charbons ardents.

« Alors. Tu vas te chercher un appartement.

— Bien sûr, je veux dire, j'adorerais. En réalité, je me suis dit qu'on pourrait chercher ensemble. »

Les yeux de Miranda se voilent. « Vous savez chéri, dit-elle à l'homme, cette pièce était une vraie merde. Et je me fiche que Geordie soit votre ami. »

L'homme ne répond rien. Retirant sa cloche noire, Julia frictionne ses cheveux moites et tout aplatis. « Hum... fait-elle, et elle est obligée de parler fort pour couvrir le bruit. Qu'est-ce que vous en dites ? Je pourrais peut-être habiter chez vous ? Je veux dire, en réalité, le foyer est assez épouvantable. » Miranda est plus belle que jamais, on dirait un cygne, imperturbable et serein. Ses cheveux noirs lui dégagent le front ; son regard est royal. Elle le tourne à nouveau vers sa cadette. « Je ne pense pas, dit-elle. Je n'ai vraiment pas la place.

— Oh !

— Tu sais, je suis sûre que je te verrai sur le campus à un moment ou un autre. » Posant alors une longue main pâle sur le bras de l'homme, elle hausse les sourcils comme pour dire *qu'est-ce qu'on y peut ?* et murmure quelque chose. « Il faut qu'on y aille, déclare-t-elle avec un bref sourire pincé. Sympa d'être tombée sur toi, Julia. A un de ces jours.

— Attendez. Miranda ? » Seigneur, elle va pleurer. Non. Non.

« Tu es en première année, n'est-ce pas ? reprend Miranda avec un petit sourire suffisant. A mon avis, tu serais mieux dans un autre bar. Krasny se trouve sur la 8e Rue. » Elle pousse l'homme pour le faire avancer mais il ne bouge pas ; il a les yeux qui étincellent.

Julia s'éclaircit la gorge. Elle essaie de maîtriser sa voix. « Pourquoi êtes-vous... ? » Mais sa voix se brise et son visage ne répond pas normalement ; des larmes lui brûlent l'intérieur du crâne ; son nez se met à couler. Une femme la bouscule pour passer avec un « *Excusez*-moi » persifleur. Elle a les joues engourdies. Ses larmes menacent de déborder et elle écarquille les paupières, elle dit : « Je ne comprends pas. » De ses bras impuissants, elle esquisse un geste impuissant. Miranda reste stoïque, et à présent elle se tient là, se mordant la lèvre supérieure, secouant la tête. « Je ne... Je ne. » Les gens autour d'elle se décalent légèrement. Le mascara lui pique les yeux. Elle se frotte les paupières, essayant de se ressaisir, mais lorsqu'elle arrive à voir à nouveau, Miranda est partie.

« Elle a dû s'en aller, explique l'homme-corbeau. Mais je m'inquiétais pour vous. Alors je me suis dit que j'allais rester. »

Il y a de la lumière dans la chambre. Elle est allongée sur un lit. Tout habillée. Elle a l'impression d'avoir les yeux collés et minuscules. Son sourcil gauche est agité d'un tic nerveux et sa langue est atrocement chargée. Son abdomen se contracte. Elle se penche par-dessus le bord du lit et vomit tout son soûl sur un parquet ciré.

« Charmant. »

L'homme-corbeau se tient au-dessus d'elle. Il porte une robe de chambre et des lunettes. Il n'avait pas de lunettes hier soir. Elle n'en revient pas de se souvenir de ça quand elle se souvient de si peu de choses.

« Je suis désolée. » Elle se met en position de fœtus. Les draps bleus satinés sentent l'après-rasage. « C'est chez vous ici ?

— Je m'appelle Lionel. Vous voulez une tasse de thé ?

— Mon sac.

— Il est ici. Ah, j'ai réglé vos consommations. Vous n'aviez pas assez.

— Ça faisait combien ?

— Un paquet. » Le lit s'incurve tandis qu'il s'assoit à côté d'elle. « Ce scotch que vous vous êtes tapé était plus vieux que vous, mon chou. De pas mal d'années.

— Je vous rembourserai.

— Ne vous inquiétez pas pour ça. » Il va chercher une serpillière qu'il passe sur le vomi, son pied dans sa pantoufle. « Comment vous sentez-vous maintenant ?

— Quelle heure est-il ? J'ai des cours, je ferais mieux d'y aller. »

D'un coup de pied, il envoie promener la serpillière à l'autre bout de la pièce. « On est dimanche. » Depuis la taie d'oreiller lustrée où repose sa tête, Julia aperçoit les reflets du soleil sur le plancher rutilant, un canapé rouge vif et une table basse. Après un étrange miaulement comme un cri de bébé, quelque chose de lourd s'abat sur le lit. Julia se fige.

« Lamia ! s'écrie l'homme d'un ton réprobateur. Ce n'est pas une façon de traiter une invitée. »

Un chat birman rampe jusqu'à Julia et pousse un grognement. Elle resserre les draps contre elle. « Il faut que j'y aille », insiste-t-elle.

L'homme se lève, attrapant le chat pour le poser par terre. « Détendez-vous. Je vais faire du café. La salle de bains est par là. Vous allez tout me raconter sur vous et après j'appellerai un taxi. »

Dans le taxi qui la ramène à Novo House, Julia humecte ses doigts pour nettoyer les traces de mascara incrustées sous ses yeux. A l'insistance de Lionel elle avait fait couler un bain, mais au lieu d'y entrer elle s'était assise sur le carrelage blanc et froid de la salle de bains sans quitter ses vêtements, trop effrayée pour se déshabiller alors qu'il était dans la pièce à côté. Il est sûrement homo, réfléchit-elle, sauf que plus rien à présent ne lui paraît certain. La seule chose dont elle soit sûre, c'est de cette cinglante humiliation d'avoir été rejetée.

Julia repense à une des séances du groupe quand, lors d'un après-midi étouffant dans la salle communale, ils avaient encore joué à un de ces jeux censés révéler la personnalité. Si cette personne était une couleur, quelle couleur serait-elle ? Si cette personne était un jour de la semaine, un film, une forme ? Elle était restée sur la sellette une éternité, sans réussir à trouver la réponse : la couleur était le bleu, le jour était le jeudi, la plante était un jeune arbre, la saison le printemps. Elle disposait de quelques autres indices, mais aucun ne dessinait une image vraiment nette, aucun ne l'avait mise sur la piste. Quand Julia avait demandé : « Quel animal ? » il y avait eu un silence, puis Chicky s'était esclaffée et avait chuchoté, assez fort pour que tout le monde l'entende : « Le petit toutou de la prof. » Elle avait compris à ce moment-là que c'était d'elle qu'ils parlaient. Elle en a mal au ventre rien que d'y repenser. Si cette fille était une personne, quel genre de personne serait-elle ?

La ville brune défile derrière sa vitre tandis que le chauffeur la conduit de la maison d'un inconnu vers un repaire de barbares. Elle est seule ici. Pendant quelque temps, ils roulent le long de la rivière ; contemplant depuis la voiture l'eau lente et paresseuse, Julia se demande si on lui a fait prendre une drogue et si c'est la raison pour laquelle elle se sent comme ça, en train de dégringoler la tête la première dans le gouffre le plus vertigineux qui puisse exister.

⋆

Elle n'émerge de sa chambre que le lendemain. Le sommeil l'a un peu requinquée mais Julia se sent surtout hébétée. Elle rejoint l'antre rassurant de la cantine pour le déjeuner et remplit son assiette d'une salade qu'elle n'a pas envie de manger. Mark et Mike sont là, comme d'habitude, et Julia, pleine de reconnaissance, se faufile derrière les étudiants en chimie obèses pour s'asseoir avec eux.

« Tu vas bien ? demande Mark, retirant la croûte de sa tourte pour révéler la masse grise et gélatineuse qui se cache dessous. Les menteurs. C'est pas du poulet. C'est de la morve.

— Ta confiance en l'humanité est touchante, Mordor, dit Mike. Je crois que tu t'enquérais de la santé de Madame...

— Je vais bien. » Julia essaie de sourire. « Vous êtes marrants, les mecs. »

Mark, dont les joues ont encore le rose duveteux de

l'adolescence, rougit. « Madame est amusée. Nous sommes contents, n'est-ce pas, Léonin ?

— Mange donc ta tourte à la morve, Mordor, sinon le cuisinier du palais te dénoncera au roi.

— Le cuisinier du palais est un menteur et un gredin. »

Quel repos d'être assise là pendant qu'ils s'inventent leur monde imaginaire, repoussent des croissants de céleri sur le bord de leur assiette, et se gardent de trop réfléchir. Ils ont quelque chose de rassurant, ces garçons-là. C'est seulement quand la cafétéria commence à se vider pour les cours de l'après-midi que la terreur d'être seule s'insinue dans le ventre de Julia pour redescendre ensuite le long de ses jambes. Elle n'a pas envie de bouger. Lorsque Mike annonce qu'il doit escalader la tour de silex de Biochimie et mémoriser quelques tableaux faute de quoi le Grand Magicien lui concoctera une peine extrêmement cruelle, Julia se tourne vers Mark et demande : « Dis, Mordor. Tu voudrais pas qu'on aille au cinoche ?

— J'ai une dissection demain. Je suis censé préparer. Mais tu pourrais venir au labo avec moi...

— Ce n'est pas vraiment mon idée d'une sortie rigolote, déclare-t-elle, et il rougit à nouveau. Allez, viens. On peut prendre un bus pour aller dans le centre, voir un truc vraiment nul.

— Tu ne trouves pas qu'il est un peu tôt dans l'année pour commencer à sécher des cours ? »

La table tressaute : Julia soupçonne Léonin d'avoir donné un coup de pied dans les tibias de Mordor. « D'accord, dit-il. Je vais venir. Passe devant, je te suis. »

« Comment sais-tu où aller ? demande-t-il entre deux ahanements, tandis qu'elle le force à courir en voyant le bus qui va vers le centre approcher de l'arrêt du campus. Tu es déjà venue ici ou quoi ? reprend-il une fois dans le bus, en s'écroulant sur une banquette double.

— Non, répond-elle. Mais j'ai vite compris le truc. » Puis ils se taisent tous deux, contemplant par la fenêtre la rivière grise alors que le bus franchit en bringuebalant le vieux pont de pierre. Le bus chemine à travers la ville, ramassant et déposant des travailleurs, des gens en costume, des hommes exténués, des femmes chargées de sacs à provisions en plastique, des écoliers en uniforme. Pendant que Mark découvre la ville bouche bée pour la première fois, Julia observe les passagers, s'étonnant de leur indolence, de leur désinvolture, tandis qu'ils montent dans le bus ou en descendent. Les écoliers se disputent de minuscules jeux électroniques ; un vieil homme chante « Amazing Grace ». Sur le côté gauche de la rue apparaît un énorme cinéma multiplexe et Julia bondit pour appuyer sur le bouton.

Le film est mauvais, mais pas mauvais au point de ne pouvoir s'y oublier : ce n'est qu'au moment du générique de fin que Julia prend conscience des odeurs de déodorant à l'entour et de la chemise en flanelle de Mark collée tout contre son épaule. Le crépuscule est tombé pendant qu'ils étaient dans la salle ; les autos et les bus ont leurs phares allumés, tels des yeux couleur d'ambre éclairant le parcours syncopé qui sépare les gens de chez eux. « Tu veux aller boire un café ? propose Mark, mais soudain le fait d'être avec lui accentue plus que jamais son sentiment de solitude.

— Non merci. Il vaut mieux que je rentre. » Il fait presque nuit. Elle pourra se faire griller du pain, emporter les toasts dans sa chambre, essayer de dormir. « Tu montes dans le bus ?

— Julia, écoute. » Les gens passent autour d'eux, laissant les bureaux et les magasins vides. Dans le bleu de cobalt de l'éclairage au néon, sous les affiches lumineuses du cinéma, elle remarque un petit furoncle en train de percer sous l'oreille gauche de Mark.

« Oui ? » Quand est-elle survenue, cette impression de détachement vaguement abasourdi ? L'éprouve-t-elle depuis son arrivée dans la grande ville, ou seulement depuis la nuit dernière ?

« Viens prendre un café. » Son visage est écarlate, désespéré.

« Non. Je suis fatiguée. Mais merci. » Elle est encore sous le coup de l'atmosphère obscure de la salle de cinéma ; regardant de l'autre côté de la rue animée, elle cherche l'arrêt de bus, espérant se défaire un peu de cette mélancolie. Elle n'a pas le temps de faire ouf qu'il s'est jeté contre elle : ses mains lui plaquent les bras le long des flancs, sa bouche se promène sur sa gorge et ses lèvres sèches tâtonnent pour trouver les siennes. Elle secoue la tête en tous sens, se contorsionne pour se dégager. « Enfin bon Dieu, mais qu'est-ce qui te prend ? »

Il respire fort. « Je ne veux pas être qu'un ami pour toi. Je t'aime, ma gente dame. »

Julia laisse échapper un rire cruel. « Ne sois pas idiot, tu ne me connais même pas.

— Je t'aime, insiste-t-il, accablé. Je croyais que tu le savais. »

Elle le dévisage. Il n'a jamais été qu'un petit point sur sa conscience, une façon quotidienne de passer le temps, une compagnie à laquelle elle prête à peine attention. « Non, répond-elle, soudain épouvantée. Bien sûr que non.

— Alors pourquoi tu m'as demandé de t'accompagner ? » Je t'en prie, implore-t-elle, pétrifiée à la vue des traits empourprés du garçon, je t'en prie ne pleure pas... « Pourquoi tu m'as emmené au cinéma si ce n'était pas pour sortir avec moi ?

— Je suis désolée. » Elle sent que les gens les observent : un couple vêtu de fines rayures assorties échange des coups de coude ; une femme plus âgée adresse à Julia un sourire indulgent. « Ce n'était pas ce que j'avais en tête. » Mark a une grimace de désarroi. « Nous sommes amis, non ? demande-t-elle, même si, jusqu'à cet instant, elle n'a jamais vu en lui qu'une simple connaissance. Nous pouvons être amis.

— Non. » Il secoue la tête, avec véhémence. « Je ne veux pas te revoir », reprend-il, la voix brisée, enfouissant ses yeux dans le creux de son coude et secouant à nouveau la tête. Brusquement, il tourne les talons et se met à courir, se fondant dans la foule alentour. « Mark ! » crie-t-elle, mais il ne s'arrête pas. Alors Julia demeure plantée là à se demander comment elle a pu s'aveugler à ce point.

Elle demeure plantée là, privée du soutien rassurant de sa camaraderie, seule.

La soirée est glaciale. Un vent âpre relevant plus de l'hiver que de l'automne souffle sur le campus. Il mord les joues de Julia et allume des feux glacés dans ses oreilles. A l'abri derrière la cabine téléphonique située près de la bibliothèque, elle attend que le barbu à l'intérieur se décide à raccrocher. Les cours sont terminés pour aujourd'hui. Sous les néons de la bibliothèque elle aperçoit quelques têtes studieuses penchées sur des bureaux, mais il règne dans le campus cette atmosphère familière de ville désertée : fini les fêtes de bienvenue, fini les manifestations. Déjà on parle des prochaines vacances, de séjours au ski et de visites chez soi.

« A vous l'honneur », dit le type, grattant sa barbe bien taillée. Il est sur le point de s'éloigner mais il s'interrompt. « Dites donc... vous ne seriez pas en anglais ?

— Si.

— Il me semblait bien que je vous avais vue. Vous êtes dans le TD sur les Romantiques de Stefan, c'est ça ? »

Elle hoche la tête. Cet homme est maître-assistant, c'est un des étudiants de troisième cycle.

« Je m'appelle McKechnie. Vous voulez un tuyau sur Stefan ? Il est obsédé par Harold Bloom. »

Elle hoche encore la tête et sourit. Ça lui paraît étrange de sourire. « Merci, dit Julia. Il nous a déjà prévenus.

— A un de ces jours, alors.

— Au revoir. » Julia reste là une minute dans la cabine téléphonique. Il y flotte une agréable odeur de citron et de cirage, et elle se demande si ce sont les odeurs de l'homme qui vient de partir. Le combiné est chaud mais les touches métalliques sont encore froides. Le vent s'engouffre à hauteur des chevilles et lui tourbillone autour des pieds. Elle appelle en PCV. Mary répond. « Chérie. Comment vas-tu ? » Il y a quelque chose de différent dans sa voix, une lassitude, une incapacité à se montrer enjouée.

« Quoi de neuf ? Comment va le boulot ?

— Oh... eh bien. » Une pause. « Mon cœur, les nouvelles ne sont pas très bonnes par ici.

— Est-ce que tu vas bien ?

— Je vais bien, ton père va bien aussi. Tu sais que Tarin Verschoor a eu son bébé.

— Non.

— Il était mort-né.

— Et Tarin ?

— Ça va. Ils ne savent pas ce qui a mal tourné. Bien sûr personne n'en parle. Enfin, tout le monde en parle, mais pas comme il faudrait.

— Oh ! C'est vraiment triste. » Julia se demande ce que doit ressentir Lewis. Peut-être qu'il est libre maintenant, songe-t-elle, avec mauvaise conscience, mais pleine d'espoir pour lui, peut-être que ça signifie qu'il est libre. « Je viens de rencontrer un des maîtres-assistants », dit-elle, voulant avoir quelque chose de positif à raconter.

Un silence s'installe, puis Mary reprend : « Et puis il y a autre chose... c'est Lewis Karr. Tu le connaissais ?

— Oui.

— On lui a tiré dessus hier.

— Hier ? » C'est tout ce qui lui vient à l'esprit.

« Personne ne dit qui c'est, mais un des fils Verschoor a disparu.

— Est-ce qu'il va s'en sortir ?

— Non, chérie. Il a été tué sur le coup.

— Non. » La main de Julia se lève pour aller couvrir sa bouche. Sa tête n'est qu'un charivari de sons creux.

« Je suis désolée mon cœur. » Dans le tohu-bohu de son esprit elle entend le bruit d'une allumette qu'on gratte, d'une taffe qu'on tire sur une nouvelle cigarette. Mary recrache la fumée. « Ils étaient toute une ribambelle, apparemment, toute une bande de jeunes près de ce pont derrière le parc, tout le monde planait un peu et puis il y a eu ce coup de feu.

— Non.

— Mon petit cœur. Est-ce que tu veux revenir pour l'enterrement ? On pourrait trouver l'argent pour te payer le voyage.

— Non.

— Jules. Tu es toujours là ? »

Elle hoche la tête, elle pleure. « Maman, dit-elle. Maman.

— Mon chou. Chh. Ne t'en fais pas. Je reste au bout du fil. »

Et pendant un long moment elles ne disent rien ni l'une ni l'autre, se cramponnant aux cordons du téléphone comme s'il s'agissait des deux extrémités d'une longue corde tendue entre elles, comme si, l'une tirant à un bout, l'autre allait sentir la secousse.

*

Le matin elle se rend une fois encore au département d'anglais et gravit les quatre étages jusqu'à l'accueil. Elle fait la queue pour parler à la guichetière si peu accommodante. Voilà donc sa nouvelle vie, le temps qui s'écoule sous le jaune des néons, l'odeur des carrés de moquette, tous ces gens plus âgés qu'elle et effrayants, indifférents. Lorsqu'elle rêvait de la grande ville, ce n'était pas comme ça qu'elle l'imaginait. En face d'elle, la réceptionniste est toujours au téléphone. Julia sent soudain qu'on la pince par-derrière et que des mains osseuses lui enserrent la taille. Elle se retourne. C'est Lionel.

« Qu'est-ce que vous faites ici ? » demande-t-il en souriant.

Elle ne sait que répondre. « Je voudrais changer de TD.

— Ah oui ? Vous êtes en première année, c'est ça ? » Ses yeux plissés passent rapidement des plantes en pot aux affiches de théâtre. « Je suis sûr que je pourrais vous caser dans un des miens. Ça vous plairait ? Lequel voulez-vous changer ? » Il l'attrape par le coude. « Venez dans mon bureau, nous allons jeter un coup d'œil à l'emploi du temps. »

Sur la porte, il y a un dessin humoristique avec une légende que Julia ne saisit pas. Il s'agit sûrement d'un clin d'œil littéraire. « C'était le bureau d'Oliver Lowe, explique Lionel. Miranda ne vous a pas parlé de lui ? »

Elle fait non de la tête. Il y a des photos sur la table de Lionel : on le voit aux côtés de différentes personnes lors de ce qui ressemble à une série de cocktails. « Vous reconnaissez des gens ?

— Non.

— Dexter Andrews, le doyen, Margot Owen, Geordie Brock... vous ne connaissez personne ?

— Non.

— Ah. » Ils se tiennent toujours côte à côte, à regarder les photos. Il lui touche à nouveau le bras. En se retournant, elle constate que la porte donnant sur le couloir est ouverte. Elle peut partir quand il lui plaît. « Asseyez-vous, dit Lionel, et Julia s'exécute.

— Bien. Le seul TD de première année dont je m'occupe est l'Introduction aux Romantiques. La sélection est draconienne. Mais je suis sûr qu'on pourra vous trouver une place. » Il gagne son fauteuil et sourit : quelque chose à la porte a attiré son attention. « Oh ! fit-il. Entrez donc.

— En fait, je repasserai plus tard, dit Miranda. Bonjour Julia. »

Elle la regarde, sans plus. Il fait jour, elle est sobre, et Miranda est là, réelle et impudente. Elle paraît néanmoins prise au piège dans l'embrasure de la porte.

« Vous savez quoi ? dit Lionel. J'ai un déjeuner. Julia ici présente désire s'inscrire à mon TD. Est-ce que vous pouvez discuter des détails avec elle et prendre les dispositions nécessaires ? »

Miranda s'esclaffe. « Je ne suis pas secrétaire, Lionel.

— Mais vous allez nous donner un coup de main. Merci. » Se faufilant derrière elles deux, il oblige Miranda à entrer dans la pièce. « Quand vous nous avez abandonnés au bar, Julia m'a raconté in extenso vos petites distractions estivales. Vos petits jeux avec une bande de mômes. Adorable. »

Miranda dresse le menton. « Il s'agissait de les faire s'exprimer, de les pousser à établir des contacts authentiques, à assumer leurs responsabilités et à devenir des individus à part entière.

— On croirait une connerie de Gestalt-thérapie... Ça

ne s'accorde pas vraiment avec votre chère linguistique, si ? Le monde serait tout à coup rempli de présupposés ?

— Je ne vois pas le rapport. »

Il fait un clin d'œil à Julia qui assiste à l'échange, désemparée. « Vous êtes sûre ?

— Il y a mon travail ici, et puis ce projet, qui était totalement indépendant.

— Qu'est-il donc arrivé à votre fameux esprit de rigueur ? demande Lionel en tripotant sa manchette. Vous me semblez manquer pas mal de cohérence vous-même, non ? » Il y a un silence. « On ne trouve plus ses mots, ma chérie ? Souvenez-vous, l'imitation est la forme de flatterie la plus sincère. » Ses doigts bronzés agrippent la tranche de la porte. « Je vais fermer cette porte, d'accord ? A bientôt. »

Elles se retrouvent seules toutes les deux. Julia dévisage Miranda. C'est la plus âgée qui craque la première. « Quoi ? s'écrie-t-elle. Pour l'amour du ciel, Julia, tu es horripilante.

— Pourquoi est-ce que vous m'évitez ?

— Ecoute. Ce n'est pas pareil ici. On ne peut pas être amies, c'est déplacé. Tu devrais fréquenter des gens de ton âge. » Derrière la fenêtre de Lionel Ford, des arbres aux feuilles brunies se profilent sur un fond de ciel bleu. Miranda poursuit. « Tu ne vois donc pas que je dois te lâcher, pour voir si tu coules ou si tu nages ? Tu ne peux pas vivre éternellement suspendue à mes basques. Ça va à l'encontre de tout ce que j'ai essayé de t'enseigner. Il faut que ça vienne de toi. Souviens-toi, il faut que tu saisisses la liberté à bras-le-corps. » Elle se tient devant la porte fermée, aussi loin de Julia qu'il est possible dans cet espace restreint.

« Peut-être la liberté n'est-elle pas aussi importante que vous le pensez.

— Seule une personne vivant dans une démocratie libérale peut se permettre de dire ça. Pardon. Une personne stupide vivant dans une démocratie libérale. »

Julia croise ses bras sur sa poitrine. « Je ne suis pas stupide. Je ne suis pas idiote.

— Alors grandis. »

Non, non, elle ne doit pas pleurer. Julia s'efforce d'adopter le ton détaché de Miranda. « Je ne comprends pas pourquoi vous êtes comme ça.

— Tu as eu ce que tu voulais, non ? Tu es ici dans la grande ville.

— Je ne voulais pas que ça. Nous sommes amies.

— Regarde-toi, dit Miranda. Regarde tes vêtements, ta coiffure, ta façon de marcher. Tu n'es rien d'autre qu'une pâle copie de moi, un calque raté. Ce n'est pas ça l'amitié. »

Il y a un silence.

« Lewis Karr est mort. » Julia se met à pleurer. Lewis dans la pénombre pleine de fraîcheur de l'atelier du carrossier ; Lewis écoutant *Love Songs Till Midnight* sur son auto-radio ; Lewis bégayant devant la classe pendant que Miranda restait là sans réagir. Pendant qu'eux tous, incapables, ridicules, restaient là sans réagir. Et puis la honte, aussi lourde qu'écœurante, de sa prétendue révélation au groupe, la maudite stupidité de ce qu'elle avait dit, sa trahison de Lewis et du lien indéfinissable qui les unissait.

Miranda la regarde. « Je suis désolée. »

Des larmes coulent sur le visage de Julia. « Mais enfin pourquoi être venue dans notre ville ?

— Nous ne sommes plus dans ta ville, réplique Miranda. Nous sommes ici. »

Julia se redresse, s'essuyant les yeux avec sa manche. « Il faut que j'y aille. » Une chose translucide, comme une écaille de poisson, scintille sur la moquette.

« Et le TD de Lionel ? C'est un grand privilège d'y être admise.

— Je m'en fous, du TD de Lionel... » Elle est tout près de Miranda désormais ; elle peut voir l'épaisseur du fond de teint sur ses joues, la plaque d'urticaire sous son menton. « Je vais vous dire un truc. Un jour, je verrai la mer. » Je me tiendrai au bord de l'océan étincelant, se promet-elle, fixant des yeux cette fille plus âgée, et je ne penserai pas à toi.

Miranda arque un de ses sourcils épilés. « Tu en es sûre ? »

Personne ne répond au téléphone de Mary et Martin. Julia tape des pieds contre le froid, déconcertée. Ils ne sortent jamais à part pour leur soirée cartes, et ce n'est pas leur soirée cartes. Elle écoute la sonnerie qui se répète et imagine la maison vide, le comptoir de la cuisine où reposent peut-être les restes du sandwich au fromage de Martin, à côté d'un mug de thé froid à moitié bu. Elle se représente la véranda silencieuse, la grande salle de séjour, et sa propre chambre, soigneusement maintenue dans l'état où elle l'a laissée. Le poster de Sara Moon sur le mur de la cuisine. Elle regrette toutes les paroles méchantes qu'elle a pu dire à sa mère au cours de son existence. Les vêtements de Mary dans l'armoire, ses bigoudis sur la coiffeuse, les revues automobiles de Martin dans les toilettes du rez-de-chaussée. Elle a toujours été trop grande pour trois, leur maison... elle doit avoir l'air absurde pour deux. Le téléphone continue de bêler, et Julia se dit que ses parents ont leur vie à eux, pourquoi devraient-ils être là pour la simple raison qu'elle a envie de parler ? Lewis, Lewis Karr. Lewis avec son bonnet et son blouson en jean, ses dents du bonheur, ses cicatrices d'acnée et sa douceur inattendue, Lewis ne peut pas être mort. Il ne peut pas s'être retrouvé étendu là sur les graviers acérés au-dessous du pont, à perdre son sang au milieu des cailloux, en toute lucidité, les yeux ouverts, le sang gargouillant dans sa gorge, sachant pertinemment qu'il allait mourir. Elle aurait dû lui écrire. Elle aurait dû le forcer à venir avec elle. Elle raccroche le combiné, mais elle met un certain temps avant de bouger.

Miranda quitte le bâtiment de la faculté d'anglais avant que Lionel ait pu rentrer de sa réunion pour lui mettre la main dessus. Elle promène son regard sur les groupes d'étudiants qui flânent de-ci de-là, cherchant un visage prometteur, se demandant qui sera dans ses TD, lesquels d'entre eux elle finira par connaître. L'intermède dans la petite ville lui semble remonter à des éternités. L'exercice est terminé. Miranda vérifie sa montre. Elle a juste le temps de faire un peu de lèche-vitrine avant d'aller retrouver Angela et Stefan pour un verre. Elle marche d'un pas léger, d'un pas gracieux, vers les rues menant au pont qui enjambe la rivière. Le film s'achève toujours sur un plan de l'héroïne, songe Miranda : la caméra s'attarde langoureusement sur sa peau, son ossature, ses yeux insondables... et puis elle se détourne. On l'observe alors de dos, se dit Miranda, imaginant la prise de vues : elle remonte une rue jonchée de feuilles, quittant la lumière du soleil pour s'enfoncer dans la pénombre.

*

C'était une journée aux alentours de la fin du printemps. Il y avait un petit vent et le soleil brillait avec des reflets verts dans les branches des arbres. Miranda traversait le campus et gravissait la colline pour rentrer chez elle, savourant la vue des crocus violets et jaunes, se délectant de la paisible promesse qui flottait dans l'air et se régalant des préparatifs auxquels on se livrait de toutes parts pour les longues vacances d'été. Son père avait eu tort de prétendre que cet endroit ne soutenait pas la comparaison avec l'université plus petite et plus élitiste où il travaillait, d'affirmer que ce n'était qu'un ensemble de bâtiments miteux, un malheureux simulacre. Miranda adorait cet endroit. Elle en était folle. Elle avait des projets, des quantités de plans et de projets, et tout se passait à merveille. Elle en avait le tournis ; elle avait envie de chanter.

Dans son appartement elle mit *Auf dem Strom* de Schubert sur la chaîne stéréo, fredonnant tout en rangeant sa table de travail déjà très bien rangée. C'était le soir de la réception donnée par Oliver et Margot. L'après-midi s'étirait devant elle, des heures de délassement et de paresse en attendant, ultime raffinement, d'épingler une fleur dans ses cheveux, puis de descendre l'escalier, de serrer ses bras autour de son torse en traversant la rue, de passer devant l'enfilade de vidéo-clubs et autres boutiques de plats à emporter, de franchir la rivière, et de rejoindre l'appartement, petit mais impeccable, qu'habitait le couple non loin du vieux théâtre. Miranda arpentait son salon en imaginant le murmure des conversations, le bref silence des invités quand ils la verraient débarquer. Les discussions reprendraient sans délai, elle se posterait à côté de Margot, tout aurait l'air normal, mais il y aurait quelque chose de changé – l'atmosphère serait tendue, les verres de vin tinteraient comme des cloches de cristal, le vin lui-même paraîtrait plus puissant. Oliver émergerait de la cuisine. Il disposerait un plateau de petits-fours sur la desserte et viendrait la saluer, flegmatique, d'un baiser sur chaque joue. Adossée au mur de sa salle de séjour inondée de soleil, Miranda promena une main le long de son flanc gauche puis sur sa taille et ses seins comme Oliver ne manquerait pas de le faire ce soir-là, dès qu'il réussirait à s'extraire des griffes de Margot pour venir la retrouver là où elle l'attendait, sur les marches de l'escalier d'incendie à l'arrière de la cuisine.

Personne ne l'avait appelée pour s'assurer qu'elle y allait : ni Stefan ni Angela ni même McKechnie. Elle se félicitait qu'ils ne l'aient pas embêtée, qu'ils ne lui aient pas demandé de les rejoindre dans un bar pour y aller après tous ensemble. Mais elle avait l'habitude d'être courtisée, sollicitée, elle avait l'habitude que ses amis veuillent l'avoir à leur bras. Elle était la plus jeune, la plus séduisante et assurément la plus prometteuse de leur groupe. Depuis que Margot l'avait prise sous son aile il y a plus d'un an, qu'elle l'avait adoptée, guidée, pour ensuite admirer le résultat, sa conviction naturelle d'être une personne à part, une personne au-dessus du lot, n'avait fait que se confirmer. Et lorsque son aînée était partie pour un colloque et qu'Oliver, son mari, avait appelé Miranda pour vérifier qu'elle ne se sentait pas trop seule et qu'elle ne s'ennuyait pas, elle avait été flattée. Elle avait deviné ce qui allait se passer. Lorsque c'était arrivé, le soir de ce cocktail à la fac, elle n'avait pas été étonnée. Même si elle n'avait jamais eu de liaison auparavant, elle savait comment se comporter. Les réflexes de la clandestinité lui étaient venus facilement. Elle était navrée pour Margot mais n'éprouvait aucun sentiment de culpabilité. Après tout, elle était persuadée qu'elle finirait par quitter Oliver. Il était sans doute trop amoureux d'elle, même à l'époque.

Voilà ce qu'elle s'était figuré au début. Elle riait en y repensant. Seigneur, par la suite, Miranda avait appris ce que signifiait se vouer corps et âme à quelqu'un. Elle l'avait fait avec lui, elle avait connu ce doux émoi de l'abnégation, du sacrifice total de ses propres désirs au profit de quelqu'un d'autre. Alors elle avait dû retourner chez elle déchirer ces aphorismes qu'elle avait accrochés à ses murs, ces phrases qu'elle avait lues dans des livres, ces assertions qui lui semblaient désormais grossières, aveugles, stupides : « Prends ta vie en main. » « Pour réussir, tu dois être maître de ta volonté. » La volonté... le mot n'avait pas de sens, quand on avait Oliver. L'ambition, la reconnaissance, tous ces splendides trophées pour lesquels elle s'était toujours battue au cours de sa brève existence, ne signifiaient plus rien lorsqu'elle était avec lui. Il était brillant ; il était son étoile. Il lui suffisait.

Quand le moment arriva enfin d'apporter les retouches finales à son apparence et de s'aventurer dehors, Miranda entortilla ses cheveux noirs sur sa nuque puis alla chercher dans son vase une fleur qui puisse convenir. Des freesias de serre retombaient la tête basse, leurs bords tout marron, pendouillant d'un air consterné. Aucun ne pouvait faire l'affaire. Prenant ses clés, elle se précipita au rez-de-chaussée pour aller couper une rose jaune citron dans le jardin de sa logeuse. Lorsqu'elle regarda dans le miroir, le résultat n'était pas probant. Une fleur d'hibiscus, voilà ce qu'elle avait espéré, une fleur qui évoque les rouges tropicaux et le parfum de l'air marin. Elle se rajouta de la poudre. Tout était une question de confiance en soi... Il suffisait qu'elle y croie dur comme fer pour que la chose soit vraie. C'est dans cet état d'esprit que, le visage et les épaules saupoudrés de talc et une fleur jaune précairement plantée dans son chignon lourdement laqué, elle franchit sa porte pour se rendre chez son amant. A mi-étage elle entendit le téléphone qui sonnait dans son appartement. Elle ne remonta pas.

Dehors, il faisait plus froid que prévu. En attendant que les feux changent au premier carrefour, Miranda piétina d'un pied sur l'autre dans ses sandales à brides. Des détritus poussés par le vent vinrent heurter ses chevilles. De l'autre côté de la rue trois pigeons picoraient un vieil os de poulet. Elle dut presser le pas, ce qui la contraria, et atteignit le pâté de maisons d'Oliver et Margot plus tôt qu'elle ne l'escomptait. Il n'y avait rien d'autre à faire que de retourner sur le petit pont en pierre contempler un moment la rivière.

Au bout de quelques minutes passées à regarder l'eau couleur de thé s'éloigner en volutes vers le quartier industriel de la ville, Miranda avait recouvré son flegme. Cette soirée allait être merveilleuse, songeait-elle alors qu'elle se dirigeait à nouveau vers le lieu de la réception. Il y avait un couple devant elle, de l'autre côté de la rue, on aurait dit... oui, c'étaient eux, Angela et Stefan. Tiens, bizarre... Ils l'avaient forcément vue en passant. Miranda ne savait pas si elle devait les interpeller ou non.

En l'occurrence, ils se trouvaient à la caisse du magasin d'alcools lorsqu'elle entra acheter du vin.

« Angela, dit Miranda en la touchant légèrement au-dessus du coude. Bonjour. »

Angela jeta un bref coup d'œil à Stefan, avant de répondre : « Ah, Miranda. Salut.

— Bonjour Stefan. » Miranda se pencha en avant et ils échangèrent des baisers sur la joue. « Tu es superbe. »

Il grommela un « hum » puis s'esquiva pour aller examiner les boîtes de cigares au-dessus de la caisse.

« Est-ce que... tu vas chez Oliver ? » Angela vérifia que Stefan avait le dos tourné avant de poser la question.

« Oui, bien sûr. Pas vous ?

— Si, en fait on va filer parce que... il faut qu'on parte de bonne heure et... » Décidément, elle avait une attitude agaçante, se dit Miranda. A la fois nerveuse et fuyante.

Et puis ce rinçage au henné qu'elle avait fait à ses cheveux ne la flattait pas du tout. « Stefan, disait Angela, on y va ? »

Il pivota à nouveau vers elles. « Mm. »

« Bon, moi je vais choisir du vin. Je suppose que je vous verrai là-bas. » Miranda se détourna d'Angela pour sourire à Stefan, lequel, au moins, semblait juste faire preuve de sa distraction coutumière.

« Oui, très bien, dit Angela, agrippant la manche de Stefan. On se verra là-bas. »

Miranda rejoignit le rayon Nouveau Monde. De toute manière, il valait mieux qu'elle arrive seule à la réception.

La grande porte de l'immeuble d'Oliver et Margot n'était pas verrouillée. Tout en gravissant l'escalier en ciment dont la balustrade en fer forgé tournoyait gracieusement au-dessous d'elle, Miranda guettait les bruits émanant de l'appartement du sixième. Elle dut attendre le dernier palier avant leur porte bleu foncé écaillée pour que lui parvienne le murmure des bavardages mondains. Elle respira profondément, ajusta sa bretelle de soutien-gorge et appuya sur la sonnette. Le paisible ronron des conversations se poursuivit. Elle sonna à nouveau.

« Oh ! bonjour. » C'était Lionel Ford. Il haussa un sourcil. Miranda ne savait jamais trop ce que signifiaient les mimiques de Lionel.

« Bonjour. » Son visage était empreint de curiosité, et Miranda entra dans la pièce en se demandant s'il allait l'embrasser. Apparemment non.

« Laissez-moi vous débarrasser... »

Alors qu'elle retirait sa veste, Miranda en profita pour survoler l'assistance : plusieurs membres de la faculté d'anglais, plusieurs amis de Margot du théâtre voisin, McKechnie, Angela, Stefan, quelques visages qu'elle ne reconnut pas. Margot était près de la fenêtre en train de discuter avec Jane, une commère du département que Miranda n'avait jamais aimée. Quelqu'un lui colla un verre de champagne dans la main. Margot non plus n'aimait pas Jane. Du moins, c'était ce qu'elle avait toujours prétendu, et Margot, Miranda en était persuadée, ne mentait pas.

Oliver était invisible. Elle ne partirait pas tout de suite à sa recherche. Elle avait des gens à impressionner. Elle se fraya un chemin jusqu'à McKechnie, interrompant sa conversation avec un des théâtreux de Margot. « McKechnie. Bonjour. » Miranda adopta le ton légèrement moqueur qu'elle prenait toujours avec lui, histoire de l'aguicher gentiment. Derrière sa simili-barbe, celui-ci parut troublé. « Euh... salut.

— Bonjour, dit-elle en souriant au théâtreux.

— Euh... vous connaissez Miranda ? Je vous présente Geordie Brock.

— Geordie et McKechnie... On dirait un duo de music-hall. »

L'homme eut un large sourire. « En réalité McKechnie ne sait pas chanter.

— Ça fait partie du charme, je suppose. En quel honneur, le champ' ?

— Oh, vous connaissez Oliver. » McKechnie s'éclaircit la gorge. « Il aime faire les choses dans les règles.

— Oui, je sais. » Oh, ce qu'elle aurait aimé leur dire. La tête qu'ils auraient faite. Le respect pour sa discrétion. Bientôt elle décrocherait sa récompense. Elle devait seulement la jouer fine et, pour l'heure, l'approche effrontée était la plus judicieuse. « Alors... dit-elle à McKechnie avec un regard coquet, sentant dans ses cheveux le poids agréable de la fleur. A quelle date exactement mon papier doit-il sortir ?

— Un papier ? s'enquit Geordie.

— J'ai écrit un essai pour la revue de McKechnie. Vous la connaissez ? Elle est extrêmement réputée dans les cercles intellectuels. » Miranda toucha la main de McKechnie. « Je vous taquine. Mais c'est la vérité.

— Et de quoi parle votre "papier" ?

— Ah, vous n'aurez qu'à le lire. Non, il traite d'une petite partie toute bête de la théorie littéraire, un sujet auquel personne n'a beaucoup prêté attention, en fait. Un nouveau regard sur la poésie confessionnelle, mais évitant la biographie.

— Très bien.

— Je sais. Désolée de parler boutique. Mais – elle se tourna vers McKechnie, menton incliné de côté – je n'ai pas eu de vos nouvelles depuis la réunion de rédaction. » Deux fossettes se creusèrent dans ses joues et elle répéta quelque chose que Margot avait dit un jour : « Je sais bien que la rapidité de communication n'est pas le fort des rédacteurs en chef, mais avez-vous eu le feu vert ? Est-ce que mon texte paraîtra dans le prochain numéro ?

— Euh... Eh bien. C'est que...

— Vous n'avez pas l'air à votre aise. Enlevez donc votre veste, vous me rendez nerveuse. »

Geordie pouffa. « L'écossais me rend nerveux moi aussi. Il me file des poussées d'urticaire. »

McKechnie tira sur les manches de sa veste. Comme celles-ci coinçaient au niveau des coudes, il se tortilla un peu et réussit à s'en extirper.

« Ah, maintenant vous avez l'allure d'un homme prêt à se bagarrer, commenta Geordie. Beaucoup mieux. »

Miranda promena un doigt le long du pied de son verre à champagne. « J'espère que ce ne sera pas avec moi. Vous allez publier mon essai, n'est-ce pas ? Vous l'aviez dit. » Où était Oliver ? Elle commençait à en avoir assez.

Après un coup d'œil à Geordie, McKechnie demanda : « Vous n'êtes pas... au courant... des recherches de Margot ? »

La mention du nom de Margot l'étonna. « Quelles recherches ? Je peux vous piquer une cigarette ? »

Geordie lui en donna une ; il affichait une expression entendue qui ne plut guère à Miranda.

« Enfin, les... hum. Recherches qu'elle fait. Sur Sexton, Plath, les autres poètes intimistes. Et les nouvelles conclusions auxquelles elle est arrivée. » McKechnie se gratta la barbe.

« Mais voyons, quel rapport avec mon article ? » La pièce semblait soudain plus silencieuse. Miranda jeta un regard vers l'endroit où Margot discutait toujours avec Jane, sans le moindre battement de cils dans sa direction.

« Margot a lu votre article, Miranda. Bien sûr qu'elle l'a lu. Comme je ne pouvais pas l'approuver tout seul, je l'ai soumis au comité. Et elle a reconnu ce que vous aviez fait. »

Miranda repensa à cette séance éditoriale dans le bureau de Margot. Etait-il possible qu'elle ait mal compris quelque chose ? « Ecoutez, McKechnie, je n'aurais pas dû aborder le sujet, je vous appellerai lundi. Oliver est dans la cuisine ? Il faut que je lui dise bonjour.

— Ah non, je suis désolé, autant vous le dire tout de suite, nous ne pouvons pas passer votre papier. Enfin, que voulez-vous, c'est quasiment du mot pour mot...

— Du mot pour mot, quoi ? » Elle lança un coup d'œil vers Geordie avec un sourire exaspéré. Cet échange semblait le divertir au plus haut point.

« L'article écrit par Margot. Vous l'avez forcément lu. Je veux dire, certaines phrases, la formulation, la thèse elle-même. C'est vraiment trop... proche. Quasiment identique.

— Identique à mon papier ?

— Eh bien, étant donné que Margot avait rédigé son essai avant, sourit Geordie, ce doit être le vôtre qui est identique au sien.

— Enfin quoi, le mot "identique" n'a jamais supposé une idée d'antériorité ! s'exclama Miranda, prise de vertige. Il signifie deux choses équivalentes en même temps. Ecoutez, c'est une erreur, oui j'ai parlé à Margot de ce que j'étais en train d'écrire, mais elle s'est contentée de me donner quelques conseils, c'est tout : elle m'a orientée dans la bonne direction, elle m'a fait des suggestions, rien de plus. Vous n'avez qu'à lui demander vous-même. »

McKechnie s'empourpra encore davantage. « Miranda... ce qu'il y a, c'est que... Margot nous a montré son travail. Il y a des passages qui sont mot pour mot les mêmes.

— Peut-être devrions-nous dire que votre papier est un clone ? intervint Geordie, facétieux. Ou une copie ?

— Ha, s'esclaffa Miranda, faisant tout pour que son rire ait l'air naturel. Geordie, vous n'êtes pas sérieux, j'espère. Je ne vous connais même pas. Seriez-vous en train de m'accuser de plagiat ? »

Il recula d'un pas, se posant une main sur la poitrine de manière affectée. « Ma chère. Je n'ai absolument pas parlé de plagiat. » Et sur ce dernier mot, d'une manière à peine perceptible mais nuancée par de nombreuses années d'entraînement théâtral, il haussa la voix.

Ah ça, elle aurait pu repasser cette scène un million de fois. Et puis ce brusque arrêt des conversations après la remarque de Geordie. Toutes les personnes dans la pièce s'interrompant, à l'exception de Margot, qui termina sans broncher la phrase qu'elle avait commencée, sans lâcher Jane du regard. « ... Une nouvelle approche des histoires d'amitié... » Tels furent les mots qui retentirent dans le silence. A ce moment-là, Geordie se tourna vers McKechnie et proposa : « Un verre ? » avant de se diriger vers le buffet. Quant à Miranda, elle se tenait toujours là, et McKechnie regarda dans les parages de son oreille droite en marmonnant : « Désolé », et Miranda se tenait toujours là, et McKechnie s'éloigna sur le côté, alors Miranda se déplaça soudain pour ne pas rester plantée là toute seule au milieu de la pièce, mais où était donc Oliver, et tandis qu'elle tournait subitement la tête pour voir où il se trouvait, la rose jaune – qui, elle s'en rendait compte à présent, était une de ces fleurs dégageant une odeur déplaisante, une odeur de cendres, pour parer les attaques des oiseaux – dégringola de son chignon et alla atterrir sans bruit sur le parquet ancien.

Cette fois, Jane l'avait repérée et lui fit signe de venir. « Bonjour », dit-elle, tendant sa joue toute rouge à Miranda, une joue qui, d'ailleurs, était toujours toute rouge, brûlante de ragots... Derrière elle, quelqu'un murmura : « A voulu faire croire qu'elle l'avait écrit. »

« Bonjour, dit Miranda. Salut Margot.

— Salut.

— Vous allez bien ? demanda Jane. Vous avez l'air bizarre.

— Ah bon ? Non je vais bien merci, très bien. Débordée. Vous savez ce que c'est.

— Oui, j'imagine... » Jane sourit. « Je file au petit coin.

Je compte sur vous pour me raconter tous les potins à mon retour.

— Margot. » Miranda avait le sentiment qu'il lui fallait dire quelque chose au plus vite pour éviter qu'elle aussi ne s'esquive. « McKechnie vient de me dire une chose des plus étranges : vous travailleriez sur le même aspect de la poésie confessionnelle que celui dont traite mon article.

— Oui, dit Margot, le visage opaque. Vous m'avez copiée. »

Stupéfaite, Miranda éclata d'un rire incrédule. « Non, non je ne vous ai pas copiée. C'est un sujet dont nous avions discuté. Dans votre bureau. »

Tous les invités faisaient mine de discuter et de boire, mais ne perdaient pas une miette du dialogue entre les deux femmes. « Un bref interlude de vérité, peut-être ? » dit Stefan à Angela. « Cchh », siffla-t-elle.

« C'est ridicule de nier », reprit Margot. Ses paroles avaient le ton mesuré d'un discours préparé. « Vous avez tenté de voler quelque chose qui m'appartenait. Vous m'avez trahie.

— Non, jamais je n'aurais... » Miranda parcourut la pièce des yeux à la recherche d'Oliver, indifférente aux regards avides qui la scrutaient. Il n'était nulle part. Alors, d'un seul coup, elle comprit. Elle comprit à quoi rimait toute cette histoire. Sa phrase demeura inachevée.

Margot continuait à parler. « Vous savez, ça m'a étonnée de vous. Et déçue, ça va de soi. C'est une chose d'être *influencée*, Miranda, mais là, il s'agit de quelque chose de tout à fait différent. »

Miranda tenait sa bouche grande ouverte, comme un poisson. Elle la referma. C'était donc le prix à payer. Elle sentit sa tête qui se balançait d'un côté à l'autre, en signe de dénégation. Quelqu'un avait parlé à Margot, quelqu'un les avait dénoncés. C'était terminé.

« Si j'étais vous, poursuivit Margot, une lueur vengeresse dans les yeux, j'effectuerais une retraite aussi rapide que gracieuse. Faire les choses avec grâce, c'est votre spécialité, Miranda. Vous avez de la chance qu'on puisse étouffer l'incident. C'est une affaire peu reluisante. Le comité de rédaction – enfin, à vrai dire, la faculté tout entière – est scandalisé. Vous avez de la chance qu'on ne veuille pas ébruiter la chose. »

Mais c'était un mensonge. Elle n'eut pas de chance du tout. Miranda ne vit pas Oliver seule à seul ce soir-là. Elle ne le revit jamais seule à seul. Ce soir-là, quand il fit enfin son apparition – d'où, elle n'aurait su dire –, ce ne fut que pour se tenir aux côtés de Margot et saluer Miranda comme si elle était une parente qu'on avait invitée par obligation. A ce moment-là, il lui vint l'idée horrible que c'était Oliver qui avait parlé à Margot, pour en finir, pour être débarrassé d'elle. Elle n'avait rien pu faire, elle n'avait même pas pu le regarder de manière ambiguë. Margot ne l'avait pas quittée des yeux un seul instant. Quant à la froideur montrée par Oliver dans son salut, elle ne faisait qu'égaler celle de tous les individus présents dans la pièce. Miranda comprit qu'ils étaient tous au courant lorsque Jane la bloqua contre la table des boissons et s'adressa à elle avec une frénésie mâtinée de servilité pour lui parler de quelque politicien local impliqué dans un trafic de drogue. Le plateau de la table s'enfonçait dans les cuisses de Miranda, le visage de Jane était rose et pressant. Ils étaient tous au courant soit du mensonge officiel soit de la vérité officieuse. Autour d'elle, le cocktail suivait son cours. On lançait dans sa direction des coups d'œil furtifs et gênés. Personne ne voulait se retrouver coincé à bavarder avec elle. Personne ne voulait s'approcher d'elle un tant soit peu. A plusieurs reprises elle essaya de croiser le regard d'Oliver, et chaque fois il se déroba. Espèce de lâche, songea-t-elle, le détestant.

Quand, enfin, Lionel Ford récupéra sa veste et fit ses adieux à Oliver et à Margot, quand elle ne risqua plus d'être la première à partir, Miranda se dirigea vers la porte. En sortant, elle aperçut son reflet dans le grand miroir d'Oliver : ils s'étaient tenus là la semaine précédente, lui l'enlaçant par-derrière, heureux et alanguis après l'amour, à simplement se regarder. A présent elle avait l'air d'une folle, son chignon de guingois, son rouge à lèvres à demi effacé. Elle n'eut pas l'envie de se retourner pour proclamer son innocence à l'assemblée, elle n'eut pas la tentation de crier à Margot : « C'est lui qui m'a séduite ! Je n'ai jamais rien volé ! » Oliver avait fait son choix. Et Margot allait prendre la situation en main. Elle avait raison, songea Miranda alors qu'elle disait au revoir à son ancienne amie et à son ancien amant, échangeant avec eux signes de tête guindés et sourires contraints. Sous l'égide de Margot, Miranda avait appris à faire les choses avec grâce. Toutefois, sous le masque en verre filé, elle sentait son corps se fissurer petit à petit comme une terre brûlée par le soleil.

Lionel Ford attendait dehors dans la rue. Il se mit au pas de Miranda. Allez-vous-en, rêvait-elle de lui dire malgré sa gorge desséchée. Laissez-moi tranquille. Elle marchait vite, les poings serrés au fond de ses poches de veste. Sa mâchoire se contractait, elle avait mal au cœur, comme si on lui avait donné un coup de poing dans le ventre, et si seulement Lionel voulait bien dégager, maintenant, s'il voulait bien lui fiche la paix, qu'elle puisse pleurer tranquille. Oliver l'avait abandonnée. Tout était allé de travers. Tandis que l'air nocturne, imprégné des effluves de la rivière, se chargeait d'humidité, elle comprit peu à peu qu'elle s'était laissé dépasser, qu'elle avait été idiote, vraiment idiote. Lionel ne dit rien jusqu'au moment où ils atteignirent le pont. Là, il lui empoigna le haut du bras pour la forcer à s'arrêter. Son étreinte était dure et osseuse. Elle fut tentée de chasser sa main mais préféra s'en abstenir. Elle n'aurait su dire s'il était soûl. « Ma petite Miranda », commença-t-il, ses traits convulsés comme un rictus. Le réverbère au-dessus d'eux clignota. Elle eut l'étrange envie d'éclater de rire.

« Quoi, Lionel ? Vous allez me faire des avances ?

— Ne soyez pas stupide. En tout cas, ne soyez pas plus stupide que vous ne l'avez déjà été.

— Rien de tout ça n'est vrai. »

Il lui lâcha le bras. « J'ai dit : ne soyez pas stupide. » Il fit mine de s'en aller.

« Attendez, je suis désolée. Lionel. » Elle le rattrapa et

ils s'arrêtèrent une fois encore. La rivière en contrebas empestait, elle sentait les ordures ménagères et la boue.

« Je suis désolée, répéta-t-elle, et elle le pensait.

— Vous auriez dû savoir. A l'évidence vous n'êtes pas aussi maligne que vous nous avez tous portés à le croire. » Il aurait été presque acceptable s'il n'avait eu les yeux aussi rapprochés... Lionel baissa le regard sur l'eau noire et sale. « Ecoutez. Cette histoire ne va pas s'oublier du jour au lendemain. Vous avez vraiment merdé.

— Je...

— Taisez-vous. Je ne fais que vous prévenir. Cette histoire ne va pas s'effacer d'un coup de baguette magique. Un point c'est tout. »

Et il la quitta, la laissant plantée là au-dessus de la rivière. L'air était moite autour de sa tête, sous sa veste, sur sa poitrine. Provenant de son chignon, des relents de laque, artificiels et âcres, lui taquinaient les narines. Lionel avait raison, se dit-elle, agrippant la barre froide et humide du garde-fou tandis que les larmes lui montaient aux yeux. Cette histoire n'était pas près de s'effacer.

*

La pendule indique 4:46. Julia est couchée dans son lit, incapable de dormir. Cela fait des nuits et des nuits qu'elle ne dort pas bien. Malgré le froid de la chambre elle a chaud, son corps la picote, elle transpire derrière les genoux et au-dessus de la bouche. Ses nerfs vibrent comme des électrodes sous sa peau. Sa mâchoire est contractée. Il n'y a personne à qui elle puisse parler. Le bébé était mort-né, Lewis est mort, elle a perdu ses amies. Elles étaient là, toujours, toutes les trois pour l'éternité, et maintenant elle est seule. C'est sûrement sa faute. Elle a fait des erreurs, elle a été déloyale, elle s'est laissé séduire par des impostures. Elle a trahi tout le monde, Chicky, Rachel, elle-même. Et Lewis. Surtout Lewis. Il est trop tard pour se racheter. Julia se redresse dans son lit et gratte énergiquement son crâne de Judas. Elle enfile son jean, un chandail et une veste, puis laisse la porte se refermer en grinçant derrière elle. Elle passe devant le panneau des messages où il n'y a rien pour elle, elle passe devant la cuisine à l'aspect implacable, elle s'engage dans l'escalier éclairé au néon, elle descend, étage après étage, elle descend ces marches qui résonnent jusqu'à la lourde porte anti-incendie puis elle sort dans la nuit.

Dans le silence de sa maison, Mary est allongée auprès de son mari, ses pieds et ses doigts tout arthritiques de froid. Elle ne remarque même pas le poids des bras de Martin. Elle ne croit même pas à sa présence. Seuls existent le matelas défoncé, la maigre couverture et le carré de fenêtre à côté d'elle, son rideau tel un voile gris contre la nuit. Peut-être que Miranda a raison. Peut-être qu'on ne peut jamais connaître les autres, ou être connu d'eux. Même dans une ville aussi petite que celle-ci, il y a trop de secrets, trop de mystères. Elle repense à la jeune fille dans la piscine, à sa mort solitaire, aux longues journées écoulées avant qu'on ne retrouve son corps. La douleur glaciale de l'existence qu'elle mène ronge les os de Mary. Elle se sent contaminée, noyautée, mais seule. Julia a quelque chose qui ne va pas. Mary se pelotonne dans la chambre silencieuse, elle regrette que les mainates aient levé le camp. Elle imagine cette famille d'oiseaux, nuage épars voguant dans les airs au-dessus de la maison vers un climat plus chaud, au-dessus des montagnes, au-dessus d'une succession de villes, de champs et de plaines, par-delà les gratte-ciel de la grande ville. Fixant des yeux le mur vide elle décide d'aller voir sa fille, demain, de prendre le train et de partir. Martin soupire dans son sommeil et se blottit contre son flanc. Mary appuie sa bouche contre la chaleur salée de son bras.

Debout sur le pont, Julia contemple la rivière nocturne. Il y a un escalier en pierre qui mène au cours d'eau ainsi qu'à une petite plage de galets. Une pancarte, qu'illuminent les réverbères, présente une publicité pour des hot-dogs. Julia descend l'escalier, inspirant brusquement quand son talon dérape sur une marche glissante. Cinq kilomètres au-dessus de sa tête, un avion progresse parmi les nuages couleur d'huître, ses signaux rouges et verts clignotant faiblement sur le bout de ses ailes, à peine visibles. Bientôt il y aura de la lumière dans le ciel. L'eau de la rivière vient lécher la boue caillouteuse. Il n'y a pas loin d'ici aux herbes vertes sur l'autre rive. Julia entre dans l'eau. Le froid autour de ses chevilles la saisit comme un mal de dents. Il lui chatouille les mollets tandis qu'elle continue à avancer. Respirant à fond, Julia veut sentir que son corps fait désormais partie intégrante de la rivière ; elle veut que, porté par les flots, il s'en aille reposer sur les pierres de son lit. Ses mains brisent la surface inégale, s'immergent dans l'eau glacée. L'humidité remonte le long de son jean, pesante, tirant sur sa veste. Le froid sature son chandail, s'insinuant goutte à goutte jusqu'à son squelette. Elle lève son visage vers le ciel tandis qu'elle fait encore un pas et que la pluie éclate, martelant sa peau nue. Elle entend le bruit du ressac, elle voit l'horizon immense de l'océan, les vagues qui déferlent.

*

McKechnie quitte son appartement pour rejoindre la rue bordée de cafés, à un pâté de maisons de là. Le dernier numéro du *Journal* est censé sortir ce matin. Il est à la fois excité, et nerveux. Son éditorial va faire du bruit, il en est convaincu. Il faut savoir susciter la controverse ; c'est la seule façon de se faire remarquer par les temps qui courent. Lionel s'est enfin montré encourageant, et son enthousiasme a donné à McKechnie le coup de fouet qui lui manquait. Il sourit dans le vide : il voit des lettres d'imprimerie noires – ces mots dont il est l'auteur – flotter devant lui sur le souffle de son haleine, un peu embrumés dans la fraîcheur de ce début d'hiver. Alentour, les rayons du soleil se faufilent à travers les arbres presque entièrement dénudés. Le trottoir est d'un noir luisant après la pluie torrentielle de la nuit. Devant une boutique fermée, éparpillés sous le porche, il aperçoit les fragments d'un puzzle, des pièces en forme de clés, des pièces cunéiformes et des pièces en forme de lames de rasoir, ramollies et déchirées par l'humidité. Une ambulance accélère au moment où elle le dépasse, lui donnant l'impression bizarre que lui-même recule. Alors qu'elle grille un feu rouge, sa sirène se déclenche.

Il y a une jeune femme, elle a quelque chose d'étrange, qui se dirige vers lui de l'autre côté de la rue. Il distingue une faible plainte pareille à un miaulement et se demande si elle pleure. De plus près, il constate que bien qu'elle marche normalement, elle chemine les yeux baissés, et puis elle est trempée jusqu'aux os. L'eau dégouline de ses cheveux, de ses manches de veste, des revers de son pantalon. Elle sème les gouttes d'eau comme les cailloux d'un conte de fées, elles forment dans son sillage comme une traîne de mariée. Elle est seule, mais de toute évidence elle ne devrait pas l'être. McKechnie pense aux amis qu'il va retrouver au café, aux différents types de liens qui les unissent, aux affinités et aux secrets qui existent entre eux. Il y a tant de choses qu'ils ignorent les uns des autres, mais aussi tant de choses qu'ils savent. Tous se tenant la main, avançant dans le noir.

A travers les lourds nuages gris, la lumière du matin, d'un jaune soutenu, se déverse en flots épais sur les voitures, les lampadaires et les immeubles. McKechnie traverse la rue et, en écoutant bien, il se rend compte que la jeune femme n'est pas en train de pleurer, mais de chanter, tout doucement, pour elle-même. Il la reconnaît de la fac et il décide de l'arrêter, de lui demander : « On se connaît, non ? » L'étrange jeune fille, trempée comme une soupe pour une raison qu'il ignore, se rapproche. Et partout autour de lui, à travers les vapeurs d'essence et d'oxyde de carbone dégagées par les autos qui passent, il perçoit dans l'air le doux parfum poussiéreux des rues de la ville après la pluie.

# Table

*Impression réalisée sur Presse Offset par*

CPI
Brodard & Taupin

La Flèche (Sarthe), 47864

N° d'édition : 4082
Dépôt légal : juillet 2008

*Imprimé en France*